"十二五"职业教育国家规划教材
经全国职业教育教材审定委员会审定

旅游心理学

(第三版)

新世纪高职高专教材编审委员会 组编
主 编 林 莉
副主编 储争流 王西涛 许丽遐

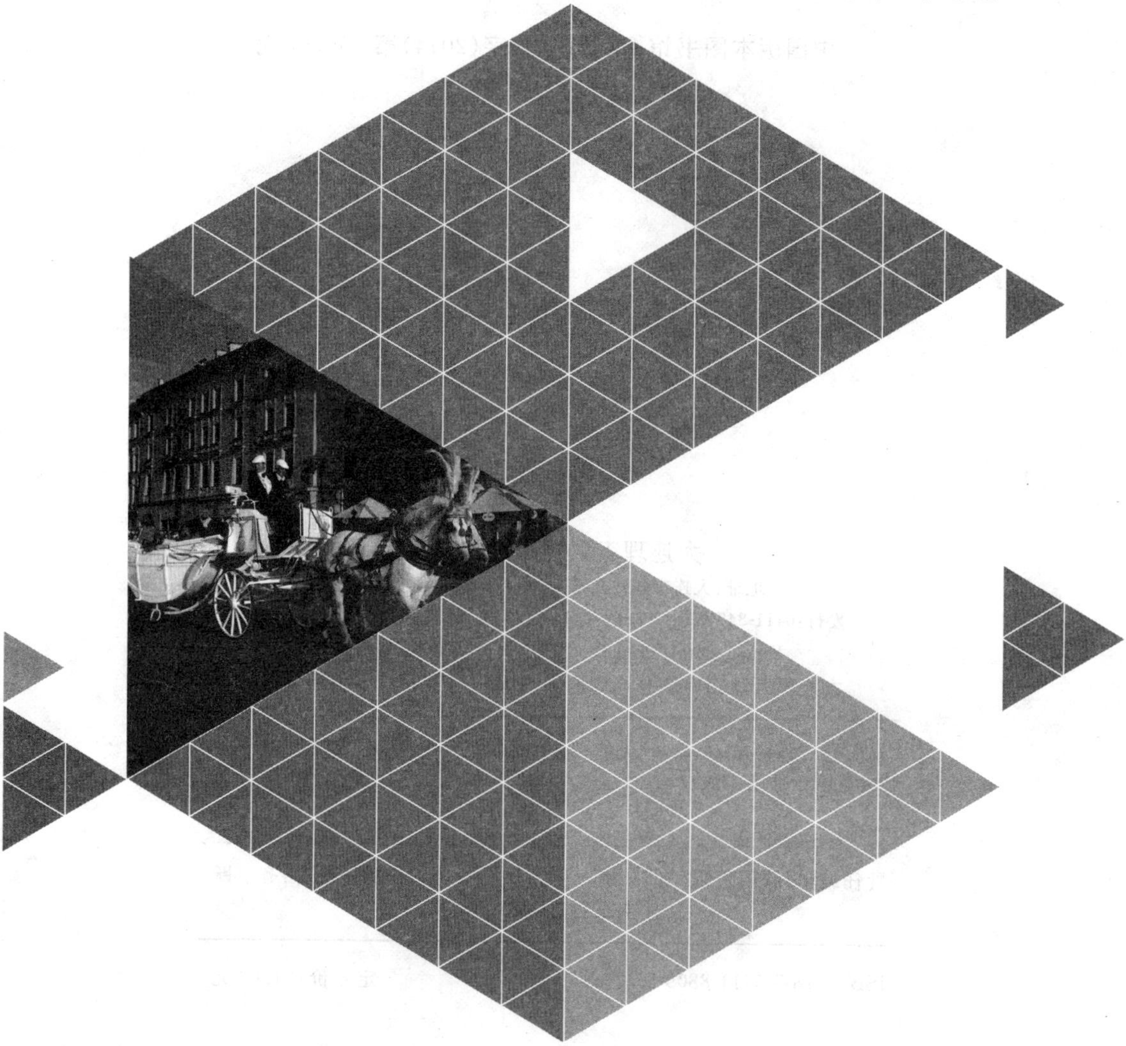

大连理工大学出版社

图书在版编目(CIP)数据

旅游心理学 / 林莉主编. —3版. —大连 :大连理工大学出版社，2014.8(2015.12重印)

新世纪高职高专旅游管理专业系列规划教材

ISBN 978-7-5611-8809-5

Ⅰ.①旅… Ⅱ.①林… Ⅲ.①旅游心理学—高等职业教育—教材 Ⅳ.①F590

中国版本图书馆CIP数据核字(2014)第030205号

大连理工大学出版社出版

地址:大连市软件园路80号 邮政编码:116023

发行:0411-84708842 邮购:0411-84708943 传真:0411-84701466

E-mail:dutp@dutp.cn URL:http://www.dutp.cn

大连理工印刷有限公司印刷 大连理工大学出版社发行

幅面尺寸:185mm×260mm 印张:14.25 字数:319千字

2006年6月第1版 2014年8月第3版

2015年12月第3次印刷

责任编辑:欧阳碧蕾 邵 婉 责任校对:齐 跃

封面设计:张 莹

ISBN 978-7-5611-8809-5 定 价:31.00元

我们已经进入了一个新的充满机遇与挑战的时代，我们已经跨入了21世纪的门槛。

20世纪与21世纪之交的中国，高等教育体制正经历着一场缓慢而深刻的革命，我们正在对传统的普通高等教育的培养目标与社会发展的现实需要不相适应的现状作历史性的反思与变革的尝试。

20世纪最后的几年里，高等职业教育的迅速崛起，是影响高等教育体制变革的一件大事。在短短的几年时间里，普通中专教育、普通高专教育全面转轨，以高等职业教育为主导的各种形式的培养应用型人才的教育发展到与普通高等教育等量齐观的地步，其来势之迅猛，发人深思。

无论是正在缓慢变革着的普通高等教育，还是迅速推进着的培养应用型人才的高职教育，都向我们提出了一个同样的严肃问题：中国的高等教育为谁服务，是为教育发展自身，还是为包括教育在内的大千社会？答案肯定而且唯一，那就是教育也置身其中的现实社会。

由此又引发出高等教育的目的问题。既然教育必须服务于社会，它就必须按照不同领域的社会需要来完成自己的教育过程。换言之，教育资源必须按照社会划分的各个专业（行业）领域（岗位群）的需要实施配置，这就是我们长期以来明乎其理而疏于力行的学以致用问题，这就是我们长期以来未能给予足够关注的教育目的问题。

众所周知，整个社会由其发展所需要的不同部门构成，包括公共管理部门如国家机构、基础建设部门如教育研究机构和各种实业部门如工业部门、商业部门，等等。每一个部门又可作更为具体的划分，直至同它所需要的各种专门人才相对应。教育如果不能按照实际需要完成各种专门人才培养的目标，就不能很好地完成社会分工所赋予它的使命，而教育作为社会分工的一种独立存在就应受到质疑（在市场经济条件下尤其如此）。可以断言，按照社会的各种不同需要培养各种直接有用人才，是教育体制变革的终极目的。

随着教育体制变革的进一步深入，高等院校的设置是否会同社会对人才类型的不同需要一一对应，我们姑且不论，但高等教育走应用型人才培养的道路和走研究型（也是一种特殊应用）人才培养的道路，学生们根据自己的偏好各取所需，始终是一个理性运行的社会状态下高等教育正常发展的途径。

高等职业教育的崛起，既是高等教育体制变革的结果，也是高等教育体制变革的一个阶段性表征。它的进一步发展，必将极大地推进中国教育体制变革的进程。作为一种应用型人才培养的教育，它从专科层次起步，进而应用型本科教育、应用型硕士教育、应用型博士教育……当应用型人才培养的渠道贯通之时，也许就是我们迎接中国教育体制变革的成功之日。从这一意义上说，高等职业教育的崛起，正是在为必然会取得最后成功的教育体制变革奠基。

高等职业教育还刚刚开始自己发展道路的探索过程，它要全面达到应用型人才培养的正常理性发展状态，直至可以和现存的（同时也正处在变革分化过程中的）研究型人才培养的教育并驾齐驱，还需要假以时日；还需要政府教育主管部门的大力推进，需要人才需求市场的进一步完善发育，尤其需要高职教学单位及其直接相关部门肯于做长期的坚忍不拔的努力。新世纪高职高专教材编审委员会就是由全国100余所高职高专院校和出版单位组成的、旨在以推动高职高专教材建设来推进高等职业教育这一变革过程的联盟共同体。

在宏观层面上，这个联盟始终会以推动高职高专教材的特色建设为己任，始终会从高职高专教学单位实际教学需要出发，以其对高职教育发展的前瞻性的总体把握，以其纵览全国高职高专教材市场需求的广阔视野，以其创新的理念与创新的运作模式，通过不断深化的教材建设过程，总结高职高专教学成果，探索高职高专教材建设规律。

在微观层面上，我们将充分依托众多高职高专院校联盟的互补优势和丰裕的人才资源优势，从每一个专业领域、每一种教材入手，突破传统的片面追求理论体系严整性的意识限制，努力凸现高职教育职业能力培养的本质特征，在不断构建特色教材建设体系的过程中，逐步形成自己的品牌优势。

新世纪高职高专教材编审委员会在推进高职高专教材建设事业的过程中，始终得到了各级教育主管部门以及各相关院校相关部门的热忱支持和积极参与，对此我们谨致深深谢意，也希望一切关注、参与高职教育发展的同道朋友，在共同推动高职教育发展、进而推动高等教育体制变革的进程中，和我们携手并肩，共同担负起这一具有开拓性挑战意义的历史重任。

新世纪高职高专教材编审委员会
2001年8月18日

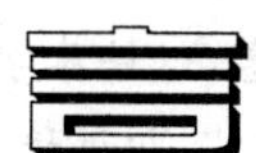

前言

《旅游心理学》(第三版)是"十二五"职业教育国家规划教材,也是新世纪高职高专教材编审委员会组编的旅游管理专业系列规划教材之一。本教材第二版于2012年获教育部高等学校高职高专旅游管理类专业教指委优秀成果奖。

编者从高职高专旅游管理专业的人才培养目标出发,遵循"以全面素质为基础,以综合职业能力为本位"的指导思想,在广泛征求了高职高专院校旅游类专业师生对上版教材的使用意见的基础上,对上版教材进行了修订。教材除绪论以外共三篇十章内容:第一篇为旅游者心理,包括旅游者的行为模式、影响旅游者行为的个体因素、影响旅游者行为的社会因素;第二篇为旅游工作心理,包括旅游工作的职业心理、导游工作心理、酒店工作心理、相关部门工作心理、旅游投诉工作心理;第三篇为旅游工作者管理心理,包括旅游企业员工管理心理、旅游企业管理心理等。在每章开场处均引用了典型案例进入授课内容,在每章的结尾处准备了实训与练习,以备教师进行应用互动教学之用,达到实践—理论—再实践的教学效果。

与同类教材相比,本教材具有如下特色:

1.本教材整体程序与旅游业工作岗位流程一致。旅游业的工作岗位流程按照游客的程序应该是先根据自己的经济状况和性格、职业特征进行旅游决策,接着是出游如导游、酒店、景点、购物、交通等一一进入游客的旅程,最后是如何知己环节——员工自我管理。本教材就是依据这样的逻辑关系来确定教学模块的,教学主线明确,教学目的清晰。

2.设计典型案例引导相关理论知识。本教材采用旅游业典型真实案例,不仅每章都有典型案例导入,而且每章都穿插有案例分析;不仅能引导出各章的相关理论知识,而且能让旅游业各项工作岗位流程对学生有直接的任务导向。

3."教学悟做一体化"编写充分体现了职教理念。本教材打破传统的偏重理论的学科式的结构形式,强化教材的"理实一体化",在教材中体现"教学悟做一体化"的职教理念,以培养学生职业心理和职业素质。这也有利于教师在教学过程中实施"理实一体化",即讲授→感悟→情境→点评,或讲授→实训→设计→讲评。

4.内容更具前瞻性、知识性、经济性和实用性。编者根据我国的国家发展规划以及世界旅游业发展规律和趋势,在教材编写过程中更新了一些过时的理念和相关政策,使教材内容更加具有前瞻性、知识性、经济性和实用性。

本教材由安徽工商职业学院林莉任主编,安徽广播影视职业技术学院储争流、安徽工商职业学院王西涛、石家庄职业技术学院许丽遐任副主编,安徽中澳科技职业学院张莉参与了部分章节的编写工作。具体编写分工如下:绪论、第一章、第二章由林莉编写,第四章、第五章由储争流编写,第三章、第七章由王西涛编写,第六章、第八章由许丽遐编写,第九章、第十章由张莉编写。林莉负责全书的修改和统稿工作。

为方便教师教学,本教材还配有电子教学参考资料包,如有需要,请登录教材服务网站进行下载。

在编写过程中,我们参阅了大量教材、相关专业学术论文和图片等信息资料,按照我们的修订理念汲取了许多精华。在本教材出版之际,谨向原作者表示深深的谢意!

由于我们的水平有限,加之时间仓促,本教材难免存有疏漏和不足之处,恳请专家和读者批评指正。

编　者

2014 年 8 月

所有意见和建议请发往:dutpgz@163.com
欢迎访问教材服务网站:http://www.dutpbook.com
联系电话:0411-84706671　84707492

第三篇 旅游工作者管理心理

绪 论

典型案例 新旅游法出台及其总则和旅游者相关的内容

《中华人民共和国旅游法》由中华人民共和国第十二届全国人民代表大会常务委员会第二次会议于2013年4月25日通过，自2013年10月1日起施行。

总则部分

第一条　为保障旅游者和旅游经营者的合法权益，规范旅游市场秩序，保护和合理利用旅游资源，促进旅游业持续健康发展，制定本法。

第二条　在中华人民共和国境内的和在中华人民共和国境内组织到境外的游览、度假、休闲等形式的旅游活动以及为旅游活动提供相关服务的经营活动，适用本法。

第三条　国家发展旅游事业，完善旅游公共服务，依法保护旅游者在旅游活动中的权利。

第四条　旅游业发展应当遵循社会效益、经济效益和生态效益相统一的原则。国家鼓励各类市场主体在有效保护旅游资源的前提下，依法合理利用旅游资源。利用公共资源建设的游览场所应当体现公益性质。

第五条　国家倡导健康、文明、环保的旅游方式，支持和鼓励各类社会机构开展旅游公益宣传，对促进旅游业发展做出突出贡献的单位和个人给予奖励。

第六条　国家建立健全旅游服务标准和市场规则，禁止行业垄断和地区垄断。旅游经营者应当诚信经营，公平竞争，承担社会责任，为旅游者提供安全、健康、卫生、方便的旅游服务。

第七条　国务院建立健全旅游综合协调机制，对旅游业发展进行综合协调。县级以上地方人民政府应当加强对旅游工作的组织和领导，明确相关部门或者机构，对本行政区域的旅游业发展和监督管理进行统筹协调。

第八条　依法成立的旅游行业组织，实行自律管理。

旅游者部分

第九条　旅游者有权自主选择旅游产品和服务，有权拒绝旅游经营者的强制交易行为。旅游者有权知悉其购买的旅游产品和服务的真实情况。旅游者有权要求旅游经营者按照约定提供产品和服务。

第十条　旅游者的人格尊严、民族风俗习惯和宗教信仰应当得到尊重。

第十一条　残疾人、老年人、未成年人等旅游者在旅游活动中依照法律、法规和有关规定享受便利和优惠。

第十二条　旅游者在人身、财产安全遇有危险时，有请求救助和保护的权利。旅游者人身、财产受到侵害的，有依法获得赔偿的权利。

第十三条　旅游者在旅游活动中应当遵守社会公共秩序和社会公德，尊重当地的风俗习惯、文化传统和宗教信仰，爱护旅游资源，保护生态环境，遵守旅游文明行为规范。

第十四条　旅游者在旅游活动中或者在解决纠纷时，不得损害当地居民的合法权益，不得干扰他人的旅游活动，不得损害旅游经营者和旅游从业人员的合法权益。

第十五条　旅游者购买、接受旅游服务时，应当向旅游经营者如实告知与旅游活动相关的个人健康信息，遵守旅游活动中的安全警示规定。旅游者对国家应对重大突发事件暂时限制旅游活动的措施以及有关部门、机构或者旅游经营者采取的安全防范和应急处置措施，应当予以配合。旅游者违反安全警示规定，或者对国家应对重大突发事件暂时限制旅游活动的措施、安全防范和应急处置措施不予配合的，依法承担相应责任。

第十六条　出境旅游者不得在境外非法滞留，随团出境的旅游者不得擅自分团、脱团。入境旅游者不得在境内非法滞留，随团入境的旅游者不得擅自分团、脱团。

本章要点

旅游心理学概述和国内外的研究动态、旅游心理学的基本内容和学习方法、旅游心理学在实际工作中的核心价值和现实意义。

第一节　旅游心理学概述

一、旅游心理学的定义

定义旅游心理学有很多方法，但是放下语义上的差别不管，旅游心理学的定义都将包括两个关键因素：个人因素与社会影响因素。确定旅游心理学研究的这些本质特征，诸多定义间的差异便不那么重要了，这样，旅游心理学可以被看作是一门考察个体在主观认为无约束的、自由的一段时间和空间内，其感受、认知（想法与信念）和行为是如何受到他人的感受、认知与行为影响的科学，它是休闲研究的一门分支学科。这里，旅游心理学成为在社会休闲背景下个体体验与行为的科学研究，其关注点在于个体在其主观认定为闲暇的期间与其他个体、群体或文化的动态互动。这种互动不应被看成是静态的，而是动态的和变化着的，其中，个体同时是社会环境与社会的原因与结果。

在上述定义中隐含着一个重要观点，个体始终处于变化和发展当中。由于个体既影响他人又受到他人影响，因此，个体与其环境就不断地发生着变化。因此，为了保证旅游心理学的科学性，它必须依赖科学理论的应用，并采用历史的发展的眼光。社会行为并非存在于时间的真空当中，因而若不考虑它的过去及其历史背景，从辩证的立场去考察它，就不能对其进行充分分析研究和定义。所以，旅游心理学应该被视为一个研究的总体框架和起点，而不是一个限制研究的专断的教条。

二、旅游心理学研究的主要内容

旅游心理学是研究旅游活动中旅游者、旅游工作者心理现象的产生、发展及其变化规律的应用型学科。旅游活动是一种综合性的活动，涉及方方面面，这就决定了旅游心理学的研究内容也是多方面的。

1. 旅游心理学的理论构架

旅游心理学是心理学的一个新的分支学科，也是一门应用性较强的学科，是研究旅游活动中旅游者和旅游工作者的心理和行为规律的应用型学科。旅游心理学的主要理论和研究方法都来自于心理学的研究成果，是将普通心理学、社会心理学、人类文化学、管理心理学、行为科学等学科的基本原理、规律应用到旅游实践活动的结果，具有多学科综合交叉的特点。所以旅游心理学的研究需要借助普通心理学、社会心理学、管理心理学以及行为科学的研究成果、研究方法，探索旅游活动中人的行为和心理现象及其规律。

2. 旅游者心理

旅游者是旅游活动的主体，是旅游业工作的主要对象，旅游者的心理和行为取向对旅游业影响巨大，因此，旅游者心理是旅游心理学研究的中心和重点。旅游心理学就是通过对旅游者的心理活动过程、个性心理特征、旅游需求、旅游动机、旅游态度、旅游美感体验等方面的研究，探索心理因素对旅游者旅游行为的产生、选择和心理效果的影响。

(1)影响旅游者的心理因素

影响旅游者的心理因素即内在因素。心理学的研究成果表明，人的心理现象主要由心理过程和个性心理两大方面构成。旅游者的心理过程是指在购买旅游产品以及整个旅游活动中支配其行为的心理活动的整个过程，是旅游者不同心理现象对客观现实的动态反映。这些现象共同支配旅游者的旅游行为，是人的心理的共性的一面。

旅游者的心理过程具体包括认识过程、情感过程和意志过程。认识过程就是旅游者对旅游产品的认知和评判，是通过感觉、知觉、记忆、思维、联想、想象、注意等心理现象表现出来的。另外，旅游者的旅游活动实际上是一项决策活动，比如旅游动机和目的的确立，实现旅游目的的方式、方法及实现目的的计划等，都需要在出游前进行认真的思考。在旅游过程中，旅游者对所购旅游产品是否符合自己的需要会产生喜、怒、哀、乐等情绪体验，如果购买的旅游产品称心如意，就会感到喜悦、愉快，反之则表现出失望、沮丧，甚至愤怒等不良情绪。在旅游过程中，往往会碰到出乎旅游者意料的困难，需要旅游者用意志的力量去克服，在此过程中所反映和表现出来的都是旅游者的意志品质。旅游者的心理活动过程由于受生活环境、文化水平、先天条件等因素的影响，会表现出很大的个性差异，因此使得旅游者的需要、动机、兴趣、信念以及能力、气质和性格截然不同。这些问题需要从理论和实践两个方面加以剖析。

(2)影响旅游者的社会因素

旅游者是社会人，处在复杂多变的社会关系中，因此其行为除了受自身心理、生理因素的影响外，还不可避免地受到社会因素的影响与制约。社会因素非常复杂，主要包括社会制度、社会文化、社会群体等，这些因素可以促进或限制旅游者的心理和行为。如社会文化对旅游者行为的影响越来越被人们所重视，不同国家、不同地区、不同民族的旅游者，由于文化背景、宗教信仰、道德观念、风俗习惯的不同，在旅游行为方面会表现出明显的差异。群体对旅游者行为的影响也非常典型，因为旅游者都归属社会的某一个或某几个群体，每一个群体都有自己的群体规范，而人通常为群居，为了被群体认可和接纳，求得心理上的认同感和社会安全感，都会自觉或不自觉地按群体规范行事，从群体中接受暗示，模仿多数人的行为，与群体保持一致。

(3)影响旅游者的其他因素

不同的旅游者存在着心理和行为上的差异，同一旅游者心理和行为的改变，会受到学习和态度等心理倾向的影响。心理学研究表明，人类的所有行为都包括某种形式的学习，当然，旅游行为也不例外，在旅游过程中，旅游者所表现出来的行为都受到学习过程的影响。态度作为个性的重要组成部分和人的所有行为都有密切关系，在对人类行为进行解释时，态度一直占有重要的位置。态度影响着个体的行为和生活方式，因此，对态度的研究也是旅游心理学不可缺少的一个内容。还有就是旅游目的地的环境也会影响到旅游者的行为，这个环境包括人文环境、旅游资源环境等因素，这些都会让旅游者的行为发生变化。比如旅游目的地的居民素质高，对旅游者友好，会导致旅游者心情舒畅，旅游效果好，对于自助游者可能导致他们延长逗留的时间，反之则会产生负面效果。再如，旅游目的地环境好，也会让旅游者心情舒畅，使他们流连忘返。

3. 旅游工作心理

旅游工作心理是旅游心理学的又一个重要组成部分，是从心理学的角度研究在旅游工作发生和进行过程中旅游者的心理需求、旅游工作人员应该采取的工作对策以及旅游工作人员应具备的工作理念和职业意识。旅游工作是一种复杂的活动，是人际交往的具体体现和实施，是有形和无形工作行为的综合，同时也是满足旅游者精神需要和物质需要的双重结合，但更主要的是满足旅游者的精神需求，它涉及食、住、行、游、购、娱各个环节，这几个环节是紧密联系的，不管哪个环节出现问题，都会引发连锁反应。因此，要做好旅游工作，就必须了解旅游者的心理需求，知道旅游者需要什么，喜欢什么，并有针对性地去满足，这是做好旅游工作的前提条件。旅游工作者心理具体包括酒店工作心理、导游工作心理、旅游其他岗位工作心理以及旅游投诉工作心理等。

4. 旅游企业员工心理

旅游心理学不仅研究旅游者心理，还要研究旅游企业员工心理。旅游业是一个复合型的产业，整个旅游工作活动不仅涉及很多部门，也涉及许多工作人员，这些人员都是直接同旅游者打交道的一线员工，是旅游企业形象的代表，旅游者对旅游企业工作质量和工作水平的评判，也是以他们为尺度和参照的。因此，旅游企业员工的心理素质、心理品质都将直接影响其工作理念、工作质量和工作水平。作为旅游从业者，在同旅游者交往的过程中，一方面要充分了解和把握旅游者的心理变化规律，学会察言观色，有针对性地满足不同旅游者的现实需要和潜在需要；另一方面要注意培养良好的心理品质和素质，以良好的心理状态、准确的角色定位去适应旅游者，给旅游者带来最大的享受价值，让旅游者获得最大的满意，为所在企业赢得良好的信誉和争取大量的回头客。

旅游心理学虽然不专门研究管理，但它的研究内容必然涉及管理。旅游业工作质量的提高和经营成败的关键，在于科学的管理。管理最重要的职能是调动员工的积极性，

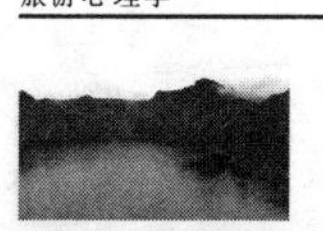

激发员工的主动性和创造性，实现企业的效益目标。企业的效益从很大程度上讲，是由员工决定的。管理者要知道员工需要什么，拒绝什么，引起员工不满意的因素是什么，并有针对性地加以满足和解决。员工之间的个体差异是客观存在的，这些差异主要体现在能力、气质和性格方面，如果每一位员工都各适其职，所从事工种与自己的个性特点相适应，对有效发挥他们的工作积极性是很有帮助的，反之，就有可能使员工心理受挫。再者，对员工采取何种激励措施，也应因人而异，否则就起不到激励作用。

5. 旅游企业管理者心理

管理者关系着一个企业的成败，管理者的心理品质和管理艺术是影响下属积极性的重要因素，因此，管理者心理也是旅游心理学研究的一个重要部分。现代企业管理是强调以人为中心的管理，管理的本质就是处理人际关系。因此，在管理活动中管理者最重要的职责之一就是用人。用人首先得识人，识人需要对一个人进行全面的了解和把握，不仅要了解一个人外在的特点，还要把握一个人内在的素质，否则就会使员工所承担角色与自身气质、性格不相符合，或使员工心理受挫，导致工作积极性不高等，甚至带来严重后果。管理者自身的素质、心理品质对其能否胜任管理工作至关重要，因为不同的管理行为会为旅游企业带来不同的氛围，使员工有不同的心理感受，而旅游企业的氛围和员工的心理感受会直接影响员工积极性的发挥。

三、旅游心理学的现实意义

旅游心理学对旅游业的发展具有十分重要的现实意义，这是由旅游业的本质所决定的，因为旅游业是最赋于人性化服务的行业。旅游业作为第三产业的组成部分，属于服务性行业。在旅游活动中，人们在生理上、心理上的需要会得到哪些方面的满足？怎样的服务才能使旅游者感到是一种享受和乐趣？怎样的经营和管理才能创造出最佳的服务？这些问题都必须认真地加以研究。旅游心理学作为一门研究人的科学，寻找旅游活动中人们心理动向的规律、旅游服务工作的规律，它的价值及其对发展旅游业的意义都是不能低估的。

1. 有助于了解和理解旅游者心理

旅游业的性质决定了当它出现在人类社会生活中时，就围绕着如何更好地为旅游者服务这一根本问题。从事这一行业的经营者、服务者总是通过招徕、接待旅游者，以为旅游者提供食、宿、行、游、购、娱等优质服务并取得盈利为其宗旨。旅游业的服务工作大量并主要的是面对各种类型的具有丰富心理活动的旅游者进行的。所提供的服务“产品”，包含着极为生动的精神因素即心理因素。如何使“产品”能够满足旅游者心理上的需要，往往是旅游工作的主要方面，甚至是旅游业赖以存在和发展的生命线。

我国旅游业起步甚晚，但发展异常迅速。一座座现代化酒店、娱乐场所拔地而起。而仅凭先进的硬件设施，是否能充分满足旅游者的需要，使旅游业提供的服务尽善尽美呢？无数事实的回答是否定的。要使旅游设施转化为最佳服务，特别是有针对性的服务，就必须努力探讨旅游心理学的一系列问题。如既要了解旅游者的一般心理，又要了解不同的旅游者在需要、动机、态度、气质和性格等方面的心理特点，区分不同国籍和民族、不同性别和年龄、不同职业和文化背景所造成的个体心理差异，从而有根据地开展针对性服务。只有在了解旅游者的心理倾向和心理特点的前提下，才能自觉地、主动地开展有针对性的服务，满足不同旅游者的心理需求，才能使他们产生积极愉快的心理体验，形成美好而深刻的印象，这样才能创造出最佳的服务水平。

学习和研究旅游心理学，可以帮助我们了解各种旅游者的心理特点，找出旅游服务工作应遵循的心理规律，为旅游业的发展提供心理学方面的理论。

2. 有助于提高旅游业的服务质量

旅游业本身的特点决定了我们在从事这一行业时，必须对所服务的对象有充分的了解。旅游业是出售服务和风景的行业，了解旅游者对旅游景观的偏好，了解其内在的心理需要，是旅游经营者和旅游从业者的首要任务。要发展旅游事业，其现实前提是如何使所提供的旅游产品能够满足旅游者的心理需要，这是旅游业赖以生存和发展的生命线。旅游者的需要一般可以分为两个方面：一是生理方面的，如食、宿、行等；二是心理方面的，如兴趣爱好、情绪情感以及更深层次上的人性需要等。前者更具实物性，比较容易把握，而后者则把握起来困难较大，需要旅游业从业者具备相应的旅游心理学知识。

近年来我国旅游事业飞速发展，尤其在硬件方面进步明显，已经接近甚至赶上了世界发达国家水平，但在软件方面我们依旧与旅游发达国家存在一定差距，究其原因就是我们的旅游服务落后。这已成为制约我国旅游事业发展的瓶颈。从我国现代化建设发展状况看，旅游业的发展还是具有领先性的，是我国最早与国际接轨的领域。发达国家旅游服务质量很高，其起点是全民素质较高，在对旅游从业人员进行服务技能，尤其是在服务意识、服务理念的灌输和培养上无须耗费太多的精力。服务者和被服务者之间不存在观念上的鸿沟，服务施行过程顺畅而少阻滞。我国的情况则复杂得多，在总体知识、文化和思想观念方面处于落后状态的大背景下，国民素质参差不齐。体现在旅游从业人员方面就是总体素质差，而旅游服务对象却很复杂，旅游工作目标和任务艰巨。既要与国际接轨，为国际旅游者和国内部分高素质的旅游者进行国际标准的服务，还要服务于国内部分各方面素质相对较低的旅游者。这对于原本综合素质就不是很高的旅游业从业人员来说更见其难了。我国旅游业的软件上不去，从业人员总体素质差是根本原因之一。处于这种状况下，引进、学习旅游心理学知识就显得尤为重要了，旅游心理学和其他旅游学科一同肩负着这个重任。旅游心理学对于发展我国旅游事业、提高服务质量有着极其重要的价值。

在掌握和运用旅游心理学知识的时候，不但要着眼于知识的具体运用，以达到“知己知彼”、有的放矢，了解旅游者的心理，预测旅游者的行为发展，有目的地引导其行为，最终获得好的经济效益，而且还要有大旅游概念。我们不能仅仅把旅游心理学知识当作获取眼前利益的一种招数，它应是旅游业整体格局中的一部分。旅游心理学的运用是为大旅游服务，着眼点放在帮助旅游者构建其美好经历上，真正帮助实现“旅游促进生活质量的提高”的目标（世界旅游企业 1980 年口号），这才是旅游心理学的最大意义所在。旅游

业对社会有价值,满足人们所需,为人类造福,社会才能回报旅游业,旅游业才能因此而得到更大的发展。

3. 有助于提高旅游企业的经营和管理水平

近年来我国旅游事业发展迅猛,水平在提高,规模日益扩大,旅游企业之间的竞争也日趋激烈,每个企业都面临着生存和发展的问题。在这种机遇与挑战并存的情况下,如何提高自己的经营管理水平,在激烈竞争中处于不败之地,则有赖于旅游心理学知识的学习和研究。旅游心理学的研究可以帮助我们运用心理学知识去分析旅游者的心理规律,诸如旅游需要的发展变化趋势,有针对性地开展旅游宣传和旅游招徕活动,吸引旅游者,并依据旅游者心理变化的特点和趋势及时调整经营方针和策略。旅游业的竞争就是市场份额的瓜分,是争夺旅游者的竞争,旅游心理学能在这场竞争中提供帮助。吸引旅游者、争夺客源需要了解旅游者心理及其变化方向,旅游心理学就是研究这类问题的。

旅游心理学相关知识的学习和研究有助于提高旅游企业的管理水平。如果我们简单地对企业管理的内容进行分析的话,可以把管理内容分为四大块:即人、财、物、市场四个大的方面。关于人的管理则成为各项管理的重中之重,是具有统帅性的方面。历史上西汉建立之初汉高祖刘邦在与群臣探讨成功的原因时总结说:运筹帷幄之中,决胜千里之外我不如张良;筹措粮饷,募集兵员我不如萧何;领百万雄兵,战必胜攻必克我不如韩信,但为什么我做了皇帝得了天下?原因是我"善将将"。通俗解释就是刘邦善于管理和领导这些有才能的人,从而他才得天下。从这个历史故事中我们得到的启示是事业成功取决于对人的管理。旅游心理学为旅游企业人的管理提供了必要的知识支持。旅游心理学对旅游企业员工心理进行了深入的研究和分析,可以帮助管理者了解员工心理状态和个性心理,了解企业内部人际关系状况,有的放矢地做好员工的思想工作,调动员工的工作积极性,为实现企业目标而共同努力。旅游心理学能为旅游企业实施科学管理提供帮助。

4. 有助于科学合理地开发利用旅游资源

旅游设施和旅游资源是旅游业生存和发展的基础,一般情况下缺乏旅游资源和完备的旅游设施,旅游业就无法得到发展。但是旅游资源要变为现实的旅游产品,其前提是要为广大旅游者所接受,要做到这一点就需要遵循和利用旅游心理学的知识。旅游资源的开发和利用是以旅游者的需要为前提的,以能否满足旅游者的需要为制订方案的依据。旅游风景点的设计开发首先要考虑是否对旅游者产生吸引力,然后才能考虑其经济价值和社会价值等其他方面。在旅游资源的开发和利用过程中要依据旅游者的心理特点,充分考虑旅游者的兴趣、爱好、审美习惯。旅游者心理需求是旅游资源开发利用的先决条件,做不到这一点,没有旅游者光顾便什么也谈不上。

旅游设施的安排也需要以旅游者的心理规律为出发点,无论它的现代化程度多高,也都必须在充分考虑旅游者的心理特点的前提下，论证它的科学性和实用性。成功的旅游产品在其硬件建设上都十分注重旅游者的心理因素，使旅游者在旅游活动中心理得到最大满足。现代化的旅游交通设施是在完全考虑旅游者安全、快速和舒适的心理需要的基础上改进和发展的。现代饭店给旅游者创造方便、舒适、恬静的生活环境，在设施安排上充分考虑旅游者的生理需要和心理需要、心理特点，以求得吸引旅游者。旅游娱乐设施的设计和建设也离不开旅游心理学知识的支持。根据现代人生活和工作的特点，以及由今天大的社会背景形成的人们心理上的特点，开发设计那些具有强烈参与性和冒险性的娱乐项目，才能达到吸引旅游者的目的。

旅游设施和旅游资源的开发利用一定要考虑旅游者的心理活动规律，否则就会事倍功半，浪费人力物力，甚至破坏旅游资源，使设施和资源发挥不出应有的社会和经济效益。所以，在开发旅游资源、设计建设旅游设施方面一定要考虑人的心理因素。旅游心理学为此提供了理论基础。

第二节　旅游心理学的研究动态

一、旅游心理学的产生与发展

1841 年，英国的木材商人托马斯·库克开办了世界上最早的近代旅游业务。他包租了一列火车，运载了 540 人去参加一次禁酒大会。库克在旅游业务方面还有许多创新，比如，他组织了最早的团体旅游，设置了最早的导游员，编印了《旅游手册》。他不仅组织以娱乐、宗教为目的的旅游，还组织了以参观展览为目的的旅游，试图发挥旅游的文化和教育功能。正因为如此，托马斯·库克被公认为第一个真正的专职旅游代理商和近代旅游业的创始者。

1879 年，德国著名心理学家冯特创造了世界上第一所心理实验室，标志着心理学正式成为一门有自己独立的研究对象和独特的研究方法的学科，从此，心理科学开始突飞猛进地发展起来。

这两件相距了 38 年而又似乎毫无联系的事情，却在一个世纪后一起成为一门新的心理学分支学科——旅游心理学。

20 世纪 50 年代以后，旅游业得到了飞速发展。这首先是由于世界经济、科学技术、交通运输和文化的迅速发展；其次是由于旅游业得到各国政府的重视和鼓励；再次是由于上述社会经济原因造成了人们心理上的变化，认为旅游是人们重要的精神享受，是现代文明生活的一个标志；此外，现代工业日益发展，加快了生活节奏，城市环境污染严重，工作紧张单调，人们承受着巨大的身心压力，这种状况也促使人们在紧张的工作之后，离开“水泥森林”外出旅游，以消除身心疲劳。其他如家庭结构变小、教育水平提高、旅游宣传的刺激等因素，也是旅游日益普及的原因。

探讨旅游活动中的心理现象，几乎在旅游业形成之时就开始了。许多旅游管理人员和服务人员从实践中注意到了心理因素在旅游服务中的作用，开始探索针对旅游者心理搞好服务工作的措施，积累了大量的经验素材，只是缺乏系统的心理论证和深化。旅游业本身的发展也迫切要求系统地深入地研究旅游活动中各种复杂的心理现象，为发展旅游业、提高旅游服务质量和效率、培养优秀的旅游从业人员提供心理学依据。在这种情况下，旅游心理学应运而生。

旅游心理学是一门介于旅游学和心理学之间新兴的应用型学科，并有自己独立研究对象的交叉型学科。它的起步与发展，一方面是因为旅游的普及、旅游人数的激增和旅游经济的兴旺，另一方面也得益于相关学科的研究成果。随着旅游学研究的深入，人们逐渐把视线投向游客的心理分析，借鉴心理学科的研究成果，探寻旅游行为的规律。旅游心理学作为心理学的一门分支学科，它是以研究旅游活动中人们(包括旅游者、旅游工作者)的心理活动和旅游条件中的各种心理现象及其规律为主的科学。在旅游过程中，旅游者及潜在旅游消费者需要什么，他们在想什么，他们怎么娱乐，个体和群体对旅游消费决策所产生的影响，旅游决策是如何做出的，影响旅游行为及心理的因素等，旅游心理学就是试图解决上述问题的。

关于旅游行为和旅游心理的科学研究只有短暂的历史，它经历了思辨哲学—经验描述—实证研究三个发展阶段。旅游心理学产生于 20 世纪 50 年代末，最早散见于一些学者在报刊上发表的关于旅游中的心理学问题研究的文章。在 20 世纪 60 年代，在西方尤其是美国，不少大学里开设了旅游心理学课程。有关旅游心理学的论文、专著不断问世。

从 20 世纪 80 年代开始，我国的旅游心理学研究起步，一系列专著纷纷问世，如屠如骥的《旅游服务心理学》(1985)，屠如骥、甘朝有等的《旅游心理学》(1986)，刘纯的《旅游心理学》(1987)，吴正平的《旅游业心理学》(1987)等。他们吸取了国内外旅游心理学研究成果，奠定了我国旅游心理学研究的基础。近年来，旅游心理学的专著如雨后春笋一般涌现。旅游心理学研究在广度和深度方面都取得了可喜的成绩，产生了饭店服务心理学、旅游管理心理学、导游心理学、餐旅心理学、旅游者心理学等分支学科。

二、国外旅游心理学研究动态

通过 EBSCO 全文数据库在 Academic Source Premier 中对关键词“tourism psychology”进行高级检索，结果限定在“学术期刊”范围内，共查阅到文献 40 篇。通过分析可见，旅游心理学研究主要有三个主体，旅游者、旅游从业人员和旅游目的地居民。重点是对旅游者和旅游目的地居民心理和行为的研究。旅游者心理和行为研究主要有环境感知、自我认同、行业特征、行业变化、出游动机等。旅游目的地居民心理和行为的研究有当地居民对旅游开发的态度、生活方式等。

旅游心理和行为研究已经成为旅游学研究的热点。

1. 旅游心理动机研究

19 世纪以来，许多学者就旅游动机的成因与类型进行大量研究。最初将旅游动机进行分类的是德国学者葛留克斯曼(R. Glüksmann)，他在 1935 年发表的著作《旅游总论》中将旅游动机分为心理的、精神的、身体的和经济的四大类。日本学者田中喜一则在葛留克斯曼的基础上，把旅游心理动机又细分为思乡心、交友心和信仰心；把精神动机区分为知识的需要、见闻的需要和欢乐的需要；把身体动机区分为治疗的需要、休养的需要和运动的需要；把经济动机划分为购物目的和商务目的。在旅游动机心理成因研究方面，有德国学者拉察鲁斯（M. Lavarus）和裴匣克（Geroge. Patrick）提出的放松理论，认为人类需要有利于身体和精神健康的活动来缓解紧张工作带来的压力。弗洛伊德精神分析理论则认为娱乐活动可以补偿生活中不能满足的欲望。埃乐默（Elmer. Mitchell）创立的自我实现理论把娱乐看做作人们自我表达动机的结果，人类作为积极而精力充沛的生灵，需要找到释放能量的途径。据朴洛格（Plog，1974）研究，旅游者对旅游地的感知和出游态度的心理类型基本上可以分为自向型和异向型两种极端。从自向型到异向型，旅游者心理素质逐渐从内向的、趋静的、保守的，向外向的、驱动的、开放的类型变化，对旅游地的选择也从近距的、熟悉的、安全的，向远程的、陌生的、危险的地区移动。

2. 旅游目的地居民心理和行为的研究

国外对旅游地居民心理的研究始于20世纪70年代。1977年Murphy在英国约克郡对当地居民心理进行的研究是该领域问题研究的开端，而1988年Davis等在佛罗里达首次对旅游地居民的类型划分进行了研究。此后，不断有学者对该领域的相关问题进行研究，且研究主要集中于以下四个方面：旅游地居民心理研究的理论依据和研究方法（Doxey，1975；Bystrzanwski，1989；Allen、Butler，1991；Ap、Crompton，1993等）、旅游地居民心理的影响因素（Glasson et al.，1992；Bastias－Perez，1996；Pauline J. Sheldon等，2001；John Williams，2001等）、旅游地居民的类型划分研究（Davis等，1988；Evans，1993；Ryan、Montgomery，1994；Madrigal，1995；Fredline、Faulkner，2000；Weaver、Lawtin，2001等）以及旅游地居民对旅游业发展的感知与态度（Yong－Soon Kang、Patrick TLong、Richard R1 Perdue，1996；Peter Mason、Joanne Cheyne，2000等）。

3. 旅游目的地社会心理承载力研究

自20世纪70年代以来，国外旅游学者对于旅游目的地社会心理承载力进行了定性和定量研究。其中，比较著名的有扬格（Sir. Gl. Young）、达莫尔（L. D. Amore）、墨菲（P. E. Murphey）、萨利姆（N. Saleem）等人。扬格在《旅游：福祉抑或灾祸》一书中提出，为了消除旅游活动给旅游目的地造成的消极影响，应设法"影响政府制定一项政策，使每个地方的旅游者人数都达到最优化，即旅游者既不要太多，也不要太少。同时，还要说服决策者们，使他们认识到当旅游者的人数超过一定限度后，就会造成负面效果。"

达莫尔在《目的地社区和谐规划指南》一文中，将旅游目的地社会承载力定义为"因旅游活动的发展给当地社会造成的负面效应达到当地居民无法接受程度的临界点。"达莫尔还利用社会心理承载力为加拿大的不列颠哥伦比亚省内一些旅游目的地的旅游发展提出现在九项指导意见。墨菲在《旅游：社区途径》一书中对旅游目的地社会承载力进行了比较深入的研究，指出，"社会承载力的观念为社区旅游规划提供了一个框架。在这

个框架中，社区可以在两个规划策略中任选其一：一个是旅游设施集中布局策略，另一个是旅游设施分散布局策略。"萨利姆从社会经济学角度建立了一个框架，以检验旅游目的地的旅游承载力。为此，他在《旅游目的地承载力指数：一种确定旅游承载力的方法》一文中，运用乘数理论分析了社会承载力及其适用范围，并提出了衡量旅游承载力的模型和公式。

通过旅游目的地社会心理承载力的测算，目的地政府和旅游业人士能够更好地做好旅游规划，确定接待游客的数量，减少旅游活动给当地造成的消极影响，从而改善当地居民与游客之间的关系，提高当地居民的好客度和旅游目的地的美誉度，保证旅游目的地的可持续性发展。

三、国内旅游心理学研究动态

在我国，旅游心理学的研究，自 20 世纪 80 年代早期开始，至今已有三十年的历史。旅游心理学的学科属性、研究对象等渐趋统一，而在这个趋势之下，又有着一些可喜的变化，如研究内容不断丰富，应用研究渐受重视。在我国的旅游事业中，旅游心理学也应该而且必然会发挥日益重要的作用。

对我国旅游心理学研究成果的总结如下：

1. 旅游心理学的定义、研究对象的研究

旅游心理学研究的是"旅游"这一社会现象中与人有关的心理过程和行为。早期争议的焦点集中在要不要把旅游从业人员（包括管理者）纳入旅游心理学的研究范围。近年来，又产生了一个新的问题：要不要研究旅游者与旅游业的互动。孙喜林等(1999)认为，研究旅游者与旅游从业者的互动是旅游心理学的取向之一。随着电子商务的发展，旅游电子商务心理进入旅游心理学的研究范畴。

旅游地居民是否应纳入旅游心理学的研究范畴也是一个值得考虑的问题。当地人的好客程度是旅游者所关注的一项重要内容。当地居民对旅游的认知、学习及其行为与心理承载力都是值得关注的话题。而事实上，一些论文已经开始关注旅游地居民，如刘丹青(2000)、王洁(2002)等。

2. 旅游者心理及行为的研究

对旅游者旅游行为的影响因素的研究可以从两个方面进行：内因和外因。内因即影响旅游行为的内在心理因素，主要有知觉、学习、人格（即个性）、动机和态度。外因即社会影响，主要有角色和家庭、参照群体、社会阶层、文化和亚文化群。我国旅游心理学的研究者关于外因的研究较少，鲜有建树。尤其是"文化和亚文化群"这一范畴，旅游心理学的著述较少涉及。

旅游动机和旅游者行为的影响因素一直是颇受旅游研究者关注的对象。对旅游动机的研究大多从分类的角度进行，而事实上，还可以依据旅游的精神及文化价值来划分旅游动机的层次。张卫红(1999)按照由低到高的顺序将旅游动机分为 5 个层次：放松层次、刺激层次、关系层次、发展层次及实现层次，并指出，绝大多数旅游者的旅游动机仍处于初级的放松层次。

旅游者挫折感的产生，直接来源于旅游过程未能满足的需要或者旅游过程中的一些其他因素。求尊重、求宣泄、求补偿是投诉游客普遍的心理需求（李祝舜，2002）。投诉的原因很多，根据具体的原因可将投诉心理分为若干类型，对其中每一类型都可进一步研究。刘爱琳（2000）对旅游购物投诉的原因和心理进行了研究，将旅游购物投诉的原因归结为：主观因素，即服务方存在的原因，包括缺乏良好的职业道德、服务不到位；客观因素，指服务主体之外造成游客投诉的因素。周雪晴（2002）分析了游客不投诉的心理，认为游客不投诉的原因包括不知道投诉的相关程序，认为问题不会得到解决等。

3. 旅游服务心理的研究

对旅游服务的研究，较多地集中于饭店服务、旅行社服务（包括导游服务、售后服务等）、交通服务、旅游物品服务等（刘纯，2002）。对旅游服务的研究还可以时间为变量，从初始阶段、中间阶段和终结阶段3个方面来探讨旅游者的心理活动特点及变化，分析并制定针对性的服务策略。

刘纯（2002）在“旅游企业服务心理”部分也研究了旅游者吃、住、行、游等方面的心理及应对服务措施。从心理学的角度来研究“娱”的很少，这在一定程度上反映了“五大要素”的提法对研究者的影响，或者说体现了在社会主义制度下研究者对“娱乐”这个宽泛而在某些时候又显得很敏感的话题的谨慎态度。

4. 旅游心理学的应用研究

（1）旅游资源开发

缪家福结合旅游审美心理，指出了旅游资源开发规划中值得注意的两个问题：考虑到西方人及中国青少年喜动不喜静的性格与中国“万物静观”的传统欣赏习惯不协调，为满足他们好动、求新奇、求刺激的心理，可应用现代科技手段，加强旅游景观声情并茂的立体审美效果（对于博物馆来说，尤其如此）；考虑到不同文化背景及不同文化层次的旅游者的欣赏习惯及旅游心理，应开发一些无人工痕迹的、纯美的自然风光旅游区。

（2）旅游宣传促销

旅游宣传过程中应采用如下心理策略：知觉策略、模仿与暗示策略、情感与理性策略。利用知觉对象的组合原理（如接近律、闭锁律等），可以增强旅游宣传广告的效用。同时，旅游宣传广告要重视影响旅游知觉的主观因素（兴趣、需要、动机、情绪、期望、个性等旅游者个人的心理因素）与客观因素（旅游宣传和广告信息本身的各种特征，如颜色、声音、形状、对象与背景的关系）（薛群慧，2000）。

赵路等（2002）对上述心理策略中的暗示策略进行了深入的研究。暗示的渠道有：视觉暗示、听觉暗示、触觉暗示等。旅游宣传中，直接劝说的方式辅之以不同的心理暗示方式（如直接暗示、间接暗示和反暗示），会起到相得益彰的效果。

总之，经过30年的研究，国内学者构建并逐步完善了旅游心理学的知识体系；然而时代在发展，社会心理也在变化，旅游心理学的理论研究也应不断深入拓宽，还应注意加

强应用领域的研究，旅游心理学的学科属性也决定了这一点。同时，旅游心理学的研究应注重实证研究，因为心理学的理论基础是心理实验及定量研究。还应时时关注国外的进展，不可闭门造车。

实训与练习

1. 简述学习旅游心理学的职业价值。
2. 讨论现代旅游休闲与生活方式的关系。
3. 谈谈经济与旅游之间互动发展的关系。
4. 谈谈旅游地居民的素质与旅游者心理感受的关系。
5. 关注国家、省旅游局网站，了解相关发展动态。
6. 案例分析：

法国休闲政策对我国休闲政策的启示

世界《休闲宪章》指出，休闲是每个人的权利，个体应该提升休闲体验，政府应该重视国民的休闲活动。可以预言，我国现代休闲发展和国民休闲体系的构建，将不仅为解决城乡社会问题提供帮助，促进休闲经济和产业的发展，而且还将有利于在全社会形成良好的休闲观念和理想，提高国民休闲生活水平和生活满意度，并最终为和谐社会的建设做出重要贡献，

法国人的浪漫似乎是深入骨髓的，世人无不羡慕其闲适、慵懒、精致、浪漫的生活。有学者从民族性格讨论法国人浪漫的根源，也有学者从文化历史背景来讨论，而社会学家及休闲学者杜马泽蒂耶则认为法国的休闲政策起到了重要作用，“休闲政策不只是减少了工作时间，更重要的是使人类为尊严和自由而感到自豪”。法国的休闲政策为法国人的浪漫闲适生活提供了包括自由时间在内的重要制度保障。法国休闲政策发展的两个核心是工作时间的缩短和带薪假期的延长，其休闲政策具有休闲由工人的权益发展为公民的福利和权利，以及政府作为休闲提供者时关注不同性别、不同年龄和不同种族的公平性等特征。

虽然目前法国的休闲政策遇到了一些挑战，但其发展历程中仍然有不少值得我们借鉴和思考的，为我国的休闲政策带来了一些启示：

(1)我国政府提供具体措施，逐步完善和落实带薪休假，如 2007 年 12 月 7 日，国务院举行的第 198 次常务会议通过了《员工带薪年休假条例》。

(2)我国政府应把百姓的休闲作为一种福利高度地重视起来，十二五期间，我国休闲发展将跨上一个新台阶，通过大力开展休闲宣传教育，实施《国民旅游休闲纲要》，普及和增强国民休闲意识，提高国民休闲参与度，建立引导休闲发展的有效工作体系，大力推动休闲产业发展，初步形成较完善的休闲产品体系，推动旅游发展转型迈出实质性步伐，为提高国民幸福指数和经济社会发展做出应有贡献。

(3)休闲相关各部门制定政策要相互合作，国内学者已经意识到推进休闲政策的制度需要各相关部门的密切配合。我国多个相关部门已经有了初步合作，如《关于促进文

化与旅游结合发展的指导意见》(国家旅游总局与文化部)、《关于促进体育旅游发展倡议书》(国家旅游局和国家体育总局),以及中国旅游协会休闲农业与乡村旅游分会的成立(国家旅游局与农业部)。

(4)老百姓需要积极转变休闲观念。作为休闲的个体,民众也需要转变观念。人们最初认为旅游休闲度假仅仅是人紧张工作之后恢复体力的方法,后来休闲成为寻求快乐的一种手段,现在大家认识到休闲最终会成为人们追求生活意义和实现自我发展的活动。这是从休闲对人的身心发展的哲学角度来思考的,我们更应该把享受休闲当作公民的权利和福利。

休闲政策体现了政府对休闲领域的战略意图,对国计民生直接起到干预、控制和指导作用。2009 年国务院相继推出的《文化产业振兴规划》《关于加快旅游发展的意见》,文化部提出的《文化部关于加快文化产业发展指导意见》,以及由国家旅游局即将出台的《国民旅游休闲纲要》,都充分说明政府已经认识到旅游、文化等领域的休闲发展对我国国计民生的重大意义。正是基于这样的背景,法国休闲政策发展和特点对我国休闲政策的制定将起到借鉴作用,从而促进我国休闲政策的发展,进而推动我国民众的休闲权利和福利。

(资料来源:刘德谦,等.2011 休闲绿皮书.北京:社会科学文献出版社,2012)

请结合本省旅游经济发展状况给予分析。

第一篇

旅游者心理

第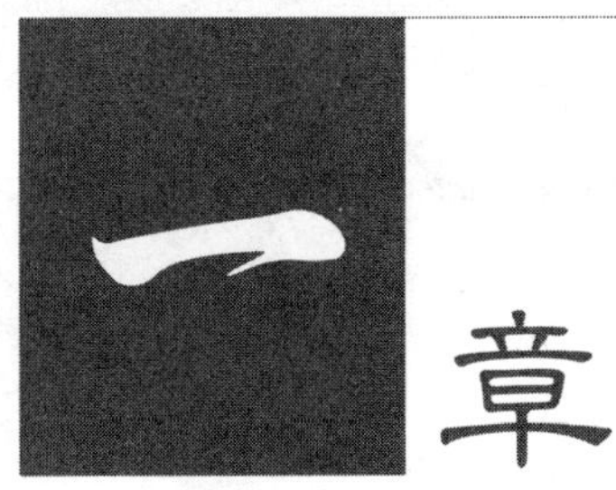章

第一章 旅游者的行为模式

典型案例　　旅游者行为分析

杭州至无锡的旅游列车途经江苏、浙江和上海三省市，沿线有众多旅游景点，也拥有国内最大的客源市场。曾有人在这趟列车上做了一次题为“2000年的旅游计划”的调查，被调查者大多数为中青年，平均年龄35岁，年收入从1万元到4万元不等，平均年收入在2万元左右，可以作为当今社会主要旅游消费层的代表。

在这次调查中，一位经常跟随父母外出的青年说：“今年嘛，我想到哈尔滨冻一冻，到海南去热一热。”另一位在机关工作的女士则表示要充分利用休假日出去走走·散散心。调查统计表明：去年一年中，有30%的人出省市旅游超过4次以上，只有10%的人没有参加过出省市的旅游。

在旅游景点的选择上，大多数人表现出了对新闻媒体的依赖性。在对“你是通过何种途径了解旅游信息”问题的回答中，有一半以上的人在报刊和电视这两种选择上同时打了钩儿，有20%的人选择了听朋友的介绍，只有10%的人选择了到旅行社去索取宣传资料。

在旅游行程安排上，大多数被调查者的回答是，在费用一定的条件下，更愿意多跑几个地理位置比较集中，或者是沿线和环线较多的旅游景点，如泰山与曲阜、青岛、威海与烟台，而在长江沿线，不少旅游者将南京、天柱山、庐山连成了一线。当然，也有部分人回答只想去一个休闲景点好好地待上一段时间，如云南丽江、大理或西双版纳等。

从案例中可以看出，不同的旅游者具有不同的偏好，在旅游需求和消费行为方面也存在一定的差异。因此，更多地了解旅游者的偏好及需求规律，掌握他们在旅游活动中的消费行为，才能科学地设计有吸引力的旅游产品，为旅游者提供满意的服务。从而获取更好的经济效益和社会效益。目前，对消费者行为的研究已经发展为比较成熟的学科。但是，由于旅游者是一个特殊的消费群体，旅游产品更是综合性很强的特殊商品，因此不能简单地把一般研究消费者行为的方法和技术拿来应用于旅游者行为分析，必须综合应用多学科的方法和技术对旅游者行为进行分析和研究。

——摘自《中国旅游报》，2000年9月23日

本章要点

旅游者行为模式的共性概述、旅游者行为模式个性分类、旅游者行为模式未来发展趋势。

第一节　旅游者行为模式的共性概述

一、行为及其影响因素

1. 行为的概念

心理学家和行为学家认为，行为是在外部刺激的影响下，经由内部经验的折射而产生的反应活动。人生下来就具有的生物遗传性的无条件反射行为称本能行为，它构成了其后一切行为发生的基础。个人行为一般都受社会环境因素的影响和制约，具有社会性，人后天在社会环境中由社会刺激引起的行为，或者一个人的行为的结果引起另外一个人或人群的行为，叫社会行为。所谓“行为”，就是指人的有目的的活动，人的行为是人和环境交互作用的产物和表现，是可以观察到和记录到的人类活动。

2. 影响行为的因素

人的行为是在认知、情感、意志等心理活动基础上产生的，并对内外环境因素做出能动反应，这种反应可能是外显的，能被他人直接观察到；也可能是内隐的，不能被直接观察，需要通过测量和观察外显行为来间接了解。在人类行为形成和发展过程中，遗传因素、环境因素和学习因素发挥着重要作用，也是研究旅游行为形成与改变的基础。

(1)遗传因素

研究发现，基因具有相当大的稳定性，这使得人类在长期进化过程中获得的行为优势得以承袭；基因的突变、选择和整合，又使得人类的行为能够不断丰富和发展。基因除了影响行为，还能决定人的行为特征和行为倾向，同卵双胞胎行为特征和行为倾向的相似正是遗传物质影响的结果。然而，基因又是复杂的，这一特点决定了人类行为的复杂性和多样性。

(2)环境因素

自然环境和社会环境共同构成人类的行为环境，人类行为是环境刺激作用于机体的产物。环境对于人类行为的影响有大小、强弱之分。比较而言，性别、年龄、知识、技术等主要影响行为者个体，且能决定个体接受环境作用的程度，行为者对这些因素的控制能力也较大；而生态环境、风俗习惯、卫生服务、社会经济、法律制度等因素会在更大范围内影响人群的行为，个体对这些因素的控制能力非常有限。

(3)学习因素

学习是人类行为形成和发展过程中必不可少的要素，人类的很多行为，尤其是社会行为，都需要通过学习来形成和发展。学习分为三个层次，最低层次的学习是模仿，包括无意模仿、有意模仿和强迫模仿。无意模仿多见于儿童，他们在模仿他人行为时是无意的，并无明确的目的；有意模仿具有主动性，人们多模仿他们认可、崇拜和羡慕的行为；强迫模仿为家长、老师、上级等按照一定的规定要求孩子、学生、下属模仿某种行为的学习过程。

二、旅游者行为

人们的行为发生都与人的心理有紧密联系，心理是行为的内在根据，行为是心理活动的外在表现。研究旅游心理，就要研究旅游行为，我国对旅游行为的研究是从 20 世纪 80 年代中后期开始的，但研究者大部分是地理学背景的学者，所以研究内容有所偏倚旅游地理学，主要包括以下几个元素：旅游动机、旅游决策行为、旅游消费行为、旅游空间行为、细分市场行为等。旅游行为是指旅游者的行为，所以研究对象是旅游者或潜在旅游者。旅游行为有广义和狭义之分。

1. 广义旅游行为

广义旅游行为指旅游者在一次完整的旅游过程中，以旅游为目的的空间移动、游乐活动及与之相关的生活行为，包括从生活地到目的地，以及在目的地具体的旅游内容和在此段时间内的食、住、购物等行为，即旅游者的食、住、行、游、购、娱六个主要环节均属于旅游行为。

2. 狭义旅游行为

狭义旅游行为指旅游者在目的地内具体的游乐活动，即与旅游资源的性质和特性密切相关的那部分行为内容。不同学科对旅游行为有不同的表述：从社会学角度，旅游行为是一种交往；从经济学角度，旅游行为是人们在旅游活动中寻找、购买、使用和评定希望满足其需要的产品、服务时表现出来的行为；从心理学角度，旅游行为是一种心理体验，是人们在闲暇时间内，在一定的经济条件下，为了避免紧张，消除疲劳，获得多种满足，在家庭环境之外进行的特殊消费活动中所表现出来的行为的总称；从旅游学角度，旅游行为是人们通过旅行在异地开展的休闲消费活动；从地理学角度，旅游行为指旅游者对旅游目的地、旅游季节、旅游目的和旅游方式的选择特征，以及与之紧密相关的旅游意识、旅游效应和旅游需求特征。

三、旅游者行为分析

旅游行为是在一次完整的旅游过程中，旅游者发生的各种行为的总和，最基本的行为是决策行为和空间行为。决策行为在前，发生在客源地；空间行为在后，发生在接待地，空间行为的效益受决策水平的制约。

1. 旅游者的决策行为

旅游决策行为指在外出旅游之前，人们收集有关信息，结合自己的旅游偏好，对旅游目的地、旅游路线及旅游方式等问题做出选择和决定的过程。

(1)旅游者的决策行为类型

一类是旅游者实际不参与决策如会议旅游、商务旅游、团体福利旅游等团队旅游，决策由旅行社完成。另一类为决策由旅游者本人完成，或在家庭成员、旅伴之间协商做出，如各种形式的自费旅游、自助游、散客游，由个人自行决策。我们主要讨论的是后者。

(2)影响旅游决策的主要因素

感知环境是影响个人旅游决策行为的主要因素之一。感知环境是指人们把进行旅

游决策时收集到的各种信息摄入脑中，形成对环境的整体印象。它包括旅游地的旅游环境和客源地到旅游地的感知距离。由于占有的信息量不充分，人们的感知环境受到限制，选择旅游地的范围往往比较狭窄，从而使个体旅游景点呈现出过于集中的特征。

(3)旅游决策的基本原则

旅游决策的基本原则即最大效益原则，主要通过最小的旅游时间比和最大的信息收集量两个方面对旅游决策产生影响。最小的旅游时间比，指非旅游时间/旅游时间(T行/T游)，是旅游者从居住地到旅游地单程所耗费的时间与在旅游地游玩的时间的比值。当它小于某个临界值时，人们才会做出到该旅游点旅游的决策。在旅游地未定时，采取就近原则；在旅游地确定后，采取最快捷原则。

最大的信息收集量或最高的满意度，指对最大信息收集量的追求，使人们在选择旅游地时有以下倾向：选择最有名的旅游地旅游。知名度大的旅游地比知名度小的旅游地有更大的稀缺性，人们通过旅游消除的稀缺性越大，获得的信息量也越大。比如，在来华的外国旅游者总人数中，选择到北京、西安等 8 个著名旅游城市旅游的约占 3/4 左右，其他 30 多个重点城市仅占 1/4 强。选择自然环境和文化环境与居住地差异较大的旅游地旅游，因为环境差异越大，越能引起旅游者的兴趣。

2. 旅游者的空间行为

旅游者的空间行为跟旅游线路开发与设计、旅游地开发与营销等密切相关。

(1)旅游者的空间行为的概念

旅游者的空间行为是指旅游者在旅游接待地的一切行为的总和。旅游者空间行为以决策行为为基础，空间行为中的许多特征是由决策行为的原则所决定的。

(2)旅游者的空间行为的范围及特征

根据涉及的空间大小，可将其划分为大、中、小三个尺度。其中，大尺度旅游空间行为受旅游时间比和最大信息收集量原则的影响，旅游者在大尺度的空间行为表现出以下特征，见表 1-1。

表 1-1　　三个尺度空间行为所涉及的空间大小

尺　度	涉及的空间范围
大尺度	省际、全国、国际
中尺度	省内、地区(市)内
小尺度	县(市)内、风景区内

第一，力图到级别较高的旅游点旅游。表现在两个方面：首先，倾向于选择有高级别旅游点的地方作为旅游目的地。如广州旅游者在选择北京及其附近的城市作旅游目的地时，肯定选择北京，而不会选择石家庄、天津等城市。其次，到达目的地后，往往只游玩目的地附近级别较高的旅游点。如外地人到北京，一般只游玩国家级乃至国际级的旅游点(如故宫、颐和园、天坛等)，而对其他级别较低的旅游点则不感兴趣。

第二，尽可能游玩更多的高级别旅游点。一般旅游者到达旅游目的地后选择旅游点的级别与旅游者到该目的地需要迁移的路程有关。大尺度空间的旅游属长途旅游，旅游者常常只游览目的地级别较高的旅游点，之后，如果资金和时间尚允许，一般也不游览该

地级别较低的旅游点，而是迁移到其他地方，游览级别较高的旅游点。

第三，力图采用环状路线旅游。当旅游目的地不止一个时，旅游者总试图用环状路线把它们连接起来，避免走回头路。

而中、小尺度的旅游空间行为具备大尺度旅游空间行为的所有特征，并采用节点状路线旅游。因为：

第一，在居住地附近旅游。旅游者一般不愿在外地留宿，一则花费较大，二来心理上对长住地有特殊的归属感，所以在附近旅游的旅游者尽可能在一天之内完成游程。旅游者数次向不同方向作一日游，就表现为空间上的节点状旅游路线。在这一点上与大尺度空间行为差异较大。

第二，在暂住地附近旅游。当暂住地附近的旅游点到住地距离可以保证旅游者能在一天内完成该点的旅游时，旅游者也会采用节点状旅游路线。旅游者经长途跋涉，选定暂住地后，除非暂住地条件特别差，一般不会去耗费时间和精力去寻找更好的暂住地，这种心理使旅游者愿意采用节点状旅游路线。

3. 旅游者行为与旅游业的关系

(1)旅游者行为是旅游地开发、建设的理论依据。例如，旅游地的早期开发，应以多中心型旅游者为主，他们喜欢新奇的项目；当旅游地有了知名度，即被人们熟知后，要以中间型和自我中心型为主，他们喜欢熟悉而又浪漫的旅游项目。

(2)旅游者的行为是旅游产品开发的依据。要依据不同群体的旅游产品，进行产品个性化开发。

(3)有助于提高旅游服务水平。旅游者有的喜欢周到服务，有的喜欢宽松服务。

第二节　旅游者行为模式的个性分类

旅游者行为贯穿整个旅游活动的全过程，反映了旅游者购买和消费旅游产品的心理过程和特征。因此，旅游行为是一种特殊的消费行为，国内外许多学者、专家将消费者行为分析模式应用到旅游消费者的研究中，并借鉴经济学、社会学、心理学的相关理论，提出了不同的旅游者行为模式。

一、旅游者行为模式分类

旅游行为一般是由旅游条件、旅游者个体特征等构成。在相同的条件下，不同的旅游个体表现出不同的旅游行为。

因此，旅游者行为模式是相对比较复杂的，按不同的标准，有不同的分类结果。

1. 按照旅游者一次完整的旅游过程划分

按照旅游者一次完整的旅游过程划分主要分为：旅游决策行为模式与旅游空间行为模式。

(1)旅游决策行为模式

如旅游购买行为的“刺激-反应”模式、恩格尔模式、霍华德-谢思模式等。

(2)旅游空间行为模式

一般来讲,旅游者在进行区域旅游和活动时,不同个体对旅游地空间行为的选择,会受区域内旅游资源分布和旅游者在区域内旅游兴趣类型偏好的双重作用影响,产生很大的差异性。具体又分为:单一线型模式、环型模式、直线-环型模式、复合线型模式、基营型模式等。

①单一线型模式。旅游者在一次旅行中只选择一个目的地。这种模式是城郊旅游中常出现的一种模式。

②环型模式。在一次旅行中,旅游者在既定的旅游区域内以环线形式从一个方向出发,从另一方向返回,沿途游览多个旅游地,游览路线完全不重复。一般表现为大尺度范围的出游。

③直线-环型模式。旅游者以某个旅游地为中心,在其附近环线游览其他旅游目的地,再按原路径返回客源地。

④复合线型模式。旅游者在选择某一路径方向上的旅游目的地时,存在主次之分,沿到达主要旅游地的主路径途中会选择其他次要的旅游地。

⑤基营型模式。当旅游者到达一级旅游目的地后,以此为中心节点,游览其周边的著名景点,当日往返。

2. 按学者对旅游行为的分析方法划分

按学者对旅游行为的分析方法可分为:静态的旅游者消费行为模式与动态的旅游者消费行为模式。

(1)静态的旅游者消费行为模式

学者对旅游者消费行为进行描述时,不考虑时间序列,而只就影响消费行为的方式、方法进行分析。例如,旅游者为什么购买旅游产品(why)? 购买什么样的旅游产品(what)? 怎样购买(how)? 在哪购买(where)? 何时购买(when)? 影响旅游者行为的经济因素有收入、价格和利息率,非经济因素包括动机、态度、个性特征、旅游者所处的团体、闲暇时间和信息,如图 1-1 所示。

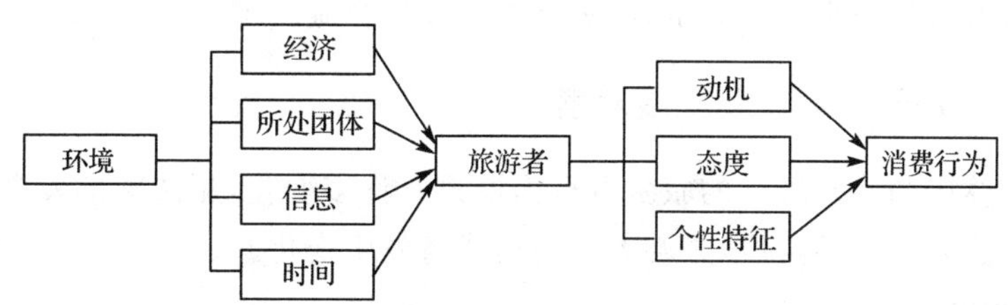

图 1-1　静态的旅游者消费行为模式

(2)动态的旅游者消费行为模式

动态的旅游者消费行为模式指旅游者的消费行为受到环境和心理因素的影响,旅游者会对此消费活动的情况做出评价,这些评价会作为信息重新反馈回来影响旅游者的下次活动。

与静态的行为模式相比较,动态的行为模式增加了评价、信息以及从评价再回到信息的反馈路线,如图 1-2 所示。

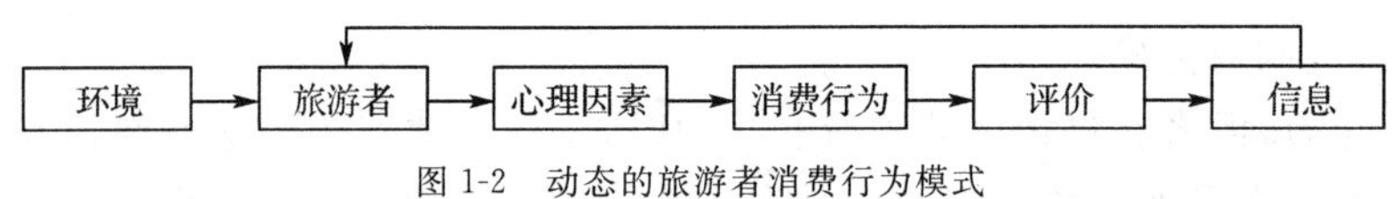

图 1-2　动态的旅游者消费行为模式

3. 按旅游者来自的区域范围划分

按旅游者来自的区域范围可分为：欧洲旅游者行为模式、北美旅游者行为模式、亚洲旅游者行为模式、非洲旅游者行为模式、大洋洲旅游者行为模式等。

4. 按照旅游者年龄结构划分

按照旅游者年龄结构可分为：学生旅游者行为模式、中青年旅游者行为模式、老年旅游者行为模式。

5. 按照旅游者性别划分

按照旅游者性别可分为：男性旅游者行为模式、女性旅游者行为模式。

生活方式反映一个人在其意识支配下的稳定的活动形式，不同类型的生活方式有着不同的旅游行为。一般来说，喜欢清静安宁的旅游者对家有特殊的感情，他们酷爱清洁和健康，希望旅游活动能够使自己充分放松、娱乐并且安全。他们乐于选择安宁幽静的旅游目的地，喜欢清新的空气、明媚的阳光及户外活动。交际型的旅游者则喜欢接受新鲜事物，他们乐于到国外旅游，对异国文化感兴趣，他们往往被不同文化的美术馆、博物馆、古典音乐会、传统戏剧和民俗风情所吸引。对历史感兴趣的旅游者则对追忆过去有着强烈的愿望。他们通过旅游来了解他人、了解他乡习俗和文化，把旅游作为受教育、长见识的良机。总之。人们的生活方式千差万别，那么行为方式也是有多种。

除了旅游者个性特征和生活方式影响旅游行为外，旅游者的个人背景，如年龄、职业、性别、收入等因素也与他们的旅游心理和旅游行为密切相关。如通过对英国来华旅游者调查发现，个人背景不同的旅游者，喜爱的旅游类型有很大的区别。男性喜欢健身运动旅游，女性最欣赏文化艺术旅游，其次是社会旅游。年轻人喜欢山水风光旅游，而这些旅游对老年人吸引力相对较小。教师欣赏社会旅游，学生喜爱美食旅游。离婚、丧偶、分居单身旅游者喜爱山水风光旅游，已婚女性喜爱社会旅游等。

二、旅游者行为模式的未来发展趋势

旅游产业休闲结构升级后的旅游者行为模式有许多变化，旅游业的发展已经由原来的单一的观光进入了休闲阶段，旅游者行为模式将发生变化。

1. 从行到驻

休闲旅游者以反复驻留为主。不同于观光旅游者走马观花式的旅游，休闲作为一种心灵感受和一种生活状态，对厌倦了都市生活的旅游者形成了一种持续性需求。

2. 从观光体验到全感体验

休闲旅游者追求的不仅仅是美丽的风景画。观光性景区规划一般只注重视觉景观的营造，休闲旅游项目更强调休闲功能属性的完善，以及对旅游者视觉、听觉、嗅觉、味觉、触觉全方位的体验进行凸显和包装。

3. 从旁观者到参与者

休闲旅游者要求与景区美景融为一体。对旅游者而言，观光性景区往往是游离于自己生活之外的，看完了，留下几张照片，仅此而已。而参与各类休闲项目，将会给旅游者带来持久的感受。

4. 从大众到个性

休闲旅游者凸显个性化的休闲需求。运动、文化、游乐、养生、科考、感受自然、体会农村生活等，不一样的体验带给旅游者同样的愉悦。

当今，我国大规模的群体旅游已出现了类型化现象：个性化旅游、豪华旅游、探险旅游以及近期升温的生态旅游等，都反映出财富积累和社会价值在改革开放的30多年旅游发展过程中的变化和差异。中国已经进入一种“旅游文化”的时代。

持续快速发展的经济和稳定增长的居民收入促进了我国旅游业的蓬勃发展，我国旅游产业从小到大，从主要供给入境游客到主要供给广大国民，走出了一条有中国特色的发展道路，形成了一个规模庞大、关联广泛、效益良好的产业体系。在低碳节能的社会化过程中，旅游的优势充分突显，旅游业是低碳产业，其单位增加值能耗为0.202，仅为工业的1/11，是应对气候变化、低碳节能的优势产业，也将构成中国旅游发展的长期重大机遇。旅游不仅具有低碳发展的巨大优势，而且可以成为中国低碳经济发展中的先锋和亮点。拿碳成本来说，如果旅游一年减排1亿吨，就是创造30亿美元的财富。

从旅游供给角度看，旅游供给高度灵活化，旅游产品的精加工倾向十分明显。在旅游业大发展的同时，旅游业的竞争也日益激烈，大量投入人力、物力、财力，注重科技投入、创旅游精品的风潮席卷世界各地。各国政府对旅游业均十分重视，纷纷制定各种优惠政策，并且以国家的名义，对优秀的旅游产品进行整体宣传和塑造，抓住主要的客源市场大力促销。从需求角度看旅游消费亦出现了一些新潮：①求精。旅游目的地减少，逗留时间缩短，称为“不患寡”的旅游年代；②求省。平均花费减少，懂得选择；③求新。追求表现自我，强调玩法与别人不一样，有不少完全不依赖旅行社的“自走族”。旅游消费心态变更深受社会心态主基调的影响。社会心态之一就是“生态主义”思潮日盛，在西方甚至演变成“绿色政治”，形成“绿党”。现代旅游业总体风格渐成“回归大自然，返璞归真”，20世纪80年代强化为可持续发展思潮，至1990年代初期“21世纪议程”出台，各国相继以“可持续发展”为国家和地区发展的主基调，甚至立为国策，进一步将生态思潮系统化和深入化，与之相关的旅游产品亦陆续出台。随着旅游业的进一步发展，供需矛盾开始突出，竞争日益加剧，国际旅游学界和旅游业界普遍认为世界旅游业已经进入一个旅游业新时期(new age of tourism)，具体说来就是：旅游需求进一步细化，个性化将取代标准化产品；旅游供给、分配趋于高度灵活化；全球旅游业将主要通过“系统经济”而非“规模经济”来获得发展。

实训与练习

1. 旅游者行为的共性描述。

2. 常见的消费者行为模式理论有哪些?

3. 影响旅游决策的因素一般有哪些? 结合自己的旅游经历进行分析。

4. 调研一个旅游点,对该点的旅游人群做一次问卷调查,了解旅游者购买心理,分析其购买心理活动过程。

5. 案例分析:

苏珊的旅游消费行为过程

苏珊是一家电子公司很有前途的经理,长时间的繁重的工作计划使她倍感疲惫。一天晚上,她在看电视的时候,注意到了一个乡村俱乐部的广告,它描述了乡村的休闲生活。这个广告使她产生了旅游这一行为动机,以满足她减轻疲惫的需要,但她还没有打算打电话去旅行社订购。在随后的几周中,她收到了这个俱乐部的一些直邮材料,让她决定是否去那里旅游,并说明了时间、地点等。在一次商业会议上,她跟另外两位经理谈到旅游这一话题,结果发现这两个人曾去过那个乡村俱乐部,并且很喜欢那里。而后苏珊又碰到以前大学的一个姐妹,由于从事户外运动,她皮肤黝黑,而且穿着那个乡村俱乐部的 T 恤衫。信息提示有了累积的功效,所以苏珊拜访了那个旅行社,并预定了去那个乡村俱乐部一周的旅游产品。

苏珊用了很长时间去旅游,得到了很好的休整。在她再度感到疲惫时,就会飞到那个乡村俱乐部。这次,她又度过了一段美好的时光,并强化了她第一次去那个乡村俱乐部的正面感受,这样就完成了一次巩固过程。请结合以上苏珊的旅游消费行为过程的资料,分析影响消费者购买行为的因素有哪些?

6. 案例分析:对北京人的旅游偏好进行调查如下:

17 岁以下的少年儿童:对游乐场最感兴趣,其次是郊野风景区、动物园和八达岭长城。对宗教建筑和商业区最缺乏热情。

17～30 岁的青年:对郊野风景区最感兴趣,求新、求知是北京青年旅游的新特点。其次是八达岭长城、古典园林。最不感兴趣的是宗教建筑和一般游乐公园。

30～40 岁的人:对郊野风景区最感兴趣,其次是皇家园林、古典园林和动物园。对宗教建筑最没有兴趣。

40～50 岁的人:对皇家建筑、郊野风景区、八达岭长城最感兴趣,对宗教建筑的兴趣也很高。对一般游乐公园缺乏热情。

50～60 岁的人:对八达岭长城和皇家建筑最有兴趣。对宗教建筑和其他博物馆没有偏好。

60 岁以上的老人:对古典园林非常热爱,对宗教建筑也很有兴趣。

请问年龄与职业对旅游者的倾向有怎样的影响?

第

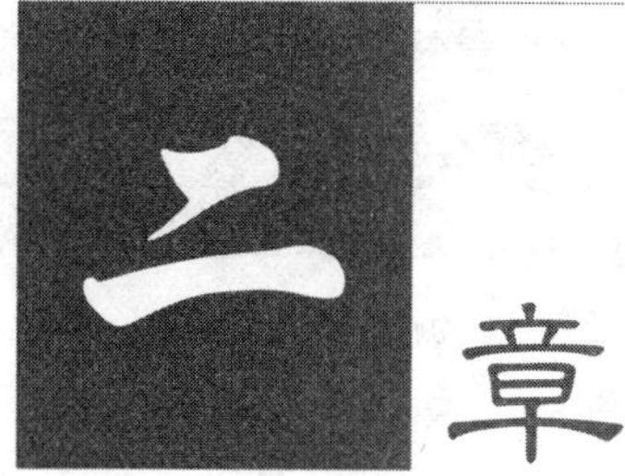

章

影响旅游者行为的个体因素

典型案例　罗马之旅

1975 年，成千上万的游客到罗马旅游。其中有些游客说他们到那里是因为看了一部由一些明星出演的电影。他们是奥黛丽·赫本、加里·格兰特。至少有一名游客在与我谈话时说，他读了一则消息，说弗洛伊德由于害怕那里“埋有很多东西”而不敢去罗马，于是这位游客决定去罗马看看。另一位游客到那里是因为他的父亲在 1944 年曾到过罗马。相当一部分人到那里是因为以前有许多人到过罗马。当时游客的许多钱花在了饭店、餐馆、纪念品小摊、导游等方面。罗马是一个吸引物，但是罗马本身收取任何门票了吗？答案是“没有”。

今天的旅游业（指一个产业，不一定指游客）试图要更正这一特殊市场的“非合理性”。这样，所有的“目的地”都在不断被改变，被包装，被推向市场。在这个地球上，任何地方都可以成为某个目的地而让人们出游和住进饭店、宾馆。旅游业开发的另一个目的，就是想要打破观光与某个特殊的地方之间的联系，让观光活动成为一种大众娱乐活动，同时修建和设计一些离奇的旅游产品，并把它们推向市场。到目前为止，这样的目的已初步实现，例如，旅游策划者可以使游客相信他们到罗马的真正原因是为了到 Cap 商店购物，到麦当劳吃午餐，到好莱坞太空休息，到 Imax 娱乐中心游玩并观赏罗马的立体外形。到巴黎、东京或莫斯科旅游也是如此。

旅游需要是旅游行为产生的基本内在推动力之一。什么是旅游需要？它是怎样产生的？有哪些类型、特点？旅游需要的发展趋势给旅游业带来了哪些启示？这是本节要探讨的主要问题。

（资料来源：A. J. Veal. 休闲与旅游研究方法. 3 版. 北京：中国人民大学出版社，2012）

本章要点

旅游者需要与旅游行为关系、旅游者个性与旅游行为关系、旅游者态度与旅游行为关系、旅游者情感与旅游行为关系。

第一节　旅游者需要与旅游行为

一、需要概述

1. 需要的概念

人们为了维持和延续生命，有对食物、水、氧气、排泄、休息、配偶和避开危害等生理方面的需要，也有对爱情、友谊、交往、快乐、尊重、学习、事业成功等心理方面的追求和需要。这些都属于心理学意义上的人的一般需要或基本需要。

需要是指个体缺乏某种生理或心理因素时产生的一种主观紧张状态，是个体内部环境和外部生活条件的要求在大脑中的反映，即在人的内心深处感到不满足，缺少什么东西，并期望得到某种东西、有追求满足之感。需要就是这两种状态形成的一种心理现象，具有不平衡状态和不满足感。

2. 马斯洛的需要层次理论

美国人本主义心理学家马斯洛 1943 年在《调动人的积极性的理论》中提出需要层次理论，如图 2-1 所示。

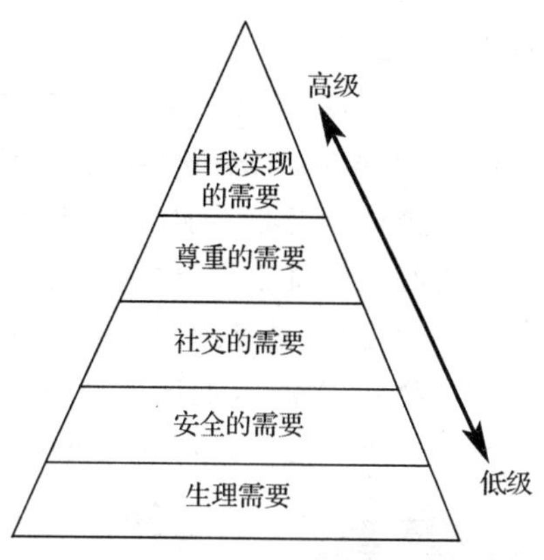

图 2-1　马斯洛的需要层次理论示意图

(1)生理需要

生理需要是指人们对衣食住行等的需要。这是人类最基本、最强烈、最明显的一种需要，为人类生存和种族延续所必需。只有当生理需要得到满足，才会转向其他层次的需要。

(2)安全的需要

安全的需要是指人们对人身安全、生活稳定等多方面的需要，它是生理需要的社会保障。

(3)社交的需要

社交的需要包括对社会交往、友谊、爱情及从属于某个组织，得到认可的需要。追求与他人建立友情，即在自己的团体里求得一席之地。

(4)尊重的需要

尊重的需要包括自我尊重和受人尊重两个方面。自尊：对获得信心、能力、本领、成就、独立和自由等的愿望。他尊：威望、承认、接受、关心、地位、名誉和赏识。

(5)自我实现的需要

自我实现的需要指人们希望发挥自己的特长和潜能，实现对理想、信念、抱负的追求，最终实现自我价值，即实现人的全部潜力的愿望。

20 世纪 70 年代，马斯洛在上述分类的基础上增添了认知和审美两种需要。马斯洛认为，人的需要呈低级向高级发展的上升趋势。较低层次的需要(生理需要、安全需要)可以通过外部条件的改善得到满足，而较高层次的需要(社交的需要、尊重的需要、自我实现的需要)是从内部使人感到满足，而且对其行为的激励影响较大。

二、旅游者需要

1. 旅游需要产生的条件

旅游需要是人的一般需要在旅游过程中的特殊表现，是旅游者或潜在旅游者由于对旅游活动及其要素的缺乏而产生的一种好奇心理状态，即对旅游的意向和愿望。旅游需要的主体是旅游者，包括现实旅游者和潜在旅游者；对象是旅游，包括旅游活动本身及旅游涉及的诸种要素。旅游需要是旅游行为最基本、最核心的动力因素，激发人们参加旅游活动，满足自身愿望。

(1)旅游需要产生的主观条件

依据旅游需要的概念，人类的基本需要失衡并被感知、好奇心驱动力是产生旅游需要的两个主观原因。

①个体基本需要失衡并被感知。现代社会生活节奏日益加快，紧张的劳动和工作破坏生理和心理平衡，人们的心理日益处于紧张的状态。当这种生理和心理不平衡现象反映到大脑时，人们会寻求一个新的环境和活动，调节活动节奏，以摆脱和释放紧张状态，补偿缺少的东西。这种释放和补偿的极佳方式之一是旅游，人们通过旅游，短期改变一下生活环境，或欣赏山水风光，或体验风土人情，不仅可以愉悦身心，陶冶情操，而且可以开阔视野，增长知识，获得物质上或精神上的享受。

②个体好奇心驱动认识与探索。人为什么要去旅游？一个基本的原因就是满足人的好奇心。好奇心是由个体生活环境的刺激而引发的先天内趋力，是人类心灵正常发展的原动力之一，是维护心理健康的一个条件，也是旅游需要产生的根本性原因。越是奇特的事物和现象，人们就越是要去揭示它的秘密，人们对它的探奇求知欲望也就越强烈。这种探奇求知心一旦再反映到头脑中来，便形成探奇求知的旅游需要。

(2)旅游需要产生的客观条件

人们产生旅游需要还要有一系列客观条件，在很大程度上受经济因素、时间因素、社会因素这三个方面条件的制约。

①经济因素。经济因素是产生旅游需要和实现旅游需要的基本前提。经济收入与旅游需要与旅游动机正相关。旅游是一种较高层次的消费行为，需要有一定的经济条件和支付能力做基础。旅游业的发达程度已经成为一个国家人民的生活水平富裕程度的重要标志之一。

②时间因素。主要是指人们拥有的闲暇时间，即在日常工作、学习、生活及其他必需的时间之外的可以自由支配，可从事消遣娱乐或自己乐于从事任何其他事情的时间。包括业余时间、周末时间和一段集中的短暂假期。我国实行每周五日工作制，实行法定假日和“十一”、春节两个“黄金周”，以及部分公民享受的带薪休假，极大地刺激了人们的旅游需要。

③社会因素。旅游作为现代人的一种生活方式，旅游需要的产生还与国家或地区的经济状况、文化因素、社会风气有密切关系。一个国家只有经济发达了，才有足够的实力开发旅游资源，建设旅游设施，促进旅游交通的发展，从而提高旅游综合吸引力和接待能力，激发人们的旅游兴趣和愿望；人们的周围环境和团体压力也会影响人们的旅游需要，如单位经常组织旅游，或奖励旅游行为，对个体参加旅游活动有较强的吸引力，促进人们旅游需要的产生；社会风气与旅游时尚也能影响人们旅游需要的产生，如邻居、同事、朋友的旅游行为和旅游经历往往能够互相感染、互相启发，在从众心理或攀比心理的作用下，也产生了旅游冲动，形成一种效仿旅游行为；个体的人格特质、知识与受教育程度、价值观念、生活经历与旅游阅历等个体受社会文化因素影响的状况，会影响人们的旅游方式；旅游需求也对政治环境和经济环境的变化特别敏感，如旅游目的地发生社会动荡或与客源国关系紧张时，旅游者会出于安全的考虑，放弃旅游计划或转向其他旅游目的地。

2. 旅游需要的特征

从旅游的本质特征的角度来解读旅游需要的特点，旅游需要除了具有一般需要的特征外，其显著的特点应当是暂时异地休闲性、高层次精神需要性、伸缩性、季节性、平衡性。

(1)暂时异地休闲性

人们无论是基于基本需要失衡并被感知所产生的变换生活环境以调节身心节律的旅游需要，还是基于好奇心的驱动所产生的认识与探索的旅游需要，都要以暂时离开居住地，到异地去休闲、探索为前提。暂时性和异地性都是相对模糊的概念，暂时可以是“一日游”，也可能是数天、数月，但一定是相对的暂时，要按计划返回。“异地”的远近也是相对于“常住地”而言的。如果是在“常住地”的户外休闲，只能称为“散步”。

(2)高层次精神需要性

旅游需要属于马斯洛需要层次理论的交往需要以上的高级层次的需要。如人们在旅游中需要品味美食就不是一般的饱腹，需要优雅的住宿就不是一般的休息，需要舒适的交通就不是一般的代步。旅游是一种审美活动，旅游消费也不同于日常消费，突出地表现在重视精神内容、追求愉悦的体验。

(3)伸缩性

旅游需要是人类生活水平发展到一定阶段的产物，属于奢侈性需要，具有很大的弹性，即使在经济条件和时间因素均具备的情况下，也受个体的个性心理特征与消费偏好等因素的影响。旅游需要具有很大的不稳定性或可替代性，在个人收入、旅游产品价格、社会政治环境发生变化时，人们的旅游需要方向会发生转移，旅游需要强度会发生变化。如在购买旅游纪念品时，有的旅游者以是否昂贵为选择标准，以显示其财力，而有的旅游者以商品的精致与否为标准，以满足其审美的需要，也有本来不想购买的旅游者在特定情景的影响和从众心理的支配下，也产生了购买欲望等，这充分反映了旅游需要的伸缩性特点。

(4)季节性

旅游需要具有随季节波动的特性。旅游者对旅游时间、地点的需求有明显的淡、旺季差异。旅游需要的季节性与旅游对象的季节变化、节假日的设置及风俗习惯的制约有密切关系。如山地水景在四季会有不同的景象，钱塘潮在中秋时节尤为壮观，傣家的泼水节只在清明前后的傣历新年举行，观赏吉林的雾凇要等到春节前后。如不应时，则难以满足旅游期望。就旅游者而言，由于受闲暇时间的数量和分布形式以及工作与职业特点的限制，如学生要在寒暑假或黄金周才可以远足。

(5)平衡性

①单一性需要：平衡、和谐、一致、预见。

单一性理论家认为人们寻求平衡、和谐、相同、没有冲突和可预见性的需要，亦即人们的需要是单一性需要。如果在正常生活中出现非单一性，人们就会表现出紧张和不安。

按照单一性需要理论，人们在旅游时，只会游览像北京故宫、西安兵马俑坑、杭州西湖、广西桂林、安徽黄山等世界驰名的旅游景点，只会光顾像北京“长城”、南京“金陵”、天

津“利顺德”、广州“白天鹅”等知名度高并能得到标准化服务的饭店，只会乘坐飞往各地的包机和开往各地的固定时间的旅游列车，只会利用像北京、西安、广州等地的国际旅行分社，等等。因为这些景点、饭店、交通和旅行社能为旅游者提供可以预见的服务，会避免不愉快的事件和风险。为防止出现非单一性，人们还会事先预订客房，乘坐由旅行社代办的飞机、火车、汽车，参加由导游带领的旅游团等。很显然，在旅游活动中，人们对上述旅游环境中的一些情境那么热爱和欢迎，实际上是由单一性需要驱使的。

②复杂性需要：新奇、出乎意料、变化、不可预见。

复杂性需要是指人们对新奇、出乎意料、变化和不可预见性事物的向往和追求。人的生活是极其复杂的，单纯依靠单一性需要是无法享受生活和理解生活的。

根据复杂性理论，在旅游环境中，旅游者愿意游览他以前从没有去过的地方，愿意乘坐飞机而不愿意坐火车，愿意光顾不知名的饭店而不愿去享有盛誉的饭店。对于希望避免单一性或可预见性的旅游者来说，著名的旅游景点、众所周知的饭店及熟悉的交通工具所提供的单一性需要或可预见性需要太多了，会令他感到厌倦。他要获得全新的刺激和与以往有所不同的感受。

虽然两种说法看起来是矛盾的，但这两种概念结合起来却可以为理解旅游消费者的旅游动机提供非常可贵的看问题的角度。

③单一性需要和复杂性需要的平衡：旅游是平衡单一性与复杂性需要的理想方式。

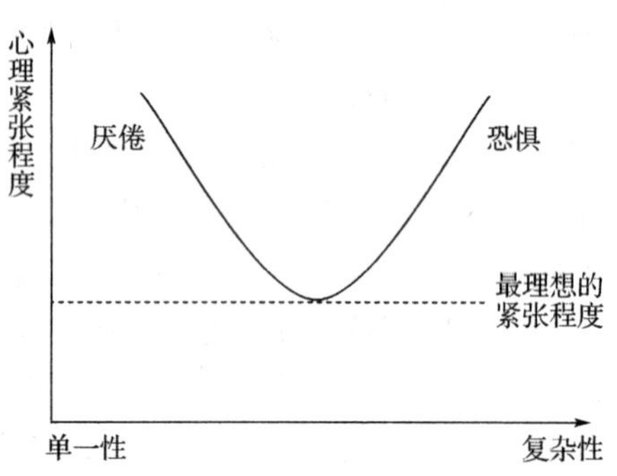

图 2-2　单一性需要和复杂性需要的平衡图

图 2-2 为单一性需要和复杂性需要的平衡图。由于人们所处的环境不同，环境所提供给人们的单一性和复杂性程度存在着很大差异。单一性过多，人会产生厌倦；复杂性太多，人会产生恐惧。一个生产线上的产业工人，日复一日、年复一年干着同一种工作，所处的环境是极端单一的。为了逃避紧张的生活和工作，改变与世隔绝、枯燥、烦闷的单一环境，他可能选择一处离开城市或工业集中区的风景点、疗养地去度假，或到夜总会和酒吧去寻找刺激。而工作在高一级公司的行政管理人员或高度兴奋的工作人员，由于他每天总是和不同的人打交道，在不同的场所谈生意，在复杂和无法预见的情境里处理工作、谈判等，他们可能寻求的刺激是一个安静的度假地或在家里悠闲地度过一段时光。

单一性与复杂性最佳程度的平衡只是一个相对说法。它与人们外出旅游时所选择的旅游景点、交通方式、饭店类型以及构成整个旅游经历的一切活动的潜在刺激力量有关。根据一些人的体验，到一个过于新奇的地方去旅游，如去西藏或香港或非洲某地，独特的社会风情、特异的自然风光和独有的活动项目等，都会使人产生心理紧张；而到比较了解的杭州西湖、北京故宫游览，虽然西湖的美景，故宫的宏伟、庄严也会使人感到新奇，但它却不会引起人们心理上的不适或不安。单一性与复杂性的结合能够给人的最佳刺激水平是因人而异的。有些人外出旅游仅仅是为了变换一下环境，他到附近的景点、乡村、海边转一转也就够了。然而，对另一些人来说，仅变换一下环境是很不够的，他需要

全新的东西，即我们称之为复杂性的东西，这意味着环境的彻底改变，要到一个遥远的地方，或出国旅游才能如愿。心理学家认为，不管人们从事什么工作，不论生活在一个什么样的环境之中，都需要将单一性需要和复杂性需要保持最佳的心理紧张程度的平衡。

3. 旅游需要的类型

人的需要是多种多样的，旅游需要的类型，按不同的标准可以有不同的分类，学界也存在许多种分类。我们从一般旅游需要和特殊旅游需要两个角度对旅游需要进行分类。

(1)一般旅游需要

一般旅游需要是指旅游者的共同旅游需要。一般旅游需要又有两种分类。

①按需要的起源划分，一般旅游需要可分为天然性需要和社会性需要两小类。旅游者的天然性需要包括生理需要和安全需要，即对旅游中人们的饮食、衣着、住所、休息、交通的需要以及安全与健康的需要。社会需要是旅游者对认识、名誉、权力、交往、友谊、娱乐、尊重等方面的需要。如探亲访友、结交朋友、寻根求源、故地重游等。

②按需要的对象划分，可分为物质需要和精神需要两小类。物质需要是指在旅游中对衣、食、住、行等有关旅游物品的需要。在物质需要中，包括自然性的物质需要，也包括社会性的物质需要。精神需要是指旅游者对于认识、探索、审美、艺术等的需要。满足精神享受是旅游者最为普遍和共同的需要。

(2)特殊旅游需要

特殊旅游需要是指不同旅游者在不同旅游过程中的各自特殊需要。如果说旅游者的一般需要是共性需要，那么旅游者的特殊需要便是个性需要。

特殊旅游需要包括团队、散客、入境、国内等旅游者的各自需要。

①团队旅游者一般都有这样的旅游需要：希望一切活动都有计划地进行，自己不必费心劳神；希望有经验丰富的导游，几个相知或相识的游伴；希望有一定的安全感和保障感。

②散客旅游者有两种情况：经济收入和地位都比较高的人，他们习惯于住豪华宾馆、专车接送、左右随从，以充分显示其不同于他人的身份和地位。而多数散客旅游者，收入一般都较低，他们追新猎奇，富于幻想，不喜欢团队旅游那种按部就班的安排，希望以最少的花费获得最大的精神满足。

③境外来华的旅游者，由于对中国的情况了解不多，所以他们的旅游需要，倾向于安全、稳妥、方便。对中国的历史文化、民族风俗特别感兴趣，旅游组织方式也以团队为多。由于他们收入颇丰，文化层次较高，所以对食、宿、行崇尚豪华和舒适，讲究地位和身份。

④境外旅游者中的华侨和外籍华人，包括港、澳、台同胞，他们旅游的目的往往是以观光旅游、探亲访旧、寻根问祖、商务投资为主，他们对于祖国大陆的历史、文化、民族和现状，有着深刻的了解，生活方式兼杂中西，对爱和尊重的需要特别强烈。旅游组织方式多以散客为主。由于他们的社会地位和经济状况相对一般，所以，对于食、宿、行等方面的需要较为随便。

三、满足旅游者需要影响旅游决策

在现代社会中，伴随着人们物质生活水平的提高和对精神生活的更高要求，旅游活动更加丰富多彩，不同社会阶层的、不同收入水平的、不同心理类型的旅游需要是千差万别的。

因而了解旅游者不同的旅游需要，将有助于旅游企业有针对性地开展可以满足特定旅游需要的旅游服务，也有助于从旅游者角度出发，体现“以人为本”的精神。

1. 现代旅游者需要的发展趋势

现代人旅游需要的发展趋势。随着生产力的发展，物质文化水平的提高，价值观念的转变，旅游需要也呈现出由低级向高级的不断发展变化，现代人旅游需要已呈现出以下发展趋势。

(1)旅游需要普遍化程度提高。在我国，旅游需要不再是少数人的奢侈需要，逐渐形成大众化的需要趋势。旅游需要也随着时代、社会、个人和经济条件等方面的进步，永无止境地发展。例如，旅游者对于住宿的需要，由最初的结构简单、功能单一，到如今的设施齐全、豪华舒适。再譬如，旅游者对于旅游纪念品的需要，由最初的经济、实惠、耐用，到如今的美观、小巧、精致。旅游正成为人们在变化与稳定、复杂与单一、新奇与熟悉、紧张与轻松等矛盾心理中寻求平衡的重要生活方式。

(2)旅游需要向多样性方向发展。由于旅游者的宗教信仰、生活方式、兴趣爱好等方面各有不同，因此，他们的旅游需要是多方面的、复杂的。不同类型的旅游者有不同的旅游需要，同一类型的旅游者也有不同的旅游需要，就是同一个旅游者也有不同的旅游需要。从旅游模式上看，有观光型、度假型、特种旅游型，特种旅游与度假旅游需要呈上升趋势，但观光旅游的需要主体地位不会动摇；从出游方式上看，有组团旅游、散客旅游、家庭旅游等的多元化，旅游方式小型化是旅游需要的发展趋势，散客旅游在上升，团体旅游在下降；从旅游主题上看，有观光旅游、度假旅游、文化旅游、探险旅游、生态旅游等各种动机与目的的多元化，多元化旅游需要催生和促进多元化旅游方式的发展。

(3)旅游需要向综合性方向发展。现代人讲究工作效率，旅游者在旅游过程中期望单位时间和金钱支出获得的收益最大化，人们参加某一次旅游活动，往往不只是满足一种旅游需要，而经常是为了满足几种旅游需要。人们期待综合型旅游地和旅游活动项目，使人们获得知识性、娱乐性、体验性、享乐性为一体的多重满足。由于收入水平的提高和消费意识的改变，旅游中的功利色彩逐渐减弱，单纯地外出旅游、放松自己紧张神经的旅游者已经越来越多。

(4)旅游需要更加注重精神需要。随着人们物质生活水平的提高，对求知、求异、求美、愉悦等精神方面的需求日益增强。他们希望借助旅游缓解紧张生活造成的精神压力，希望在旅游过程中获得知识，满足社会交往等需要。他们更加关注旅游产品中蕴涵的历史、地理、文学、艺术等文化内涵。对旅游中的物质性享受也更多地追求精神需要的层面，对旅游过程的舒适性方面的追求越来越高。在旅游方式和旅游目的上，观光型旅游正在向休闲度假型旅游方向发展。在旅游地的选择上，人们出国旅游的需求明显增强。

(5)旅游需要向“个性化旅游”方向发展。随着旅游经验的丰富、阅历的增长，人们旅游的个性化需要日益增强，从走马观花式巡游发展到下马观花式的滞留型旅游，喜欢按自己的意愿完成旅游活动。他们有的是为了追求刺激，有的是为了自我价值的实现，喜欢购买具有鲜明个性的旅游产品。越来越多的旅游者喜欢根据自己的爱好和意志进行各种登山旅游、漂流旅游、探险旅游等野外旅游和开展自助游或进行探险式的旅游。在旅游活动过程中，他们不再满足在旅游中做一个旁观者，积极参与和体验的需要却越来越强烈。

(6)旅游需要向“自然”与“本色”的需求发展。好奇与探索是人的本性，追新猎奇和逃避现实是人们进行旅游的主要驱动力。构成旅游主体的城市人为了放松自己紧张的身心，希望回归自然，返璞归真，呼吸新鲜空气，欣赏奇异景观，由此构成现代旅游者的基本特征之一。现代人的旅游文化心理需要是偏爱自然本色、原始风貌和原汁原味，鄙弃过分的人工雕琢或粗制滥造。许多人旅游探索的需要增强，他们更愿意到新发现、新开辟的旅游地，选择冷僻的旅游路线，尝试新的刺激与快乐。

2. 满足现代旅游者需要的对策

当代人们旅游需要的发展趋势，给旅游业提出了更高的要求。

(1)旅游需求的综合性发展趋势，要求旅游产品多样化，旅游服务综合化、系列化。旅游产品和服务既要强调标准化，又要讲究系列化、多样化。例如旅行社努力开发多形式、多系列的产品，综合性旅游和专题性旅游同时并举，团体旅游和散客旅游兼收并蓄，大力推广小包价旅游方式。旅游交通也应根据旅游需要的这一发展趋势，建立、完善“一条龙”的服务体系，提供适合多层面旅游者需求的交通工具、交通设施及服务方式，为旅游者提供综合性的交通服务。旅游企业要行业联动，社会协作。旅游宣传要立体化，旅游促销要现代化，正确引导人们的旅游需要，使旅游者对旅游地有更为深入的了解，旅游目标更加明确清晰。

(2)旅游需求的个性化、特色化发展趋势，要求旅游业的发展要有针对性的市场定位。突出个性，就是有意识地开发、创造有吸引力的形象，具有其特有的风格和形象识别。旅游企业要秉承“人无我有，人有我优”的开发理念，努力发展“特色旅游项目”，针对不同的旅游目标市场提供差别化的旅游产品，根据旅游者的特殊兴趣和要求，创造性地设计适合其个性需要的旅游主题和旅游服务方式，开发“度身定做”的旅游产品。旅行社要努力提供由旅游者自主设计的线路、景点、游程、时间的全程包价旅游产品，也可以提供具有较大自由度和自主性的半包价旅游产品。

(3)旅游需求向“自然”与“本色”发展的趋势，要求旅游资源开发应以“自然”为本，保持本色。开发旅游资源，要坚持科学的发展观，对那些属于自然遗产和文化遗产的现存旅游资源，要保持其自然和历史形成的原始风貌。对旅游设施、旅游景点应以“自然”为本，保持本色，保持原生态，修旧如旧。要注意表现民族化、保持传统地方格调，使来访者能够观新赏异，体验异乡风情。还要根据旅游承载力的理论，科学地确定旅游目的地的接待量，防止超负荷接待，教育旅游者保护旅游环境。

(4)旅游者积极参与的需求发展趋势，要求旅游开发处理好观赏性与参与性的关系。

旅游活动包括食、宿、行、游、购、娱等多方面的内容，但核心内容是参观游览。参观游览是旅游者在旅游对象之外去欣赏、领略，这是一种静观的旅游方式。具有空间距离的旅游所能激起旅游者的积极情绪是有限度的，难以取得更好的心理效果。所以旅游者在观览的同时，零距离的动态参与其中的愿望日益强烈。因此，旅游经营单位要转变认识观念，在观览性的活动项目之外，努力设计与开发更多让客人参与的动态旅游活动项目，让客人全身心地参与其中，激起旅游者忘我的高涨情绪，获得更大的心理满足。就是静态的单纯的观览性旅游项目，也要想方设法增添参与性的色彩和因素，配置必要的奖赏，以增强旅游者的归属感、成就感。

第二节　旅游者个性与旅游行为

请看案例：

南京的玄武湖旁的草坪上有两条用草木花卉做成的龙，簇拥着一颗也是用花卉做成的宝珠，被称为'二龙戏珠'。草坪周围有竹子做的篱笆墙，有膝盖那么高。朝南京城的那个方向有一个缺口，差不多有十米远。草坪上插着一块牌子，上面写着"严禁入内"。但是在"二龙戏珠"处已经有些人在拍照。有个导游曾经在那里仔细观察过，发现那些想拍照的游客有四种不同的表现：第一种游客行动最迅速，一下子就从篱笆上跳过去，跑到"二龙戏珠"前面去拍照，他们属于"胆汁质"；第二种游客不那么冲动、冒失，但是他们很灵活，跨过篱笆，走到"二龙戏珠"前面去拍照，他们属于"多血质"；第三种游客做事求稳妥，不怕绕远走缺口进去拍照，他们属于"黏液质"；第四种游客也不跳，也不跨，也不绕，留在原地，就在篱笆的外面拍照，或者干脆不照，他们属于"抑郁质"。

一、个性概述

个性就是个性心理的简称，在西方又称人格（personality）。人格这个词源自拉丁语"persona"，其含义最早指演员所戴的面具，后来又指演员本身和其所扮演的角色。

1. 个性的概念

心理上的个性（individuality）是指一个人在其生活、实践活动中经常表现出来的、比较稳定的、带有一定倾向性，区别于其他人的独特的精神面貌和心理特征的总和。由于一个人的心理活动，总是带有本人的特点，而且这些个体心理活动的特点还会以某些形式固定下来，使这些特点带有经常、稳定的性质，因此，世界上不存在两个相同个性的人。

2. 个性的结构

个性是一个复杂的、多层面、多层次的系统，它由个性倾向性、个性心理特征、自我意识三个密切联系、不可分割的子系统构成。

（1）个性倾向性

个性倾向性是指人对社会环境的态度和行为的积极特征，包括需要、动机、兴趣、理想、信念及世界观等。个性倾向性是个性系统的动力结构，它是人的个性结构中最活跃的因素，是一个人进行活动的基本动力，决定着人对现实的态度，决定着人对认识活动的对象

的趋向和选择。它较少受生理、遗传等先天因素的影响，主要是在后天的培养和社会化过程中形成的。

个性倾向性中的各个成分并非孤立存在的，而是互相联系、互相影响和互相制约的。其中，需要又是个性倾向性乃至整个个性积极性的源泉，只有在需要的推动下，个性才能形成和发展；动机、兴趣和信念等都是需要的表现形式；而世界观属于最高指导地位，它指引着和制约着人的思想倾向和整个心理面貌，它是人的言行的总动力和总动机。由此可见，个性倾向性是以人的需要为基础、以世界观为指导的动力系统。

(2)个性心理特征

个性心理特征指人的多种心理特点的一种独特结合。

个性心理特征是个性系统的特征结构，其中包括完成某种活动的潜在可能性的特征，即能力；心理活动的动力特征，即气质；对现实环境和完成活动的态度上的特征，即性格。

(3)自我意识

自我意识指自己对所有属于自己身心状况的意识。

自我意识是个性系统的自动调节结构，包括自我认识、自我体验、自我监控等方面，如自尊心、自信心等。个性结构的这些成分或要素，又因人、时间、地点、环境的不同而互相排列组合，结果就产生了在个性特征上千差万别的人和一个人在不同的时间、地点环境中的个性特征的变化。

二、旅游者个性对旅游行为的影响

旅游者的个性类型、自我意识、生活方式、个性动力因素、个性心理特征等与旅游行为有关系，下面主要从两方面分析个性对旅游行为的影响。

1. 个性类型与旅游行为

个性类型是人们根据不同的个性特征而进行的分类。个性类型的划分方法很多，下面介绍几种比较普遍的分类，并结合旅游活动的特点说明个性与旅游行为的关系。

(1)性格与旅游行为

①性格的含义。性格是一个人个性中最重要、最显著的心理特征，是指个人对现实态度及行为方式方面的比较稳定而且具有核心意义的个性心理特征。

人的性格个体差异是很大的。例如，有的人活泼、外向，有的人孤僻、内向；在对待生活的态度上，有的人乐观进取，有的人悲观失望；在情绪上，有的人稳定持久，有的人忽高忽低；在行动上，有的人坚毅、果敢，有的人谨慎、怯懦；等等。

②性格类型及其行为特征。

理智型和情绪型。这是按照旅游者是理智还是情绪占主导来划分的。理智型的人，常以理智来评价一切，并用理智来控制自己的行为，遇到问题总与人讲事实、讲道理。情绪型的人，情绪体验深刻，不善于进行理性的思考，言行易受情绪的支配，处理问题喜欢感情用事。

独立型和顺从型。这是按照旅游者的独立性的程度来划分的。独立型的人，其独立性强，不易受外界的干扰，善于独立地发现问题，并能独立地解决问题，在紧急情况下表

现出沉着、冷静。顺从型的人，其独立性较差，容易不加批判地接受别人的意见，人云亦云，自己很少有主见，在紧张的情况下，常常表现得惊惶失措。

外向型和内向型。这是按照旅游者生活适应方式来划分的。外向型的人，性格外向，情感容易流露，活泼开朗，好交际，对外界事物比较关心。内向型的人，性格内向，比较沉静，不爱交际，适应环境也比较困难。表 2-1 为内向型与外向型旅游者的行为特征。

表 2-1　　内向型与外向型旅游者的行为特征

内向型	外向型
选择常规旅游目的地	选择非旅游区
喜欢常规活动	喜欢感受新鲜事物
低活动量	高活动量
喜欢驱车前往目的地	喜欢乘飞机前往目的地
喜欢常规旅游设施	不计较旅游设施
喜欢熟悉的氛围，行装齐全	喜欢不熟悉的氛围，行装简单
事先安排好日程	留有较大余地和灵活性

由此可见，性格是个性中最核心的内容，对一个人性格的了解，不仅有助于解释和掌握他现在的行为，而且还可以预见他未来的行为。了解旅游者的性格特征与旅游服务工作的关系的意义主要体现在两个方面：一方面，有助于引导、控制旅游者的行为；另一方面，有助于创造适宜的活动环境，使之与旅游者的性格倾向相吻合，尽量避免在服务工作中出现不和谐乃至对立的局面。

(2)气质与旅游行为

①气质的含义。每个人都拥有自己独特的气质，气质是人的个性心理特征之一，一般人讲的“性情”“脾气”是气质的通俗说法。气质是人的典型的、稳定的个性心理特征。它主要表现为心理活动中的速度、强度、稳定性和灵活性等方面的特征。

一个人的气质与先天因素有关，具有极强的稳定性，虽然在环境和教育的影响下，气质也会发生某些变化，但是同其他心理特征相比，其变化要迟缓得多。

②气质和性格的关系。气质可以影响性格的形成和发展，性格对气质也有明显的影响。性格与气质既相互渗透、相互影响，又有区别，见表 2-2。

表 2-2　　性格与气质的区别与联系

	性格			气质		
	表现个性特征的角度	可塑性程度	社会意义	表现个性特征的角度	可塑性程度	社会意义
区别	性格是通过个体对待现实的态度和行为方式来表现其个性特征的	性格是后天形成的，可塑性较大	性格有好坏之分	气质是从心理活动的速度、灵活性、强度和指向性等方面来表现个性特征的	气质主要是天生的，可塑性较小	气质没有好坏之分
联系	第一，不同气质可以使个人的性格特征显示出各自独特的色彩 第二，某一气质会比另一气质更容易促使一个人形成某种性格特征 第三，性格也可以在一定程度上掩盖和改造气质					

③气质类型及其行为特征。早在公元前 5 世纪，古希腊著名医生希波克拉底提出了气质学说，即把人的气质分为胆汁质、多血质、黏液质和抑郁质 4 种类型，见表 2-3。

表 2-3　　气质类型与行为特征的对应关系表

神经类型	气质类型	代表人物	行为特征	
			积极型	消极型
强、不平衡型（兴奋型）	胆汁质	张飞	兴奋型：精力充沛，情绪发生快而强，言语动作急速，内心外露，率直、热情、果断	急躁型：易怒，急躁，难以自制等
强、平衡、灵活型（活泼型）	多血质	王熙凤	活泼型：活泼爱动，富于生气，表情丰富，思维言语动作敏捷、乐观、亲切	多变型：情绪发生快而多变，浮躁，轻率
强、平衡、不灵活型（安静型）	黏液质	诸葛亮	稳重型：沉着冷静，内心少外露，坚忍、实干	安静型：情绪发生慢而弱，思维言语动作迟缓、执拗、淡漠
弱型（抑制型）	抑郁质	林黛玉	忧郁型：情绪发生慢而强，易感性，善于自我体验	抑制型：柔弱易倦，言语动作细小无力、胆小忸怩、孤僻

在生活中，大多数人的气质类型表现为"混合型"。人的气质由于受先天因素和后天的生活实践及教育的影响，是很复杂的。在生活中，我们可以遇到以上四种气质的典型代表人物，但这只是少数。多数人往往以一种气质为主兼有其他类型的气质。气质类型本身没有好坏之分。各种气质类型都有积极和消极的一面，具有两重性。我们要注意发展气质积极的一面，而抑制其消极的一面。

④气质与旅游行为。分析旅游者不同气质的表现，对进一步了解旅游者并在工作中照顾他们是有帮助的。

急躁型：急躁型相当于胆汁质，这种类型的旅游者由于感情外露，讲话直率，不顾场合，碰到不顺心的事要讲出来才痛快；在交谈中表现自信，喜欢讲"我认为……"；喜欢与人争论，而且力求争赢；在宴席上多充好汉，自认酒量第一；精力充沛，活动积极；容易被导游生动的讲解吸引，并不由自主地发出赞叹之声；有时会不假思索地提出一些问题去打断别人的讲话；在等车、等办手续、等结账时，比其他游客显得更不耐烦；购物时属于冲动型顾客，买东西不会过多挑拣、过多考虑；常常粗心大意，经常遗失东西。

在接待服务工作中，我们应当根据急躁型旅游者的特点，注意不要激怒他们；不要计较他们有时不顾后果的冲动言语；万一出现矛盾应当避其锋芒；在为他们办事，如办开房手续、送东西进房、餐厅结账的时候应当尽可能迅速；在适当的时候应当提醒他们不要遗失物品。

活泼型：活泼型相当于多血质，这种类型的旅游者活泼好动，喜欢参与变化大、刺激性强、花样多的活动；反应快，理解能力强，聪明伶俐；对各种新闻均感兴趣，但又很快冷漠了；对人热情大方，喜欢与人交往，常主动与服务人员攀谈；很快与人熟悉，并交上朋友，但这种友谊常常多变、不深厚；对某人某事喜欢或讨厌时，旁人一下子就可以从他的面部表情看出，一切情感均流露在外；在多数情况下，显得非常乐观，整天笑声不绝，经常处于愉快的心境之中。

接待活泼型的旅游者应当在可能的情况下同他们交谈，不能不理睬他们，以满足他们爱交际、爱讲话的特点；在与他们谈话中不应过多重复，否则他们会不耐烦；主动向他们介绍各种娱乐活动场所，满足他们喜欢活动的特点，以示关怀；他们在商场买东西容易

退货，碰到这种情况应热情、耐心地做好解释工作；在餐厅应向他们介绍新款式的食品，每天的食谱应变化，以满足他们喜欢新花样、多变化的特点。

稳重型：稳重型相当于黏液质，这种类型的旅游者平时表现安静，很少主动与人交谈，常常使人觉得难以接近；喜欢清净，感情一般很少向外流露，不易受感动；很少发脾气，自制能力很强，不做没有把握的事情；反应慢，在导游讲解时，总是希望能够慢一些或多重复几次；做事总是不慌不忙，讲话慢条斯理；注意力集中，不易转移，对新环境不易适应，但一旦适应又非常留恋；常常选择入住以前曾住过的楼层或房间，和以前熟悉的服务员打交道；在购物时属于习惯型顾客，习惯购买以往使用过的牌子的商品；买东西认牌不认货，对新牌子不放心；到餐厅就餐时喜欢吃熟悉的食品，对新花样的菜式很少感兴趣。

在接待他们的过程中应当注意在安排住房时尽量选择较为安静的环境，不要安排靠近电梯和附近有很多青年或有小孩吵闹的地方；当他们主动提出继续住某个楼层时，要设法满足他们的要求；导游向他们做介绍或交代事情时，应当讲话慢一点，在重要之处还要适当重复一下；一般情况下，不要过多与他们交谈，如有必要交谈时，也应当简单明了；在他们点菜或选购商品时，应当允许他们作时间稍长的比较、考虑，不要过多地催促。

忧郁型：忧郁型相当于抑郁质，这种类型的旅游者感情很少向外流露，沉默寡言，心里有事一般不愿对人讲；表现羞涩、忸怩，性情孤僻，不合群，很少到热闹的场所去；很敏感，能注意一般人不易发现的事情；好猜疑，想象力丰富；心境易因为很小的事情改变，很多时候是郁郁寡欢的；感情体验深刻，碰到失败或挫折时内心感到非常痛苦，碰到兴奋或伤心的事情常会失眠；丢失物品、生病，或与别人发生矛盾后会长时间不能平静；讲话慢，有时会很啰唆，生怕别人听不清楚产生误会；行动迟缓，反应慢。

在接待他们的过程中注意要十分尊重他们；对他们讲话要清楚明了，不要引起误会；尽量少在他们面前谈话，绝对不要与他们开玩笑；在餐厅临时调整餐位或客房临时调整房间时，一定要对他们讲清楚缘由，以免引起他们的猜疑和不满；在听他们吩咐事情时要耐心，不能流露出半点不耐烦的神情；当他们遗失物品、生病或出现其他意外时，应特别关心、帮助、想办法安慰他们，使之感到温暖；安排住房时，适宜安排单间、清静的房间；游览时导游要注意照顾他们，因为他们常掉在队伍后头。

此外，性别不同也表现出不同的气质，男性气质表现为有进取心、喜欢专断和控制人、独立性较强；女性气质则表现为温和、宽容、细腻、具有依赖性。

2. 生活方式与旅游行为

生活方式是人的"社会化"的一项重要内容，决定了个体社会化的性质、水平和方向。

(1)生活方式的概念

生活方式是指人们如何花费自己的时间，在他们生活的环境中他们认为什么比较重要及他们对自己和周围世界的看法。生活方式的主要方面包括一个人的兴趣、爱好、生活习惯、价值取向、行为规范、社会态度等因素。生活方式与个性特质是互相联系的，个性特质对生活方式有很大的影响，在一定程度上可以说生活方式是个性特质的外在表现。

(2)生活方式与旅游行为的关系

①按照不同旅游者的个性特征及其在旅游中的表现,可将旅游者划分为以下不同的生活方式群体。

舒适安宁型。性格内向、文静,家庭观念强,比较传统,有很好的教养,爱整洁,对身体状况特别注意,生活条件优越,一般选择气候宜人、环境优美 、宁静、空气清新的地方生活,喜欢平静的旅游生活,不喜欢冒险性的旅游活动。

活泼好动型。性格外向,爱交际,比较活跃,充满自信,非常喜欢旅游,希望自己有更多与别人相互接触的机会,喜欢到陌生地方去旅游,敢于尝试新鲜事物,爱结交一些新朋友并联络老朋友。

探险猎奇型。多数为意志坚强的年轻人,敢于吃苦耐劳,旅游过程中,不注重享受,也不苛求旅游服务条件,只追求旅游活动中新鲜和刺激的感受。

历史文化型。有较高文化素质,受过高等教育。受科学或传统文化影响较大,一般多为学者、知识分子。对旅游地的风土人情、历史文化、生态环境等感兴趣,认为度假就是了解习俗、文化及历史,增长知识的良好机会,注重对孩子的教育,重视家庭,认为度假应该同家人和孩子一起去,应该让孩子增长见识,通常选择文化氛围比较浓重的旅游地度假。

观光型。观光旅游往往是多种成分的综合,既有审美,也有娱乐休闲;既有人文,也有自然;既有广泛的内容,也有丰富的内涵。

其他类型。人的个性千差万别,旅游者的个性类型也十分复杂。除了较普遍的个性类型外,生活中还会遇到其他一些类型旅游者,在此不赘述。

②按照旅游者生活方式的开放与封闭程度来分,可划分为"封闭型"、"开放型"、"半开半闭性"三种生活方式的群体。封闭型旅游者追求的是平静和安宁,总的特点是"静";开放型旅游者在旅游中会积极地介入社会和政治事务,也更容易选择远程的出国旅游,他们在旅游中积极与人交往,对新奇的异国文化和传统非常感兴趣,总的特点是"动";半开半闭型旅游者介于"动"和"静"之间,他们既希望生活有秩序性,又不满足生活一成不变,因此常希望通过有计划的旅游调节自己的生活。这类旅游者一直追求生活中动与静的平衡。

三、适应旅游者个性影响旅游决策

1. 个性结构分析

1964 年加拿大临床心理医生埃里克·伯恩博士在其专著《人们玩的游戏》一书中,提出了著名的人格结构的 PAC 分析,认为人的个性由三种自我状态构成——"父母自我状态""成人自我状态"和"儿童自我状态"(取英文单词 Parent、Adult、Child 的首字母,简称人格结构的 PAC 分析)。每种状态都有其独立性,在任何情况下,人的行为都受到这三种人格状态或其中之一的支配。

(1)儿童自我状态

儿童自我状态是一个人的人格中感受挫折、无依靠、欢乐等情感的那一部分,也是好奇心、想象力、创造性、自发性、冲动性和新发现引起的激动等的源泉。儿童自我状态负责人们完全不受压抑、表面可笑、天真烂漫以及自然的言行。

儿童自我状态是人格中主管情绪情感的部分，同时人们的欲求、需要和欲望大部分也由它掌管。可见，儿童自我状态表现出的大多是原始的、具有动机或动力性的东西。如果一个人的儿童自我状态较弱，那他就是一个缺乏活力的、刻板的人。

(2)父母自我状态

父母自我状态是人们通过模仿自己的父母或其他在其心目中具有父母一样权威的人物而获得的态度和行为方式。父母自我状态提供一个人有关观点、是非、怎么办等方面的信息。

父母自我状态以权威、优越感为标志，通常以居高临下的方式表现出来，并具有两面性：一方面是慈母式如同情、安慰；另一方面是严父式的批评、命令。

(3)成人自我状态

成人自我状态是人格中支配理性思维和信息的客观处理部分。它掌管理性的、非感情用事的、较客观的行为。当一个人成人自我状态起主导作用时，往往表现为冷静、处事谨慎、尊重别人，喜欢探究为什么、怎么样等。

2. 个性结构与旅游行为

个性结构理论为我们分析旅游者的消费行为和旅游服务行为提供了非常有价值的帮助，因此旅游工作者了解个性结构中的三个“自我”是十分必要的。对一个心理健康的人来说，三种自我状态处于协调、平衡的关系中，并共同起作用。在不同的情境中，哪种自我状态起主导作用，要视当时的具体情况而定。一般来说，瞬时决策多由“儿童自我”做出，常规决策多由“成人自我”做出，而重大决策由“父母自我”做出。

(1)儿童自我状态与旅游行为

在一般情况下，旅游的许多主要动机，显然是来源于儿童自我状态。儿童自我状态对个人的大部分情感负责，旅游很容易迎合儿童自我状态。

(2)父母自我状态与旅游行为

父母自我状态对儿童自我状态所提出的愿望和要求常常持保留意见或提出一系列质疑，尤其是对儿童自我状态想外出旅游的欲望持有很大的怀疑态度，很可能对仅仅为了游玩而费时花钱去旅游的打算持反对意见。在此情况下，旅游业若能提供一些具有价值，并能联络感情、消除疲劳、提高威望等方面的旅游活动项目和内容，便能激发父母自我状态中的一些旅游动机，鼓励儿童自我状态要旅游的行为。

(3)成人自我状态与旅游行为

由于健康的原因而形成的旅游动机，主要来源于成人自我状态。成人自我状态也负责调解儿童和父母自我状态之间的冲突，它既考虑有关旅游的分歧，也考虑力图做出合理的、客观的决定。它决定一次旅游，实际上就是向父母自我状态解释为什么在这个时候去旅游。成人自我状态也负责收集同意个人安排外出旅游所需的真实、可靠的信息。

总之，人的个性中的三种自我状态相互独立、相互制约、共同参与决策，旅游行为总会受到三种自我状态或其中一种状态的影响。在一般情况下，旅游的许多主要动机明显地存在于儿童自我状态之中，父母自我状态持保留意见，成人自我状态则起仲裁作用。

这三个“自我”分别用感情、权威和理智来支配人的行为，它们是人们内心世界中的三个不同的“行为决策者”。

3. 把握旅游者个性结构的策略

当一个人决定外出旅游时，一定会做出一系列与旅游有关的决定。例如，选择什么样的旅游目的地，选择何种旅游方式，在何处就餐，在哪里住宿等。旅游者在做出上述决定时，一般会受到旅游者的三个自我的共同影响与作用，旅游者的任何决策都是他的三个自我协调后的结果。

(1)要激发旅游者的欲望、情感使其动心，即吸引“儿童自我”

例如，外出旅游，提出这一要求的可能是“儿童自我”，因为潜在旅游者的“儿童自我”很容易被旅游所带来的快乐所吸引，旅游的许多动机较明显地存在于“儿童自我”状态之中。所以，促使旅游者外出旅游的动机主要由人们的“儿童自我”引发，我们能够在实际生活中看到：当一个人离家外出旅游的时候，孩子似的兴奋状态在他的个性中占据主导地位，有很多行为表现得像个孩子，可以说，旅游者的快乐、好奇心支配着旅游者的行为。个性中的快乐、好奇心、“我想要”的那一部分支配着人的大部分情感。所以，人们的“儿童自我”状态最易受到旅游的吸引。不管一个人年龄有多大，往往只要一想到公园、海滩、草原、高山、瀑布、高级宾馆、游乐场所，心情就会激动不已，潜在旅游者的自我状态就会跃跃欲试。

可以通过广告等宣传激发“儿童自我”特有的情感需要，产生“我也要去”的旅游动机。印刷精美的旅游宣传册，生动、形象的旅游电视广告展播，精彩的活动和特色，都可以实现这一目标。例如，在20世纪80年代末，当时一部金庸的《射雕英雄传》片头插有一则广告，一个年轻女子用不太标准的普通话，诉说着到了香港一刻也停不下来，吃东西买东西，买东西吃东西。这则旅游广告其实就是在传递“香港是购物天堂”这一信息，激发观众的“儿童自我”，达到其宣传目的。

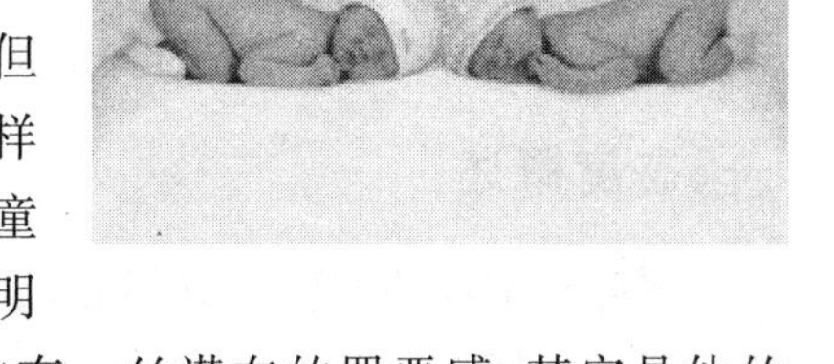

(2)提出一个有意义的理由使其放心，即说服“父母自我”

尽管“儿童自我”本能地受到旅游乐趣的吸引，但“父母自我”状态往往持保留意见，特别是在中国这样的文化背景下，一个人的“父母自我”更容易对其“儿童自我”状态追求快乐的愿望给予指责和批评，或者不明确表明态度。例如，人们在购买了一些奢侈品后往往有一丝潜在的罪恶感，其实是他的“父母自我”在进行自我批评，对于旅游这样无法产生实际效应和财富的消耗金钱的活动，多数情况下，“父母自我”都会持反对态度。

说服“父母自我”最有效的办法是激发“父母自我”状态中本来就存在的一些合理安排空闲时间的动机，而最具说服力的即旅游活动所具有的教育意义。现实中我们会注意到，教育孩子是每个父母都很乐意去做的事，很具有吸引力。例如，某些旅行社的北京大学、清华大学著名高校旅游线路推出后大受欢迎，其最根本的原因就在于其教育意义更胜过其游玩意义。

旅游动机不仅仅存在于一个人的“儿童自我”状态之中，还有一些旅游活动所带来的

意义可能也是“父母自我”应该考虑的，例如，家庭成员之间在旅游活动中联络和增进感情，消除工作疲劳，提高社会地位、威望等，都可能成为“父母自我”状态中旅游动机的来源。

(3)输送旅游产品信息让其省心，即打动“成人自我”

在成功地激发了旅游决策者个性中的“儿童自我”、设法说服了“父母自我”之后，还应该打动他们的“成人自我”状态。“成人自我”状态一般对有关旅游产品的特色、价格、日程等方面信息关注比较多，这样旅游公司就可以对旅游者输送这些信息，做更多有关旅游地的交通、住宿等方面的宣传，以引起旅游者对交通工具、住宿的宾馆等的注意和兴趣，让“成人自我”得出“可以”、“合适”等结论，促使其理智做出旅游决策。

因此，一个人的“儿童自我”状态的要求与“父母自我”状态的希望和要求可能不完全一致，在此情况下，“成人自我”状态在“儿童自我”和“父母自我”状态中扮演仲裁者的角色，一方面要满足和取悦“儿童自我”状态，另一方面还必须设法适应“父母自我”状态，即应该对人的三种自我状态同时做工作。从旅游宣传促销的角度来说，要想让人们去旅游，就要使旅游者或潜在旅游者内心中的“儿童自我”动心、“父母自我”放心、“成人自我”觉得省心。在他们都能接受的情况下做出明智并合理的旅游决策，使旅游活动成为现实。

总之，我们把一个人的个性看成是三个单独的但又相互联系的组成部分时，我们就更容易理解个性在旅游者决策中的作用和影响。因此了解旅游者在旅游购买决策中三种自我状态扮演的不同角色，并针对其角色地位与特性，采取有针对性的旅游营销策略，就能较好地影响旅游决策。

第三节　旅游者态度与旅游行为

一个人常常持有各种不同的态度，如一个人虽然自己很喜欢探险旅游，对探险旅游持十分肯定的态度，但他也许会禁止他的未成年孩子去跳伞。事实上，我们很少真正违反自己的态度，但有时会因为更重要的事情做出妥协。

一、态度概述

态度是个性的重要组成部分，是一种心理倾向。态度是个体以赞成或否定的方式对某一对象所持有的稳定的评价和行为倾向，它是由认知、情感和行为意向所构成的综合体。

态度包括三种成分：

1. 认知成分(Cognition)

认知成分指个体对态度对象的评价，包括个体对态度对象的认识与理解。认知成分是态度形成的基础。

2. 情感成分(Affection)

情感成分指个体对态度对象的一种内心体验，是对态度对象所做出的情感判断。如对旅游对象和旅游条件的好恶感。情感成分是态度形成的核心。

3. 意向成分(Intention)

意向成分指个体对态度对象的反应倾向,它是行为之前的心理准备状态,即准备对态度对象做出什么反应的思想倾向。意向成分具有外显性。

认知成分是构成态度的基础,情感成分是构成态度的核心,意向成分是构成态度的准备状态。态度的这三种成分密切相关、相互影响、互相制约,共同构成一个完整的有机体。在一般情况下,三种成分可以是协调一致的,但不一致也是普遍存在的。

二、旅游态度的含义及功能

1. 旅游态度的含义

旅游态度是人们对旅游对象和旅游条件做出行为反应的心理倾向,是行为反应的心理准备状态。它虽然不是旅游行为本身,也不是旅游行为反应的现实,但却包含和预示着人们做出的旅游行为反应的潜在可能性。

2. 旅游态度的功能

态度的功能理论最早是由心理学家丹尼尔·凯茨(Daniel Katz)于 1960 年提出来的。应用到旅游态度之中,就是旅游者对某种旅游对象或旅游方式形成某种态度,存储于记忆之中,在需要的时候将它提取出来,用以解决各种旅游行为中出现的问题。旅游态度在旅游消费行为中的功能有以下几个方面:

(1)适应功能

适应功能指旅游态度指导旅游者的意念直接指向能满足其需要的旅游产品,使旅游者更好地适应旅游环境,保持与旅游环境的平衡关系,顺利地实现旅游目标。比如,旅游者平时在家有他自己的生活方式,而到了一个新的旅游地,就要"入乡随俗"、"客随主便",按照当地新的环境来调整自己的态度与生活方式。

(2)防御功能

态度作为一种自卫机制,能用来保护自己。比如,有的人在自己的旅游决策失误后,反而竭力地辩解说自己的决策是正确的(正当化理论),或者做出错误的归因,把失误转嫁给别人,这正是旅游态度自我防御功能的体现。

(3)价值功能

人们在社会适应的过程中,对旅游的意义都有自己的理解,这种理解就构成了旅游态度的价值内涵。比如,有人认为旅游的意义在于体现个人的身份和地位,那他一定会选择入住高档的酒店以表明自己的价值取向;有人认为旅游的意义在于探险求知,那他就会选择具有刺激意义的旅游项目,而不去追求高档的物质享受。

(4)认识功能

一种态度就是一种认识,当人们面对各种旅游产品的时候,会出于使问题简单化的考虑,依据已有的态度去认识当前的事物。比如,认为旅游有益于健康的态度,表达了这一态度所包含的正确的知识功能;而认为旅游与健康无多大关系的态度,表达了这一态

度所包含的不太正确的知识功能。这两种不同的态度将分别指导他们各自的行为。

3. 旅游偏好

人们在外出旅游之前，在可支配时间与金钱的约束下，都要进行反复考虑、权衡，决策的过程是：旅游者首先是在自己能力所及的范围内去收集各种旅游信息，学习各种相关知识，在此基础上，通过旅游认知、旅游情感、旅游行为意向三个因素的综合，形成对旅游的基本态度，根据态度的强度和复杂性，形成旅游偏好。

旅游偏好指人们趋向于某一态度对象（旅游目标）的一种行为倾向，旅游偏好建立在旅游者极端肯定的态度的基础上。人们的旅游偏好能否实现，要受到社会因素的重大影响与制约。旅游态度的强度与态度对象的突出属性和旅游者的需要相关，态度对象的突出属性越明显，就越能满足旅游者的需要，也就越易于形成对这一对象的偏好；旅游者对态度对象所掌握的信息的种类和信息的数量也影响着旅游偏好的形成。

三、改变旅游态度影响旅游决策

1. 旅游态度的改变

一家人决定外出旅游，孩子提出坐飞机，因为自己还没有坐过飞机；父亲有些犹豫；母亲则坚决反对，理由是价格太贵。最后决定坐火车。到达旅游目的地后，在入住旅馆选择房间时，母亲变得大方起来，主动提出要条件比较好的房间。母亲的态度为什么会发生这么大的变化呢？态度的改变是指一个人已经形成的态度在接受了某一信息后所发生的相应变化。它包括两种情况：

一是态度性质的改变，指态度在性质上和方向上的根本变化。比如，一名旅游者原来对某旅游地有着非常肯定的态度，但由于有一次不满意的经历，可能完全扭转了他原来的态度，转而对这个旅游地产生了否定的态度。

二是态度强度的改变，即态度的性质和方向没有改变，只是态度的强烈程度在量上的增强或减弱。比如，一名旅游者原来对旅游购物非常感兴趣，后来由于上了一次当，转而对购物的兴趣大减，这就是在态度强度上的改变。

态度性质的改变与态度强度的改变有着密切的联系。首先，非一致性改变中包含着一致性改变。赞成改变为反对，它包含赞成程度的降低和反对程度的增加。其次，一致性改变也包含着非一致性的成分，因为态度强度的变化在量上的积累会造成质和方向上的变化。旅游经营者就是用各种手段来引导消费者调整和改变其态度，加大其积极的程度，削弱消极的程度，努力促进消费者向着有益于旅游经营的方向转变。

2. 影响旅游态度改变的因素

旅游决策是指人们为了达到预期的旅游目标，在两种以上备选旅游方案中合理选择最满意的方案的过程。旅游决策的内容包括：是旅游还是不旅游；为什么要去旅游；到什么地方旅游；都有谁参加旅游；什么时间出游；旅游多长时间；采取什么方式去旅游；等等。旅游者一般在自己独立作决策时，其行为会和态度一致；当某种其他因素对其施加压力或干扰时，态度和行为就会出现不一致的情况。影响旅游消费态度改变的因素是多方面的，应该说，凡是影响态度形成的因素，都会影响态度的改变。

(1)旅游者本身

通常情况下,人们会因为具有抗拒反应、心理惯性、保留面子等心理现象而拒绝接受他人影响。思维定力较强或独立性强、思想迟钝呆板、生性倔强的人,一般对别人的劝告经常表示出抗拒,其旅游态度不容易改变。自尊心较强的人的态度也不容易改变。受教育程度高、社会地位高的人要想改变他们的态度一般也很难。对态度对象有很强的兴趣,态度不容易改变。自信心很足的人,不容易改变自己的态度。自我防卫心理强的人,在受到他人的宣传影响时表现为极端保守,很难改变自己的态度。另外,在说服时,被说服者的心情也会影响说服效果。

(2)态度本身

①态度的强度。旅游者受到的刺激越强烈、越深刻,态度的强度就越大,因而形成的态度就越稳固,也就越不容易改变。比如,一位旅游者在一次旅游过程中受到了身体上的严重伤害,这种伤害可能是终身性的,由于创伤性经历的刺激强度大,他可能对旅游的安全问题产生了深刻而强烈的态度,或许他再也不外出旅游了。

②态度的稳定性。一贯的、稳定的态度不容易改变。长期经验形成的一贯性态度不容易改变。如果态度是幼小的时候产生的,也不容易改变。

③态度的价值性。如果态度与个体的利益密切相关,即态度的价值性越大,就越不容易改变。如果能提供最大限度地满足旅游者的需要,就比较容易使其改变态度。例如,当人们基于"只有好好休息,才能更好地工作,人应该有多方面的活动和丰富的知识,生活才会更有意义,更有朝气"的基本价值观念,会产生对旅游的良好态度,认为"旅游是积极的休息方式,又是开阔眼界、增长知识的有效途径"。建立在这种生活基本价值观上的旅游态度,就不容易改变。

④态度满足需要的程度。对于能同时满足人的多种需要的态度对象的态度,不容易改变。比如,五星级酒店它能同时满足人们的舒适、安全、显示身份与地位的多种需要,人们对五星级酒店的良好态度就不容易改变。

⑤态度要素的一致性。组成态度的认知成分、情感成分、意向成分三个要素如果是协调一致,没有矛盾,态度就稳定,不容易改变,反之就容易发生改变。比如,某个旅游者对华山这个知名的旅游景点有很好的印象,他对去华山旅游有积极的态度,但由于他的性格和身体等方面的原因,在感情上对华山的险峻有着恐惧的心理,那么他也很难做出去华山旅游的决定。

(3)外界条件

①信息的作用。人们在旅游行动之前,都会主动收集与此有关的信息,各种旅游信息会对态度的改变产生影响。一般说来,信息传达者的信誉与权威越高,人们对他传达的信息就越信任,也就越容易改变人的旅游态度;信息传播的媒体与方式不同,对改变人们态度的效果也不同,广告等媒体的传播效果一般不如口传信息好;各种信息间的一致性越强,形成的态度越稳固,越不容易改变。

②旅游者之间态度的影响。由于旅游者之间存在角色、身份、地位的相似性，存在目的与利益的共同性，彼此间的意见也就容易被接受。当一个人知道某种意见来自与他利益一致的一方时，人们就乐意接受这种意见，有时甚至主动征询他们的意见，作为自己的参考。

③群体的作用。旅游者的态度改变受到所属群体的要求和期望的影响，如果一个人与所属群体内大多数人的意见是一致的，他就会感到有力的心理支持，否则，就会感到来自群体的压力，可能改变自己的态度，这就是群体压力下的从众行为。个人在群体中的地位高，就容易接受群体的规范。个人对群体越重视，归属感和依赖感越强，越容易将自己的态度改变为与群体一致。

3. 改变旅游态度的策略

旅游组织者和旅游业经营者如何采取有效的策略和行之有效的方法，使那些对旅游产品存在消极态度的人改变其旅游态度呢？根据以上态度改变理论，改变旅游态度的策略至少有以下几个方面。

(1)改变旅游产品形象，提高服务质量

只有旅游产品具有满足人们旅游需要的功能，才有可能使人们产生积极的旅游态度。因此，更新旅游产品是改变旅游者的态度的根本途径。

①通过改变旅游的有形产品影响旅游态度。例如，一件普普通通的玉器，人们常常不以为然，可是，通过精心的雕琢和包装之后，旅游者会爱不释手。突出旅游产品的实用性，以满足态度的工具性功能；突出产品的安全可靠性，以满足态度的自我防御功能；突出产品的品牌或性能，以满足态度的价值功能；突出产品的技术性能，以满足态度的认识功能。

②通过改变旅游的无形产品影响旅游态度。例如，有一家旅游购物商店，尽管产品质量很好，但服务质量很差，旅游者普遍对它持否定态度。该商店对员工进行科学的业务训练，提高从业人员的服务水平，改变服务人员的外部行为模式，采取主动招呼、热情接待、微笑服务等方式，逐渐改变了人们的冷漠态度。

(2)加大旅游宣传力度，改变旅游者的态度

旅游态度的形成依赖于对态度对象的认识，旅游产品的新知识要通过有利的宣传让人们了解，要努力提高信息的可信度，要利用名人效应，发挥权威暗示效应。要采用单一性宣传、两面宣传等心理策略，利用合理的情境因素，提高宣传说服的效果。

(3)改变旅游者的知识积累，树立积极的旅游观念

改变一种态度，最好的办法是改变知识的积累和信息的内容，加大旅游宣传的力度，让旅游的益处家喻户晓、深入人心。

人们对旅游的态度，归根结底取决于人们的价值观念和信念。要改变旅游态度，就必须在观念上树立旅游有益健康、旅游是良好的生活方式的信念。

(4)引导"意见领袖"参与旅游活动，激发旅游动机

旅游宣传应当首先引导团体重点人物参与旅游推介活动，争取意见领袖的认同，便于对团体其他成员产生重大影响。比如，上海推出的"百万人看上海"活动，就是把外地人请到上海，让他们对上海有一个实地体会和感觉，通过引导他们参加旅游活动改变他们对于上海的旅游态度和旅游决策。

第四节　旅游者情感与旅游行为

在现实生活中，人们常常会对一些现象抱有不同的态度：一些现象使人愉快，一些现象使人忧愁；一些现象使人赞叹，一些现象使人愤怒；还有些现象使人恐惧。所有这些喜、怒、哀、乐、忧、惧都是人对现实的不同态度和带有独特感情色彩的心理体验形式。

一、情绪和情感概述

情绪和情感是人的心理体验，优美的自然风光、富有情趣的活动使人感到愉快，雄伟壮丽的古建筑使人由衷地赞叹，旅游的顺利使人感到成功的喜悦，活动中遇到障碍使人焦虑，这些愉快、赞叹、喜悦、焦虑等，都是情绪和情感的具体表现。

所谓情绪和情感，是人对客观世界的一种特殊的反映形式，是人对客观事物是否符合自身需要的态度的体验。对上述定义，可以从三个方面来分析：

(1)情绪和情感是人对客观现实的一种反映形式

客观现实中的对象与人们之间的关系是情绪和情感的源泉。因为人同各种事物的关系不同，人对这些事物所抱的态度也不同，所以人对这些事物的情绪和情感的体验也就不同。

(2)人对客观现实是否符合需要的态度能产生不同的体验

因为人在与客观事物接触的过程中，客观现实与人的需要之间形成了不同的关系。例如，清新的空气、悦耳的歌声、高尚的品德等，一般都符合人的需要，使人产生趋向于这些事物的态度，从而产生满意、愉快、喜爱、赞叹等情绪和情感的体验。而另一些像庸俗虚伪、凶狠恶毒的行为等，就不符合人们的需要，就会使人产生背向于这些事物的态度，从而产生不满意、烦恼、忧虑、厌恶的情绪和情感体验。

(3)不是所有事物都可以产生情绪和情感

我们每天要接触到许多事物，固然有不少事物会引起我们的爱好或厌恶的情绪情感，但也确实有不少事物是无所谓的，对我们来说，是既不讨厌也不喜欢的。通常和我们的需要具有这样或那样关系的事物，才能使我们产生情绪和情感。

二、旅游者的情绪、情感

1. 旅游者情绪的外部表现

旅游者的各类情绪发生时，通常伴随着一些外部表现，如面部的表情、身体的姿势、手势及言语器官的活动等，可以被直接观察到，这些统称为表情动作。表情动作能使旅游服务中客我双方语言交流所造成的不确定性和模棱两可的情况更加明确，成为旅游者的态度、感受的最好注解。同时旅游者的一些不宜言传的思想或愿望，会通过表情或身体语言来传达。旅游者的表情动作可以从其面部表情、姿态表情、言语表情这3个方面来进行识别。

(1)面部表情

面部表情是通过眼部肌肉、颜面肌肉和口部肌肉的变化来表现各种情绪。主要是由

眉、眼、鼻、嘴的不同组合而构成。如眉开眼笑、怒目而视、愁眉苦脸、面红耳赤、泪流满面等。由于面部表情具有跨文化性,同一种面部表情会被不同文化背景下的人们共同承认和使用,以表达相同的情绪体验。心理学家们经过研究发现:最容易辨认的表情是快乐、痛苦,较难辨认的表情是恐惧、悲哀,最难辨认的表情是怀疑、怜悯。一般来说,旅游者的情绪成分越复杂,其表情越难辨认。心理学家的实验还证明:眼睛最善于表达忧郁、愤恨、惊骇等情绪,口部对表达快乐与厌恶最为重要,前额往往反映出惊奇、好奇的情绪体验,而眼、嘴和前额对表达愤怒的情绪都很重要。

(2)姿态表情

姿态表情是旅游者与旅游服务人员之间表达感情、传递信息的另一重要手段。不同的姿态表情,反映出旅游者不同的情绪情感体验。如旅游者欢乐时手舞足蹈、拍手、跳跃;悔恨时顿足、击掌、捶胸、拍额;惧怕时手足失措、抖动、僵直;紧张时坐立不安;等等。姿态表情又包含手势和身体姿势两方面,手势是仅次于言语的表达形式,不具有跨文化性,并受不同文化的影响。因此,同一手势在不同民族和国家中所代表的含义可能截然不同,如竖起大拇指在许多文化中是表示夸奖的意思,但在希腊却有侮辱他人的意思。又如东方人在招呼别人靠近自己的时候一般采用手心向下的手势,手心向上招呼他人过来时一般带有挑衅的意味,但在多数西方文化中恰好相反,手心向下是招呼动物过来,而手心向上则是对人的招呼。因此,我们在接待国际旅游者的时候,尤其要注意不要误用手势,以免引起一些不必要的麻烦。身体姿势也能从一定程度上反映出旅游者的情绪和情感状态。

(3)言语表情

言语表情是旅游者情绪发生时言语的音调、节奏方面的表现。如旅游者喜悦时往往音调高昂、节奏轻快;愤怒时声音高而尖,伴有颤抖和嘶哑。此外,旅游者的感叹、讥讽、同情等,都有特别的语音变化。因此,旅游服务人员要学会“听话听音”,善于捕捉旅游者的言外之意,未尽之言。

总之,旅游者的面部表情、姿态表情和言语表情构成了旅游服务中客我交往中的非言语交往,它们经常相互配合,更加准确或复杂地表达出旅游者不同的情绪和情感体验,是旅游者情绪表达的重要方式和手段。作为一名旅游服务人员,通过一定的训练之后能够快速识别旅游者的情绪状态就显得尤为重要。

2. 旅游者情绪的特征

由于旅游活动的异地性明显,所以旅游者的情绪会表现出一些特征。具体而言,旅游者情绪具有以下特征。

(1)兴奋性高,感染性强

由于旅游者处于全新的陌生环境时,情绪体验一般比较强烈,旅游团队中一部分游客的情绪会在不经意间传染给其他游客,如果个体被不良情绪体验所感染,极易产生认识偏差,导致行为被情绪所控制,造成不良后果,因此,对于旅游团的整体情绪氛围的调控就显得尤为重要。

(2)短暂多变性

由于在旅途中游客会看到很多日常生活中不容易看到的事物和人文风情，旅游者的注意焦点往往具有短暂多变性，从而导致旅游者的情绪多变性。

首先，把旅游者作为个体来看，在整个旅游活动中，同一个旅游者，在刚到旅游目的地的时候，更多的是紧张不安、兴奋的情绪体验，在游览参观的途中可能体验到轻松愉快或愤怒不满的情绪，旅游快结束的时候，重新体验到紧张和兴奋的情绪，但和初到旅游目的地时体验到的紧张和兴奋又不完全一样。

其次，在同一个旅游团中，不同性别、年龄、不同社会阶层旅游者其人格特征千差万别。对于同样的旅游景点或同一名旅游服务人员提供的服务，每个旅游者的情绪体验上也会存在显著的差异，有些旅游者会在整个旅途中体验到兴奋和快乐，而有些客人却觉得这次旅游完全是让自己郁闷的旅游。因此，要求旅游服务人员在对游客服务时必须对不同的旅游者其情绪表现细心加以鉴别，这是旅游从业人员提供个性化服务的心理学基础。

(3)稳定性与波动性并重

旅游者的情绪波动主要表现为两极化，遇到自己喜欢的景点或旅游服务人员，情绪高涨，欣喜若狂，激动不已。如果遇到道路塌方、游览无法继续时会垂头丧气，迁怒于旅游服务人员。

(4)文饰性

一般情况下，个体的内心体验与外部表情保持一致，但在某些场合可能出现表里不一，即所谓的文饰性。一方面，旅游者由于脱离了惯常的生活环境，导致其情绪情感的表达会异于日常生活中的体验，例如，一些平日外向的人可能在旅途中比较沉闷，而另外一些平日内向的人也可能在旅游中张扬一回；另一方面，旅游者处于陌生的异国他乡，需要保持个体的良好自我形象，有时虽然对旅游服务人员不满，但碍于面子或一些其他的原因，并没有表达出自己的情绪体验。

3. 旅游者情感的主要内容

心理学中的情感一般包括美感、理智感和道德感等。由于理智感一般是与智力活动相联系的情感体验，而旅游活动与智力活动的联系相对比较弱，因此，旅游者情感的社会内容主要分为美感和道德感两类。

(1)旅游者的美感

旅游者的美感是指具有一定审美观点的游客对旅游活动中的审美对象(旅游景观或他人、自己)的美进行评价时产生的一种肯定、满意、愉悦、爱慕的情感体验。

首先，美感是旅游者的一种主观态度，受到其个人的需要、观点、标准、能力因素的影响，例如，同一景观或事件，在不同环境中，在不同的旅游者眼中获得的评价和主观体验存在很大差异。其次，美感还受到审美对象属性的影响，例如，多数自然风光、人造的建筑、工艺品等的形式美就被全人类都认为是美。最后，引起旅游者美感产生的客观刺激，不仅包括审美对象的感性特征，也包括事物的思想内容，例如，导游员的行为举止、言谈、思想和情感等。

在旅游活动过程中，作为审美对象的旅游景观大多是以生机勃勃的自然万物为构成

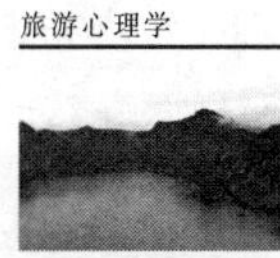

要素，自然界鲜活直观的生命形式，使游客身临其境、置身其中，从而缩短了审美主体与审美对象之间的空间和心理距离，使人倍感亲切。面对天造地化，瑰丽无比的景观、旅游者常情不自禁地为之赞叹、遐想，这是一种掺杂着复杂的情感体验的一种高级心理活动。而孔子的"智者乐水，仁者乐山""君子比德"之说就是寓道德修养于旅游审美活动的突出表现，对旅游者的道德感养成具有重要的作用。

(2)旅游者的道德感

旅游者的道德感是指旅游者运用一定的道德标准评价自身或他人的思想、意图和行为时所产生的一种情感体验。如果旅游者自己的言行符合道德标准，他们就会产生满意、愉快、自豪的情感；若其他旅游者符合道德，则会对其产生赞赏、尊敬、爱慕、钦佩等情感。反之，则会感到不安、内疚，对其他旅游者产生厌恶、反感、鄙视、憎恨等情感。

由于旅游总是人们离开居住地到异地环境，旅游者脱离了日常的生活环境，由于一定程度的隐蔽性和匿名效应，多数旅游者可能出现"道德弱化"现象。旅游者道德弱化的常见表现有以下 3 个方面：

首先是个性扩大化，例如，部分旅游者对一些旅游服务人员提出过分要求，有时甚至达到吹毛求疵的地步；其次表现为人性中恶的一面充分地暴露，例如，一些旅游者举止异常、自私、任性、态度傲慢等；最后还表现为旅游者从众心理现象明显，判断力迟钝，例如，部分旅游者对一些不良行为或无理要求随声附和。

旅游者道德弱化的原因首先是旅游过程中的好奇心和不安情绪。好奇心会令旅游者在面对不同文化、语言和风俗习惯时产生不安情绪，导致旅游者对自我控制的放松而产生道德弱化现象。其次，旅游的异地性让旅游者远离了自己熟悉的环境，在旅游过程中接触到的主要是陌生人，我们会看见一些平时生活中道德修养良好甚至声誉颇佳的谦谦君子，在旅游活动过程中可能有不文明的言行举止。最后，还有部分旅游者会认为在异地暂时弱化一下道德感没什么大碍，所以常常会选择以牺牲道德规范为代价来保持自己的个性，真正做到"成为自己""突出自己"而表现出一定程度上的道德弱化。

旅游活动过程中旅游者的道德弱化现象提醒我们，一方面要强化旅游活动中的法制道德规范，净化旅游环境；另一方面也要求我们加强旅游者教育，使他们克己自律，不断提高自身的精神境界，努力做到"慎独"。

三、调节旅游者的情绪、情感影响旅游决策

1. 影响旅游者情绪、情感的因素

旅游者的情绪、情感影响旅游行为并受到多重因素影响。掌握这些影响因素是调控、激发旅游者情绪、情感的关键。在旅游活动中，能引起旅游者情绪、情感变化的因素是多方面的。主要有以下几个方面：

(1)需要是否得到满足

影响旅游者情绪、情感的首要因素是旅游者的需要是否得到满足。如果能提供满足旅游者审美怡情、避常求变、社会交往等需要的景点和服务，会激起他们肯定的情绪，如满意、愉快、喜爱、赞叹等；相反，如果路上堵车、饮食不合口味，都会激起旅游者否定的情绪，如不满意、愤怒、憎恨等。当然，由于旅游者个体认知上的差异，同一景点、同一旅游

服务人员的行为，各人评估可能不同，如果把它判断为符合自己的需要，就会产生肯定的情绪，如果把它判断为不符合自己的需要，就会产生否定的情绪。同样，同一个旅游者在不同的时间、地点和条件下对同一旅游景点的认知、评估可能不同，因而产生的情绪、情感也存在一些差异。

（2）活动是否顺利

追求愉悦与享受也许是每一个外出旅游的人都会有的，在绝大多数旅游者的心目中，旅游应该是惬意的，如果在旅行游览过程中遇到一些计划中没有考虑到的情况，即使是由于某些不可控的原因，也会使旅游者感受到挫折而情绪波动。

当然，旅游者不同的归因也会引发不同的情绪和情感。例如，在旅游服务中由于环节过多，出现旅游服务缺陷往往无法完全避免，对于旅游服务缺陷，如果旅游者将其归因于外部不可控的原因（恶劣的天气即通常所说的“不可抗力因素”），旅游者相对来说更容易被唤起同情和感激等类似的情感，一般不会产生不满意、不愉快和挫折感；但如果旅游者认为旅游服务缺陷的产生是内部可控的（比如旅行社安排的导游员经验不足），将很容易导致旅游者愤怒的情绪体验。

（3）客观条件是否优越

在旅游时，旅游者首先是从景物观赏中产生美的情感体验，获得精神的愉悦；其次对于现代旅游饭店等服务设施，不仅需要高舒适度、高效能，而且还要求有高度审美效果。再次，旅游者到了一个地方，必然要审视、观察和体验所在社会的制度、结构、人情、伦理、道德、民风与生活方式等，这些在人情世故方面的社会风尚，通常带有伦理的色彩和崇高的意味，对升华旅游者的情感和振奋旅游者的精神具有积极的作用。

（4）团体状况和人际关系是否和谐

由于旅游团队大多是由来自各地既不相识又没有交往的游客组成的，如果团队成员之间心理相容、互相信任、团结和谐，就会使人心情舒爽、情绪积极，否则会使人处于一种不愉快的情绪中。

（5）身体是否良好

旅游活动需要一定的体力和精力作保证。身体健康、精力旺盛，是产生愉快情绪的原因之一。身体欠佳或过度疲劳，容易产生不良的情绪。因此，在旅游活动的安排上，旅游工作者应该根据旅游者的特征，将活动安排得张弛相间，松紧适度，随时注意旅游者的身心状态，使其保持积极愉悦的情绪，以保证旅游活动的正常进行。

2. 情绪、情感对旅游者行为的影响

旅游者的情绪、情感状态在很大程度上决定着他们的动机、态度、意志力，并对旅游团队中的人际关系和心理氛围、旅游团的活动效率甚至对他们的健康都存在着巨大的影响。

（1）对旅游者动机和态度的影响

旅游动机是指发动和维持人们外出旅游的一种心理倾向。旅游者选择出门时预期会体验到愉快的情绪可以增加旅游者旅游的动机；预期会体验到消极的情绪则会削弱旅游者旅游的动机。当旅游者在旅途中心境不错的时候，他们无论是对导游员还是景区工作人员都可能做出肯定性的评价。

(2)对旅游活动效率的影响

一般而言,情绪的紧张程度与活动效率之间呈一种倒U形曲线关系,即中等强度的情绪最有利于任务的完成。旅游者过于紧张会对活动产生干扰作用,而过于放松又容易导致旅游团队纪律差、时间观念淡漠而影响整个旅游行程的安排。因此,让旅游者体验到适度的紧张,处于愉快的情绪下,旅游服务活动才能顺利展开。

(3)对旅游者的意志力的影响

旅游者的意志力是指人们为了完成旅游活动,自觉克服困难,坚持到底的一种心理力量。尽管旅游者出门是为了寻求轻松和自由,但同时也不排除旅途中可能会出现一些意想不到的情况,此时就需要旅游者运用自己的意志力来完成旅游活动。例如,在爬一座比较陡峭的山峰的时候,如果旅游者的情绪状态良好、兴致勃勃,就可能坚持更长的时间,更容易克服困难,反之,因为某些原因导致他们情绪低落的时候,爬山参观游览就被他们视为畏途,表现为意志力薄弱。

(4)对心理氛围和人际关系的影响

旅游者在参加一个旅游团以后,其心理和行为就会不断受到团队的心理氛围的影响。例如,我们经常会发现,某一个游客开心,其他旅游者也能感受到这种愉快的情绪,全团的游客就能积极投入到导游员组织的参观游览活动中。反之,如果旅游团成员之间互不关心,缺乏信赖,经常因为房间安排、车辆座位而发生矛盾和冲突,参观游览意见无法统一,都可能导致其心理距离的拉大,那么所有的游客都会产生不愉快的情绪体验,而影响旅游活动的质量和心理体验。

此外,旅游从业人员的情绪状态对旅游活动中的人际关系也具有重要影响。如果导游员的情绪是压抑的、愤怒的或是虚伪的,游客多数情况下会敏锐地觉察到,继而其情绪会受到压抑,影响客我关系。

(5)对旅游者身体健康的影响

心理学研究表明,负面情绪持续存在和蔓延,可能会引发人的心理和生理疾病。而外出旅游在很大程度上能够使人们获得快乐体验,得到松弛,这种积极的情绪体验对于人们的身体和心理健康都具有重要意义。例如,疗养能让人获得平静的心态,观看日出能让人体验到自然的神奇。

3. 旅游者情绪、情感调控与激发的方法

旅游者的情绪调控主要是指旅游从业人员管理和改变旅游者情绪的过程。在这个过程中,旅游服务人员通过一定的心理策略和机制,使旅游者的情绪在生理活动、主观体验、表情行为等方面发生一定的变化。对旅游者的情绪、情感的调控与激发体现出旅游从业人员,特别是导游员对整个旅游团的控制和管理,反映出其服务水平的高低。

(1)调控消极的情绪、情感

由于旅游者外出旅游是为了放松身心,追求一种愉悦体验,而在旅游的过程中又容易被他人的消极情绪所感染。因此,如何调控旅游团内的消极情绪就显得非常必要,特

别是对那些在旅游团内传播意见的人要尤其关注，因为他们在很大程度上能决定全团旅游者的消极情绪的发生和发展。有经验的导游员从带团开始那一刻起就会以敏锐的眼光观察周围的一切，同时使出浑身的本领牢牢掌握和控制整个旅游团的情绪，做到眼观六路、耳听八方。当旅游者消极情绪、情感的苗子一露头，就必须以十倍的努力、百倍的热情全力以赴地将其消灭在萌芽状态。

调节游客情绪，消除其消极情绪的方法主要有：

①补偿法。物质补偿法，在住房、餐饮、游览项目等方面若有不符合旅游合同规定的情况，应对游客予以补偿，而且替代物一般应高于原来的标准。精神补偿法，因某种原因无法满足游客的合理要求而导致游客不满时，导游人员应实事求是地说明困难，诚恳地道歉，以求得游客的谅解，也可先让游客将不满情绪发泄出来，待消气后导游人员再设法向游客解释。

②转移注意法。导游人员要有意识地转移游客的注意力，使游客的注意力从一个对象转移到另一个对象上。当旅游团出现消极情绪时，导游人员就应设法用新的、有趣的活动，或用幽默、风趣的语言和诱人的故事吸引游客，从而转移游客的注意力，忘掉或暂时忘掉不愉快的事，恢复愉快的心情。

(2)激发积极的情绪、情感

旅游者在出门旅行时，希望在旅游中获得日常生活中所缺少的新鲜感、亲切感和自豪感，同时也希望在旅游中摆脱日常生活中的精神紧张。因此，旅游服务就应该想方设法激发旅游者积极的情绪体验。具体手段可以有以下几条：

①多提供个性化服务。个性化服务是一种建立在理解人、体贴人的基础上的富有人情味的服务。导游要在做好旅游合同规定的导游服务的同时，对旅游者的特别需求给予"特别关照"，使他们感觉受到了优待，产生自豪感。比如有一次，海南某旅行社在接待"夕阳红"团队时，因为人数多，导游工作既多又累，几天下来一些导游松懈了，而一位细心的老导游依旧在席间走动，巡视、关照客人用餐情况。忽然她发现一位客人(其他车上的)在吃饼干喝白开水，便上前询问，方知客人有民族信仰，几天来不想麻烦别人所以没说。这位导游顿生愧意，自觉失职，马上和餐厅联系，用素油炒了几样素菜为客人奉上。以后的几天中她都是亲自到厨房监督出菜，保证让客人吃得放心、安心。临别时，那位客人热泪盈眶，感谢导游细心关照，并言此番海南行，实乃终生难忘。

②培养旅游从业人员的幽默感。旅游从业人员在服务游客过程中，要学会利用幽默的语言巧妙拒绝客人的不合理要求而不伤及客人的"面子"，激发旅游者的积极情绪。例如，某导游在车上给大家讲解的时候，突然有个两三岁的儿童游客会大叫一声，该导游马上说："谢谢，还是我们比较投缘，一般都是那种超级歌迷、发烧友才这样尖叫！谢谢你的支持。"说完后他还特意走过去和那个小游客握了握手，车上的游客不禁都大笑起来，活跃了当时车上的气氛。

随着经济的发展、社会的进步和人本精神的回归，旅游者越来越重视心灵的充实，情绪、情感在旅游过程中扮演着重要角色，不同的情绪、情感对旅游行为产生不同的影响。而旅游工作是帮助旅游者塑造完美的旅游体验，这就要求旅游服务人员在服务过程中，关注旅游者的情感需求，让游客获得心灵满足，帮助旅游者构造美好的经历。

实训与练习

1. 谈谈人们的旅游活动是出于哪些心理需要?

2. 广告宣传会对旅游者态度变化产生哪些影响?

3. 影响旅游者情绪和情感的因素有哪些?

4. 案例分析:

彼得、杰克、保罗、瓦鞑是四个歌剧迷,一天晚上,著名的达丝尼歌剧团来到塔什剧院演出。可是由于路上塞车,等四个人兴冲冲赶到歌剧院的门口时,歌剧在10分钟前就开演了。为了保证演出不受干扰,剧院规定,开演10分钟后,停止检票,这就意味着他们只能等两个小时后开演的下一场。

这时候,激动不已的彼得早就没有耐心向检票员求情了,他向检票员怒吼:"我有票为什么不让我进,规矩是人制定的,为什么偏偏是10分钟,而不是11分钟?再说是因为塞车我们才迟到的。你认为塞车是我们的过错吗?那是市政交通问题,我们是受害者,你得让我进去……"一边说一边推撞着检票员,越说越激动,越推越用力。这时候,一直在一旁寻找机会的瓦鞑趁彼得推撞检票员的瞬间,偷偷从检票员上举的右臂下钻了进去,边走还边回头做鬼脸。在这期间,保罗干脆走进了剧院旁的一个小酒吧,一边品尝着威士忌,一边等待下一场演出的开始。而杰克,一刻不停地抱怨自己,我怎么这么倒霉,昨天不小心摔坏了一只珍贵的花瓶,今天看演出又迟到了,要是我早点来,现在不就看成了。唉,我这人怎么这么蠢!

请分析这四个人物的气质类型。

5. 案例分析:

某旅行社接待了一个台湾旅行团,旅行团一路上误机、误餐,客人怨声载道。于是旅行社派了一名经验丰富的导游接待了这个团。这名导游看到客人们一个个怒气冲冲,就想办法寻找话题,给客人一点心理上的满足。他走到一个中年妇女面前,和气地说:"太太,您是从台湾什么地方来的?"女士说:"小地方,说了你也不知道。""你说说是哪里,也许我知道呢。"女士说出了她的家乡,果然是小地方。但是导游却十分了解这个地方,还能背诵当地著名亭子上的一副对联。于是客人们纷纷与这位导游攀谈起来,主客之间的关系融洽了。在整个游览期间,这位导游尽职尽责,努力满足游客的各种要求,不仅化解了人们的不满,还赢得了客人们的赞赏。

结合所学知识请给予分析。

6. 案例分析:

某日,一位美籍华人请一个在国内的老同学在饭店内的餐厅吃饭。两人进餐厅坐下以后,服务员送上菜谱,那位美籍华人接过一看,全都是标有价钱的,于是先请老同学点菜。老同学本想点几样价钱公道便宜的,但感到无从点起,于是说:"随便吃什么都可以,上三菜一汤就可以了。"那位美籍华人也感到为难,于是要服务员介绍一些有特色的拿手菜,服务员随口报了三个。美籍华人征询了老同学的意见以后对服务员说:"再来一盘醋熘黄鱼和一碗汤,菜不够再点吧。"两人边吃边谈倒也开心,最后客人说已经饱了,不必再加菜了。随后服务员送来账单:"你们两位一共消费280元。"

如果是在单独或和亲人用餐的情况下,这位美籍华人对服务员的这句话是能忍受的,但在老同学(客人)的面前实在是忍受不了。当时他顾不上那么多,便当着客人的面对服务员说:"你不要大声嚷嚷好不好!""在我们这里叫作唱收唱付。"服务员竟理直气壮地回敬了那位美籍华人(主人),弄得他啼笑皆非。

结合所学知识请给予分析。

第三章

影响旅游者行为的社会因素

典型案例 **中国中产阶层的休闲旅游生活**

在中国“中产阶层热”涌动的同时，休闲旅游热也同样在国家积极的推动下逐渐兴起。在休闲旅游时间方面，中产阶层人群的工作时间偏长，工作繁忙度较高，睡眠时间相对较短。但是他们的休闲旅游时间并未普遍地相应减少，实际上还超过了非中产阶层。在休闲旅游品位上，中产阶层更加注重文化之旅，他们的休闲旅游意识非常的活泼和超前，他们更加注重自由行和休闲度假式旅游，他们可能会选择一种平静、顺其自然的休闲旅游状态。由于中产阶层大多具备坚实的休闲旅游能力，同时休闲旅游资源的拥有量较之非中产阶层更加丰富，因此中产阶层的休闲满意度往往大大高于非中产阶层。在中国中产阶层刚刚兴起时，人们关注的是“中产阶层往往是引领社会消费的最主要群体，当中产阶层占社会的多数时，其生活方式就保证了社会庞大稳定的消费市场，这可谓是社会稳定的经济原因”。作为生活方式的重要内容，休闲旅游是衡量一个人生存状况和自我实现程度的关键元素，同时也是冲破旧有社会结构制约、发挥个体能动性的核心场域。休闲旅游可以说既是群体性质的表达领域，某种意义上也是该阶层在生活机会上形成“共享可能性”的实践空间。作为未来的核心群体和健康社会引领者的中国中产阶层，会在休闲旅游等生活方式、文化品位乃至价值观等方面真正成为中国社会发展的代言人。

（资料来源：[美]Dean MacCannell. 旅游者休闲阶层新论. 广西师范大学出版社）

本章要点

群体与旅游行为关系、家庭与旅游行为关系、社会阶层与旅游行为关系、社会文化与旅游行为关系。

第一节　群体与旅游行为

个体总是隶属于某个家庭、社团、阶层、民族等各种群体，个体的旅游行为除了受到需要、个性及态度等个体心理因素影响之外，还会受到个体所处的整个环境和社会的影响。因此，学习旅游心理学，还必须了解社会群体等外界因素对于旅游行为的影响。

一个经常旅游的商人加入航空旅客协会，以便在享有饭店与汽车租金折扣之类的利益之外，还能在航空安全、方便与机票等有关方面也占到便宜。某人参加一个排外性乡间俱乐部，他这样做可能是因为这个俱乐部能为他提供重要的社会地位意识，并使他能结识团体中那些成就卓著的人物。一个团体只有对自己的成员起着重要的、甚至是必不可少的作用，才能长时期维持下去。人们加入各种团体是因为团体能满足某些需要。例如，它能保护自己；帮助解决问题；使他有机会结识某些人，并与他们建立交往；能提供行

为典范，提高他的自我形象，并为他提供估价自身行为的许多标准。

因此，一个配有导游陪同的旅游团至少可以为其旅游团的成员提供五个方面的基本利益：

(1)安排旅游，解决在有限的时间内游览何处的问题。那些缺乏经验的旅行者与首次赴一个特定地区观光的人认为导游具有特别的吸引力。

(2)安排旅游计划要给旅行团成员以心理上的安全感，让他们事先知道将要去什么地方，将在什么饭店停留。

(3)安排旅游要在经济上提供便利和安全。团员们预先知道整个旅程的花费，旅行社在宣传册中要竭力给人以这样的印象，即在旅程中没有埋伏的额外开支。

(4)配有导游的旅行社尽量减少团员在国外遇到的社会问题。在安排交通运输、翻译、处理各种问题时，导游者在团员与国外社会环境之间担任缓冲者。

(5)导游在旅行中还起着在宣传册中尚未得到承认的一些其他作用。如缩小团员之间的潜在摩擦，造成团内团结的气氛。

由于导游对旅游者起着重要的作用，所以导游旅游团的组织形式自出现以后，就一直存在和不断发展着。

一、群体的描述

群体是相对于个体而言的，但不是任何几个人就能构成群体。群体是指两个或两个以上的人，为了达到共同的目标，以一定的方式联系在一起进行活动的人群。而人群通常是指那些偶发聚集体，也就是偶然地在同一时间、同一地点临时聚集起来的一群人。可见群体有其自身的特点。

(1)群体成员之间具有一定的共同目标。为了实现这一目标，群体通常会制订一系列规范。长期存在的群体往往还发展了自己特定的亚文化，有自己的价值观、态度倾向与行动方式。

(2)群体是组织化的人群，具有一定结构。群体中的人们常以一定的社会阶级的纽带及共同的文化相联系，群体内每一个成员，都在群体中占据一定的位置，并执行着一定的角色，有一定的权利和义务。

(3)群体成员有依存关系和共同感。在心理上、行为上相互依赖，相互影响，并具有互补性。

二、旅游者角色与旅游行为

1. 旅游者角色

社会角色是指与人们的某种社会地位、身份相一致的一整套权利、义务的规范与行为模式。对于一个人来说，角色既不是单一的，也不是静止不变的。人们所处的时空不同和社会地位的变化，都会引起角色的变化或新角色的出现，这也正是旅游者角色出现的原因。

旅游者与旅游群体之间是一种持续的角色扮演、互动过程。旅游者不仅通过服务人员、旅游地居民等人对自己的反映知道自己真实的样子，而且，旅游者通过判断对方、揣度对方的反应从而做出自我行为的调节。

2. 旅游者角色对旅游行为的影响

现实中，旅游者的行为常常同其在日常生活中的行为截然不同，有较大的冲动性、随意性和知觉范围的广泛性，常常表现出一些“放纵”的行为，有些旅游者甚至可能做出有悖于常理的事情。

首先，旅游者角色是旅游者社会地位的外在表现。当我们看到手拿旅游地图，身着休闲或运动装，乘坐旅行社大巴的人，很自然会想到他是一个旅游者。旅游者角色是旅游群体和旅游组织的基础单位，旅游组织就是由旅游角色构成的，旅游者、导游、司机和服务员等组成了旅游群体，我们称之为旅游团。

其次，旅游者角色是旅游者的一整套权利、义务的规范和行为模式，是人们对于旅游活动中的旅游者的行为期待。旅游者角色，一方面，拥有充分享受旅游审美、装束得体、维护旅游者自身的权利；另一方面，必须履行角色应尽的义务，如遵守旅游法规等等。这些是公众对旅游者最基本的期待。当旅游者不能满足公众对他们的行为期望时，人们就会认为他们承担旅游者的角色是不称职的。国内外群众常常对我国旅游者有意见，其重要原因就是因为我国旅游者常常不能表现出与其角色相适应的一套行为模式。请看案例：

中国游人，你丑陋吗——中国游客海外不文明行为震动高层

“中国人，便后请冲水”“请安静”“请不要随地吐痰”……仅以简体中文标出的警示牌，正在中国人出境游的主要目的地国——法国、德国、日本、泰国、新加坡等地频现。当大批游客成为中国的最新“出口品”时，“中国人”却成了不文明、粗鲁的代名词。

乱丢垃圾，坐公交车抢座，排队加塞，大庭广众脱鞋脱袜、赤膊袒胸，吃自助餐多拿多占，遇有纠纷恶语相向……2012 年 9 月 22 日，中央文明办和国家旅游局公布了从网上征集的 10 类“中国公民出国（境）旅游常见不文明行为”，以上行为全部榜上有名。

2012 年 8 月 11 日，《参考消息》以《台湾人担心大陆游客不拘小节》为标题，转载有关报道：“香港迪士尼乐园 9 月中旬热闹开园，第二天登上媒体的不只是欢欣的画面，还有大陆游客插队、蹲踞路边，小孩随处便溺等负面消息”“连这次‘大陆赴台旅游考察团’官员，也出现在饭店禁烟区抽烟的情况，能出境的多数是 13 亿人口中的中高收入者，但有钱并不代表有素质。”

“中国人出去喜欢集体行动。几十个人浩浩荡荡地走在一起，有说有笑，休息的时候连躺带卧，占一溜长椅。”“一般的国外餐馆，即使宾客满座也非常安静。人们交谈的音量控制在对方可以听见的范围内。再看国内，很高档、门外停了很多车的饭店，里面吵得不得了。”此外还有碰撞别人后毫无感觉，也不致歉；在车上哄抢座位，拒绝给老人和孕妇让座；随地吐痰和小便，吃饭时大声咀嚼。又如，考虑到长安街中间安置铁栏杆不雅，道路管理者 2012 年曾拆除，但很多司机直接横穿中线在天安门广场停车，两个月后管理者无奈地只能恢复安装铁栏杆。

服务行业的面貌与柏杨写《丑陋的中国人》的 20 年前相比，没有太大的改变：“人类

是一种会笑的动物,但中国的女护士、女车掌和女店员是例外。当你进店之时,活像一头猫撞进了老鼠窝,小眼睛全充满了敌意地望着你,如你索物,则先打量你的衣服,然后告曰:'贵得很。'"对于"动物行为"和"无教养行为"应以明确的规则禁止,而基于对"国外文化不了解"而产生的行为,旅行社等相关机构应尽到提前告知的义务。

第二节 家庭与旅游行为

家庭是社会最基本的单位和结构,属于群体中的一次性群体。家庭是由两个或两个以上有婚姻或血缘关系的人组成的群体。无论是发达国家还是发展中国家,绝大多数消费行为都是在家庭中发生的,家庭旅游已成为当今旅游的一大热点,家庭的文化气氛、家庭结构、家庭生命周期、家庭的收入状况等,都会影响到个人的旅游行为,比如度假观光旅游也多以家庭为消费单位。因此,对家庭与旅游行为的研究具有重要意义。请看案例:

家庭旅游成为时尚——家庭组团,旅游新理念

现在广东、上海等旅游业比较发达的地方,越来越多的家庭组团共同出游,既降低了假期旅游成本又不降低目的地的活动质量。

机票成本骤降:一家三四个人,三家出行可以成团,可以拿到价格很好的机票,每人机票花费往返比自己出行减少了很多。用车随心所欲:10～12人的用车自然不会是轿车,在旅游目的地有很多新的、半新的金杯、丰田面包车,再大一点可以考虑19座南京产的依维柯,这是最不容易晕车的车型,同时面包车的空间感和视觉都要比轿车好,这样就弥补了面包车舒适感的不足。如果想自己驾车过过瘾,十几个大人中肯定不乏驾车高手。请个导游帮忙:一般来讲,导游是为旅行社服务的。一家旅游,请导游服务成本较高,甚至有些奢侈,而且不太方便。但几家结伴同游,好的导游能让你一路谈笑风生,非常愉快。同时你完全是整个旅行的计划人,导游只是你的执行人。住宿酒店节约:如果人数够多,可以享受团队的酒店价格,成本自然又大大降低了,当然还有用餐,也可以按照团队价格报餐,因为团队餐是经过精心设计数量和质量的,自然实惠许多。更重要的是,不用别人安排,自己想吃什么就吃什么,完全做到随心所欲。

家庭群体对旅游行为的影响,主要表现在家庭结构和家庭生命周期两个方面。

一、家庭结构与旅游行为

不同结构的家庭,各成员在家庭中的地位不同,其内部在旅游消费决策中的作用就不同。中国是一个家庭伦理观念强烈的国家,中国的家庭结构对于旅游的影响更大。

家庭的构成要素包括家庭成员的数量、代际层次、夫妻数量。现代家庭可以分为四大类:夫妻家庭、核心家庭、扩大家庭和单亲家庭。

1. 家庭结构

(1)夫妻家庭

夫妻家庭是由一对夫妻组成的家庭,这是最简单的家庭形式。典型的代表是未生育子女的夫妇家庭,称 DINK 家庭(Double Income No Kids,丁克族),也有老年型的夫妻家庭。年轻无子女夫妇消费欲望强,而且他们并不是一结婚就准备要孩子,旅游对他们显得既有精力又有能力,往往是热衷旅游的活跃分子。这类家庭是潜力巨大的旅游者群体。

(2)核心家庭

核心家庭又称"标准家庭"或"基本家庭",即我们常说的三口之家(即两代同堂),它是目前我国主要的家庭类型,目前我国的核心家庭已占家庭总数的70%以上。核心家庭是家庭旅游市场的主要生力军。儿童消费占有很大的比重,在旅游时间上多安排学校的假期,目的地和旅游活动种类的选择往往与有利于孩子出游放松身心或者增长见识的修学旅游有关。在旅游决策上以共同决策为主,孩子对家庭决策产生最大的影响,决策过程中安全因素和经济状况是其最关注的影响因素。

(3)扩大家庭

扩大家庭指由一对夫妇及一对已婚子女组成并居住在一起的家庭。这种家庭多由三代人组成,在20世纪80年代以前比较多见,但随着住房制度的改革和住房条件的改善,经济发达城市中越来越多的已婚子女离开父母,独立居住,形成新的家庭,扩大家庭呈减少的趋势。由于人际、代际关系比较复杂,消费也较为复杂,消费行为受到长辈的约束是这类家庭消费行为的最大特点。

(4)单亲家庭

除上述三种典型的家庭结构外,还有一些特殊的家庭,如单亲家庭,由父亲或母亲一方抚养孩子。这种家庭往往因为孩子年幼或经济负担过重而对旅游活动疏远。

2. 我国的家庭结构变化趋势

中国的家庭结构近年来发生了一些新的变化,从传统走向现代。主要表现在:

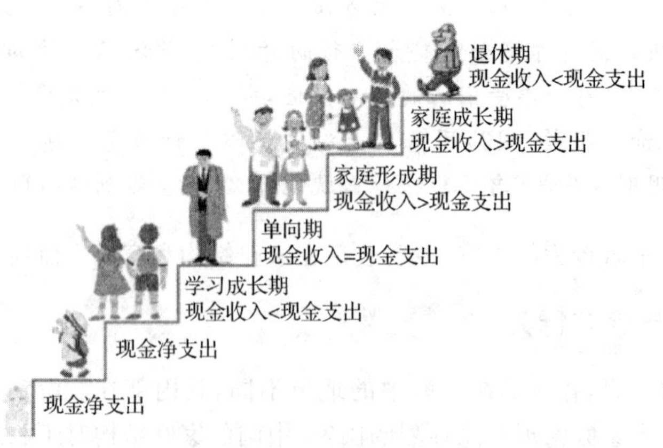

(1)家庭结构简单化

中国传统家庭模式一般至少包括夫妻和子女两代人,并普遍存在三世同堂、四世同

堂的现象。然而，随着社会进步和时代变迁，传统的中国家庭结构发生了变化。青年人脱离父母独立的家庭较多，家庭结构由紧变松。

(2)家庭规模小型化

随着独生子女政策的制定，越来越多的家庭开始出现三人的结构，家庭规模由大变小。

(3)家庭观念淡漠化

年轻人工作压力和经济压力变大，职业女性在不断增加，结婚年龄越来越大，家庭小孩数目减少。此外，单亲家庭、“空巢家庭”(子女不在身边的老年夫妇家庭)和老龄鳏寡孤独家庭也在增加，家庭观念在由浓变淡。

二、家庭生命周期与旅游行为

家庭生命周期概念最初是由美国人类学学者 P. C. 格里克于 1947 年首先提出来的。所谓家庭生命周期(family life cycle)，通常指的是从男女双方结为夫妻组成家庭开始，至夫妻双方死亡导致家庭解体而告终的家庭发展过程。

1. 家庭生命周期

家庭生命周期大体上可分为七个阶段：未婚期、新婚期、满巢期Ⅰ、满巢期Ⅱ、满巢期Ⅲ、空巢期、孤独期。划分这些阶段的依据是家庭主人的婚姻状况、家庭成员的年龄、家庭的规模、家庭主人的工作状况等因素。

2. 家庭生命周期对旅游行为的影响

处在不同生命周期的家庭在旅游行为上会呈现出不同的特点：

(1)未婚期——年轻单身家庭

未婚期的家庭成员经济上独立、无负担、身体状况处于一生的最佳状态，他们为了自身的学习、娱乐、交友、求奇等需求心理较为突出，故此类“家庭”或者说单身年轻人是旅游活动的生力军。一些新型的旅游项目如探险、攀岩、蹦极和自助游等旅游方式更具有时尚特征，最能满足年轻人的需要。但总体来看，年轻单身家庭，以及由年轻单身者组成的群体是最具旅游潜力的群体。

(2)新婚期——年轻夫妇无子女家庭

国外发达国家将旅游纳入结婚计划之中，称之为“蜜月旅行”。在中国，“蜜月旅行”已被较发达地区的年轻人视为时尚。由于经济不够宽裕的人把旅游看作“奢侈消费”，新婚期就成为最有可能去旅游的时期。这类家庭也是潜力巨大的旅游者群体。

(3)满巢期Ⅰ——年轻夫妇+6 岁以下子女家庭

满巢期Ⅰ的家庭主要消费行为集中在满足儿童吃、用、玩需要方面。孩子的年幼使得家庭出行显得极为不便，举家出游的情况不多，但不排除夫妇一方尤其是男主人因工作原因外出旅游的可能性。

(4)满巢期Ⅱ——年轻夫妇+6 岁以上子女家庭

满巢期Ⅱ的家庭，孩子进入学龄期，教育成了家庭的主题，旅游也成了对孩子进行教育、扩大孩子视野的

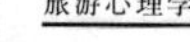

重要方面。这时的家庭对旅游目的地的选择非常慎重,以博物馆、纪念地、历史文化名城等人文景观为主,旅游方式多是举家出游。对此类家庭开展有针对性的旅游服务,如举办针对中小学生的各类艺术培训班、体育训练馆等。旅游部门在这方面的呼应还显得很欠缺,

(5)满巢期Ⅲ——年龄较大夫妇与已自立的子女家庭

满巢期Ⅲ的家庭,孩子已自立,父母也多有固定收入,可被看作是消费水平高、购买能力最强的家庭。这种家庭成员外出旅游的潜力很大,三口集体出游、年轻人单独出游、父母双双出游、父母之一与孩子一起出游等都很常见。但因受中国传统的储蓄观念影响,即使有钱也不舍得用于旅游。

(6)空巢期——老年夫妇无子女家庭

旅游是适宜"有闲+最有钱"阶层人士,最符合这一条件的就是城市离退休人员。在发达国家,老年旅游是一个巨大的消费群体。综合我国居民收入持续增长及人均寿命不断延长两种趋势,老年人市场极具开发潜力。

(7)孤独期——单身老人家庭

这一时期在消费特点上除与空巢期相似之外,还有两个方面的特点,一是老年夫妇间老来相伴,一方的去世会影响另一方的出行积极性,使得孤独期的老人比空巢期积极性低。二是中国具有尊老爱幼的传统美德,与父母分居异地的子女,会邀请父母到自己所在地旅游及生活;与父母同在一地的子女会陪伴父母外出旅游。从这个角度看,孤独期老人出游的可能性反而更大。

(8)日趋增多的几类新型家庭

随着社会的发展变迁,我国出现了一些新的家庭类型,且所占比例呈日趋上升之势,其旅游行为有很大的独特性,应引起人们的关注。这些新型家庭有:

①独身主义者家庭。他们一身轻松来去自由,是各类旅游活动的积极参加者。

②拒绝生养孩子的家庭。其成员往往也是热衷旅游的活跃分子。

③单亲家庭。由父亲或母亲一方抚养孩子。这种家庭往往因为孩子年幼或经济负担过重而对旅游活动疏远。

④离异后的单身家庭。在旅游方面有较大的随意性。受时间、金钱、个人性格、兴趣的影响较大,有的会积极参加旅游活动,为满足其社交等需要;有的却甘愿离群索居,对旅游毫无兴趣。

诚然,具体到某一个家庭,其家庭生命周期以及各阶段所面对的问题和事件未必完全按照上述阶段表现出来,上述阶段主要反映的是占主流的核心家庭演变的进程。

三、家庭角色与旅游决策

家庭成员在家庭中的地位和作用不同,对于家庭的旅游决策产生不同的影响。

1. 家庭成员角色

家庭成员在旅游购买决策中主要扮演五种角色:

(1)发起者。即第一个想到或倡导外出旅游的人,他有最强的旅游动机,并能努力说服其他家庭成员产生旅游的兴趣。

(2)影响者。即以自己的想法、行动和言论影响最后做出购买旅游决策的人,他所提

供的信息或建议对决策者有一定的影响力。

(3)决策者。即最终决定是否购买旅游产品或服务的人。

(4)购买者。即实际购买旅游产品或服务的人。

(5)使用者。即实际享用旅游产品或服务的人。

2. 家庭旅游决策的过程

家庭规模、家庭成员的成熟程度、经历的改变及其需要、价值观、兴趣的变化都会影响家庭成员态度和行为的改变,继而影响旅游决策。从决策过程来看,家庭旅游决策一般分为五个阶段,如图 3-1 所示。

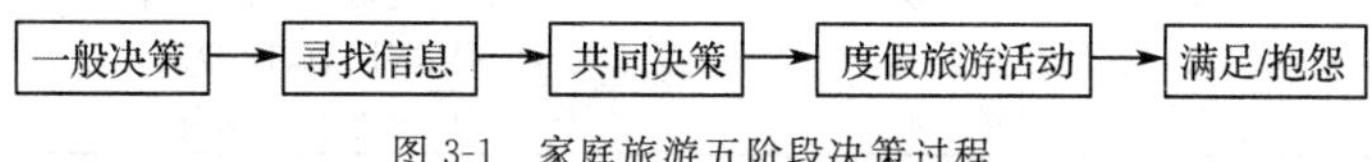

图 3-1　家庭旅游五阶段决策过程

(1)一般决策阶段。一般决策阶段涉及对旅游需要的认识,决定是否出游的问题,是全体家庭成员群体决策的过程。

(2)寻找信息阶段。信息的主要来源是社会环境和商业环境,在对信息综合分析的基础上,回答去哪里、怎么去、去多久等问题。

(3)共同决策阶段。家庭成员共同商定,但每个家庭成员在决策过程中所起的作用各不相同。丈夫收集信息、决定度假长短、花多少钱,妻子决定是否带小孩子;双方共同选择交通工具、住宿及目的地;此外孩子也参与对活动的种类、时间、目的地的选择。

(4)度假旅游活动阶段。度假旅游活动阶段是消费各种旅游物品和接受旅游服务的过程,它受家庭每个成员的个性特点和生活方式的制约。

(5)满足或抱怨阶段。满足或抱怨阶段是旅游效果的情绪体验过程,是旅游业的一种信息反馈,也可作为修订以后旅游决策的依据。

3. 家庭决策方式对旅游行为的影响

(1)家庭决策类型

根据家庭决策起主导地位的成员不同,通常将家庭旅游决策的方式归纳为四种主要类型:丈夫主导型;妻子主导型;双方商量一方决定型;双方商量共同决定型。

①丈夫主导型。凡事都由丈夫起决策主导作用,并做出最后的选择。

②妻子主导型。凡事都是妻子说了算,妻子对购买决定起主导作用,并做出最后的选择。

③双方商量一方决定型。双方都施加了各自的影响,但最后决定的是夫妻双方中的一方。

④双方商量共同决定型。夫妻双方在决策过程中都起作用,任何一方对决策都没有明显的主导作用。

根据调查研究,下列旅游决策内容与家庭旅游决策类型密切相关,见表 3-1。

其中在“是否旅游”和“花多少钱”中,双方任何一方都没有明显的主导作用,双方都会积极参与发表意见,甚至双方相互劝服对方,最终达成共识。在“旅游地点”和“住宿条件”中大多是丈夫起主导作用,其原因也许同男性的经济地位及男性的经历、阅历相关。在旅游购物上,妻子处主导地位。

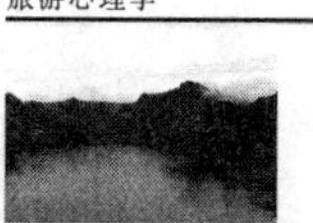

表 3-1　　家庭旅游决策类型与决策内容的关系

家庭旅游决策类型	决策内容
丈夫主导	旅游地点
丈夫主导	旅游住宿条件
妻子主导	食品及厨房用品
妻子主导	旅游购物
妻子主导	妻子和子女的服装
双方商量一方决定	是否带孩子一起旅游
双方商量一方决定	旅游度假日期、时间的长短
双方商量一方决定	旅游交通工具的选择
双方商量一方决定	旅游度假活动的内容
双方商量共同决定	是否外出旅游度假
双方商量共同决定	旅游度假的花费

(2)孩子对家庭旅游决策的影响

孩子在旅游决策中虽然不起主导作用，但是往往会影响父母的旅游决策，因为很多父母安排旅游活动，都是为了让孩子能够通过旅游开阔眼界，增长知识，丰富经历。所以旅游决策中孩子的作用也不可忽视。

①儿童期孩子的影响。独生子女家庭中的儿童在旅游消费中经常扮演着重要角色，对假期的家庭旅游决策具有一定的影响力。在家庭旅游决策中，首先，儿童会模仿学习父母的旅游决策方式，并渐渐学会自己提出旅游要求和决策；其次，在民主型和溺爱型的家庭中，儿童能提出自己对旅游的意见，并具有很大的影响力。第三，儿童与旅游动机、旅游目的地的关系很重要，如果旅游是为了儿童的目的，那么儿童对旅游决策往往具有更大的影响力。

②青少年期孩子的影响。一般初中以前的孩子对决策的影响力小一些，初中至18岁的孩子对家庭决策起着重要的影响，甚至是决定性的影响，主要是这一年龄段的孩子有一定的独立见解，有较强的参与欲和家庭地位。这时的旅游决策受孩子的兴趣、爱好及同学间的影响较大。

四、家庭结构因素对旅游经营者的启发

现代化社会生活不断地变革着传统的家庭模式，使现代家庭模式呈现多样化，旅游经营者在旅游营销、旅游服务过程中必须贴近不同家庭背景的旅游消费特点，制定适宜的策略才能收到预期的效果。

1. 注意选择合适的宣传对象

对家庭推销旅游产品时，首先要弄清楚家庭旅游的发起者、影响者和决策者分别是谁，这里要特别注意影响者和决策者，并因地制宜地采取合适的营销策略。同时旅游经营者要根据家庭类型制定出不同的旅游产品，刺激旅游者购买消费。

例如，“DINK”家庭以及单亲、未婚独身、离异无子女的家庭等旅游行为可能较为随意，缺乏计划性，容易受外界促销的影响，旅游经营者对此类消费者就可以多做宣传促销活动，开展相应的服务，多组织带有交际性质的旅游活动。

2. 开发和营销不同的旅游产品

处于不同生命周期阶段的家庭，其成员在不同的阶段必定会有不同的旅游需求，且其旅游需求的程度、对旅游产品的要求也存在差别。因此旅游经营者要对不同阶段的家庭提供不同的旅游产品，并有针对性地开展营销。

例如，未婚期，一些新型的旅游项目如探险、攀岩、自助游等旅游方式适合他们的需要；新婚期，可设计推出“蜜月旅行”；满巢期，对于有孩子的家庭开展有针对性的家庭游、短线游，目的地选择规划在博物馆、动物园、游乐园、历史文化名城等；空巢期，针对老年人开展“夕阳红”旅游产品，发掘该市场的潜在消费人群等。

第三节　社会阶层与旅游行为

一个人的社会地位大部分是由一些特征所构成，这一点在旅游环境中尤其明显。各种不同的旅游方式、不同的旅游地、不同的休闲活动，甚至旅游本身都具有一定的象征性。

发达国家中，几乎每个人都有足够的资金和闲暇时间进行旅游，所以问题不在于人们是否去旅游了，而是看去什么地方旅游，怎样去，在那里待多久，采用什么旅游方式以及旅游内容等，这些才足以显示不同的地位。

旅游环境中有许多代表地位的象征物。例如，飞机上的一等舱有别于二等舱，火车上的软卧有别于硬卧，五星级宾馆有别于四星级宾馆，打高尔夫球有别于打乒乓球等。人们对这些差别十分敏感，往往会把选择一个座位同选择者的地位联系起来。

国外的消费心理研究表明，个人的消费支出行为与社会阶层关系很大。因此，旅游从业者了解社会阶层对旅游者行为的影响，具有十分重要的意义。

一、社会阶层概述

社会阶层是一种普遍存在的社会现象，各种社会形态都有一定形式的社会阶层。个人的社会阶层归属不是仅由某一变量决定的，而是受到职业、收入、教育、价值观和居住区域等多种因素的制约。

1. 社会阶层的含义

社会阶层是指受收入水平、受教育程度、职业和地位声望等综合因素的影响，社会上有某种共同的人组成一个共同的集团，也就是社会地位大致等同的人构成的群体。

产生社会阶层的最直接的原因是个体获取社会资源的能力和机会的差别，终极原因是社会分工和财产的个人所有。社会分工，形成了不同的行业和职业，并且在同一行业和职业内形成领导和被领导、管理和被管理等错综复杂的关系。当这类关系与个人的所得、声望和权力联系起来时，就会在社会水平分化的基础上形成垂直分化，从而造成社会分层。

2. 社会阶层的特征

每个社会阶层都会有带着自己特色的生活方式，如相似的目的地、相似的旅游度假

方式、相似的购物渠道等,从而表现其特殊阶层的价值、人生观及自我概念。同时各社会阶层之间的行为有时又有很大的差别,社会阶层犹如社会的"金字塔"。

3. 社会阶层的划分

(1)我国社会阶层的划分

①上上层。成员组成包括古老的、地方上很显赫的家族,职业都是巨商、大金融家、高级专业人员等。消费国际化,购豪华住宅、高级轿车等,对其他社会阶层的影响力较强。

②次上层。成员组成包括职业或生意上有超凡能力且收入很高的人;暴富的企业家、体育明星和娱乐圈人士。消费上,前者一般不试图仿效或超过上上层,是投资市场的主体;而后者常热衷于炫耀性消费,以汽车、房子、游艇、服装、盛宴等来显示财富。

③上中层。成员组成包括成功的专业人员、独立的企业家和公司经理。消费方面注重孩子的教育,关心事业,愿意在体面的家中招待朋友。

④次中层:成员组成包括白领(办公室人员、教师、医生、低层次的经理),他们在消费上购买符合大众潮流的产品,比较看重时尚;具有较明显的品牌意识;在乎面子,注重形象,看重子女的教育。也包括中等收入的高级技术蓝领工人,服务业职员等,他们比较注重亲属关系,住房比较简朴。

⑤上下层:成员组成包括生活在贫困线以上,但没有失业,不用靠社会救济的人由于文化和技能方面的原因,生活改善较困难,在购买时看重价格。

⑥次下层:成员组成包括长期失业、生活在贫困线以下的人,是政府和非营利组织救助的对象。

(2)国外社会阶层的划分

国外学者通常采用综合指标对社会阶层进行划分,其指标包括职业声望、收入、家庭背景、教育学历、居住状况、政治地位等。各项指标按其重要性进行加权,根据其分数进行划分。最具有影响且最早尝试描绘美国社会阶层结构的是W.罗伊德·沃纳(W Lioyd Warner),他于1941年提出将社会阶层分为六类,即上上阶层、次上阶层、上中阶层、次中阶层、上下阶层、次下阶层(表3-2)。

表 3-2　美国社会阶层划分

社会阶层	成　员	占人口比例
上上层	连续三四代富户、地方名门望族、贵族、商人、金融家或高级专业人员、财富继承者	1.5%
次上层	新显身于上等阶层者、暴发户、高级官员、大型企业创建人、医生、律师	1.5%
上中层	中等成就的专业人员、中型企业主、中级行政人员	10%
次中层	普通人社会中的上层、非管理者身份的职员、小型企业主、蓝领家庭	33%
上下层	普通劳动阶层、半熟练工人	38%
次下层	非熟练工人、失业者及未入籍的外国移民	16%

二、社会阶层与旅游行为

不同社会阶层的人有不同的社会需求与消费观,因此产生不同的旅游行为选择。每个社会阶层的旅游者,都有自己比较典型的旅游行为,具体表现在以下四个方面:

1. 同一社会阶层内部旅游行为的相似性

大部分消费者愿意在符合自己身份的环境中进行消费，把和自己属于同阶层的其他人视为与自己相同或相似的人，对所属阶层具有认同感，会协调自己的行为，使之与同一阶层的人们保持一致。例如，上层阶层旅游一般表现为奢侈、潇洒，讲究体面，审视多于评论，以度假为主。中层阶层一般表现为自信、开明，喜欢评头品足，通常主张文化内涵和教育意义的旅游产品与服务，以休闲观光为主，对出国旅游也很感兴趣。下层阶层往往对长途旅游缺乏兴趣，通常选择离家较近的旅游目的地，开支也不至于太大。

又如，旅游中的购物，上层人士会到知名的国际品牌店或免税店选购商品，而一般消费者会在当地的工厂店、直销店或 Outlets 店购物。一般人认为，人们都愿意到高级豪华的商店里去买东西，其实不尽然，低阶层的消费者如果到高级商店里去买东西反而会感到不舒服，即便是只逛不买，他们也会感觉不自然，心理有惧怕感。

2. 同一社会阶层内部旅游行为的差异性

社会阶层是一个多维度的集合体，旅游者的旅游决策不仅受到所属阶层的影响，还取决于具体的社会环境和旅游者的兴趣、爱好等。比如，有些旅游者对中国的传统文化感兴趣；而有的则对新型的旅游方式更感兴趣，如生态旅游、农业旅游等。所以旅游行为也会表现出差异，如有些旅游者秉持“读万卷书，行万里路”的目的，以了解社会、增广见闻；有些旅游者则出于健康的需要，选择一些疗养地、温泉景区以修养身心。

3. 不同社会阶层之间旅游行为的相似性

旅游者的旅游行为，有时候会超越他们所属的阶层，表现出不同阶层的相似性，不同阶层的消费行为差距存在着减少的趋势，或者受其他因素的制约，与他们所处的社会阶层关系不大。例如，注重舒适、安全、方便及对时髦的关心程度等，这是不同社会阶层对旅游消费的共同行为要求，体现了不同社会阶层旅游行为的趋同性。

4. 不同社会阶层之间旅游行为的差异性

不同社会阶层的成员，由于受教育程度、收入和社会地位等方面不同，在消费观念、消费内容、获取和传播消费信息的渠道等方面也不同，旅游行为的差异性显得特别明显。比如，不同社会阶层的人存在文化差异，一些传统的文化内涵深刻的人文景观，需要旅游者具备一定的文化修养和欣赏水平，只有处于较高社会层次的旅游者才对它们更感兴趣。具体差异表现为：

第一，上层阶层。这个阶层是社会群体中的最高阶层，他们的生活富有，有权势，有金钱，追求高质量、高品位的生活，追求奢侈、潇洒，旅游已成为他们生活的必需品。在旅游动机上，上层阶层的旅游者比较强调身心健康、社交，比较注重身份和自我形象，如去著名的海滩、温泉或去费用昂贵的群岛度假等，当然也会去一些旅游名胜；购物时倾向于求美、求新，注重品牌和款式。而暴发户、富有子弟在花费上更加大方，更乐于在赌博等娱乐场所一显身手；外出旅游多选择旅行社，不仅想漫游全国，还想周游世界，但也有些旅游者追求刺激、冒险。这个阶层是旅游市场的重要客源。

第二，中层阶层。他们是工薪族，有知识，有文化，对人生和生活都充满理想。他们生活比较随意，有追求高质量、高品位的目标，而且为实现目标在不断努力。他们处在中间阶层，有着向上层阶层的发展趋势。他们追求旅游的高品质，但又会认真考虑旅游产品和服务的性价比。在旅游动机上，更爱冒险，寻求新的经历，也十分推崇情调，注重通过旅游增进自我形象，更乐于参加到旅行团体中，他们感到自己与国家和整个世界有切身的联系。这一阶层的人彼此影响较大，趋同心理比较突出。

第三，下层阶层。收入比较低的人，包括城市失业人员和乡村农民等。由于收入的限制，生活很简单，用钱也很拮据，有追求美好生活的愿望，但很容易安于现状。在旅游动机上，认为到国外或某个遥远的地方去旅游是轻率的，费钱的，因而没有兴趣。他们理想的度假方式是选择成熟度较高的旅游地，或到附近的度假村里度过假期。他们对旅游的条件要求并不高，乐于倾向于求实、求廉，注重物品的实用价值，要求所购买的商品价廉物美，对旅游折扣商店和大众购物商店有极大的兴趣。他们可能选择比较经济的自助旅游，搭乘汽车或火车前往比较近的旅游区旅游度假，但对一些附加性的娱乐项目很少尝试。一部分家庭由于收入水平低，根本无能力出游。

三、社会阶层因素对旅游经营者的启发

研究分析表明，社会阶层与消费倾向成反比，也就是阶层越高，消费倾向越小，主要受恩格尔系数的影响。阶层不仅影响消费倾向，而且影响消费结构。因此，旅游经营者应该有针对性地开展工作。

1. 明确目标市场的特点

高阶层的人喜欢高雅平和的旅游项目，低阶层的人喜欢刺激惊险的旅游活动。高阶层消费者在选择商店时更注重时尚和豪华，低阶层更注重价格因素。

2. 开发满足目标市场的旅游产品

旅游经营者应根据各阶层人们的特点，选择合适的群体，进行旅游产品的开发与促销。不同阶层的人们具有不同的旅游消费偏好，旅游经营者根据自己的经营能力，选择其中的一个或几个群体，有针对性地开发和促销产品。比如，一些旅行社已经根据市场情况，针对社会上层阶层人士制定了一系列的豪华旅游套餐；对中层阶层人士提供了既能丰富其经历，又能提高其形象的旅游产品，诸如“十四天十五国欧洲游”等；对大众家庭是提供了大量物美价廉且丰富多彩的旅游产品，如“周末合家欢旅游”“国庆七天特惠游”等。

3. 提升旅游者的消费层次

人们都具有“高攀心理”，希望能加入比自己高的社会阶层之中。在大多数情况下做到这一点并不容易，但人们却可能会进行越层消费，以此获得一种暂时的满足。

旅游经营者应适当抓住人们渴望层次高升的心理，通过合理的旅游策划、组合和营销技巧，说服高阶层的消费者购买更昂贵的旅游产品，诱导中阶层的人们消费高级旅游产品，引导普通消费者尝试中阶层的旅游产品，同时促进旅游产品质量的提高。

4. 选择合适的传媒方式

由于文化教育水平不同，不同阶层对信息接收和处理的方式也不同。中层消费者较多地从媒体上获取信息，而电视媒体对高层消费者影响却较小，印刷媒体则相反。高阶层的人对信息的宣传、传播，带有一定的理性分析，低阶层的则带有情感色彩。针对下层消费者，信息语言应具体，更多伴有俚语和街头用语；而针对文化群体的宣传材料就应采用相对抽象、富有想象力的语言。这些分析可提示经营者正确选择广告媒体。

第四节　社会文化与旅游行为

请看案例：

新西兰一名参加传统欢迎仪式的毛利文化表演者用头撞向一名荷兰游客并撞断了他的鼻子，因为他认为该游客在嘲笑自己。目前，双方已为此对簿公堂。通常，在这种仪式上，导游会请游客捡起放在脚下的一根羽毛或树枝，以此表明自己的来意是友善的。原告一方在当地法庭上说，当时，荷兰人约翰·尼斯·谢弗斯在新西兰罗托鲁阿某民俗村庄里代表一个160人的参观团对毛利人回礼。曾有人提醒谢弗斯任何笑的表示都会被毛利人视为不敬，但是，在仪式的最后部分，谢弗斯"无意中露出了紧张的笑容"。一名参加仪式的毛利人于是走上前去用头相撞，撞断了谢弗斯的鼻子。

不同的地区有不同的消费习惯，如伊斯兰教世界不吃没有经过祈福的人杀的动物；美国人在感恩节这天要吃火鸡，这些都是受文化和亚文化所影响的，不同的文化与亚文化代表着不同的价值观念和人们的生活方式及行为方式，从而影响人们的旅游心理和旅游行为。

一、社会文化概述

每个人都是在一定的文化环境中生活和成长的，其价值观念、生活方式、消费心理和消费行为必然会受到文化环境的深刻影响。

1. 社会文化的概念

文化是一种社会现象，是人们长期创造形成的产物；同时又是一种历史现象，是社会历史的积淀物。要对文化下一个确切的定义，是一件十分困难的事。不同的学科对文化有着不同的理解，据统计，有关"文化"的各种不同的定义至少有两百多种。迄今为止，仍没有获得一个公认的、令人满意的定义。

文化的定义很多，由于其内涵外延差异很大，有广义、中义与狭义之分。

广义的文化是指人类社会在漫长的发展过程中所创造的物质财富和精神财富的总和。

狭义的文化是指社会的意识形态，包括政治、法律、道德、哲学、文学、艺术、宗教等社会意识的各种形式。

中义的文化介于广义与狭义的文化之间，是指社会意识形态同人们的衣食住行等物质生活、社会关系相结合的一种文化，如服饰文化、饮食文化和各种伦理关系、人际关系

等，也称之为社会文化。

可见，文化是包括一个国家或民族的历史、地理、风土人情、传统习俗、生活方式、文学艺术、行为规范、思维方式、价值观念等方面的一个复杂的整体。

中国人的核心价值观：中庸——凡事讲究度，反对越轨，强调持续稳定；重人伦——血缘关系、家庭为主；讲究脸面——名声、心目中的社会地位；重义轻利——克己、道德性消费；节制欲望——花钱谨慎、重视计划与积累；生活品多，享受品少，崇尚实惠、耐用；中老年人的自我压抑消费；等等。

2. 中西方文化差异

在价值观与道德标准、社会关系、社会礼仪和社会风俗等方面，西方文化主张个人荣誉、自我中心、创新精神和个性自由，而中国文化主张谦虚谨慎、无私奉献、中庸之道和团结协作。西方人平等意识较强、家庭结构简单，由父母以及未成年子女组成核心家庭；而中国人等级观念较强，家庭结构较复杂，传统的幸福家庭多为四代同堂等。

(1)自我中心与无私奉献

西方人自我中心意识和独立意识很强，主要表现在：每个人都必须自我奋斗，把个人利益放在第一位；不习惯关心他人，帮助他人。主动帮助别人或接受别人的帮助在西方常常是令人难堪的事。中国文化推崇一种高尚的情操——无私奉献，主动关心别人，给人以无微不至的体贴是一种美德。

(2)个性自由与团结协作

西方人十分珍视个人自由，喜欢随心所欲，独往独行，不愿受限制。中国文化则更多地强调集体主义，主张个人利益服从集体利益，主张同甘共苦，团结合作，步调一致。

二、社会文化对旅游行为的影响

一个人处在社会中，无处不受到文化的影响。即使是在同一族群之内，由于人口流动或文化传播等原因，该族群中不同的群体可能认同并不完全相同的文化，就可能出现主文化和亚文化。

主文化是指在一定族群中占主导或统治地位的、为社会上多数人所接受的文化，也称主流文化。相对地，亚文化指仅为社会上一部分成员所接受的或为某一社会群体特有的文化，是处于大文化背景下的小文化，或称第二位的文化。

1. 主文化对旅游消费行为的影响

(1)主文化决定旅游者的消费观念和行为准则

不论处在什么时代、什么地域的人，都会受到当地当时文化的熏陶，并建立起与该文化相一致的价值观念和行为准则。这种文化背景也自然表现在旅游决策和消费行为中。比如，来自集体主义文化的亚洲旅游者在思维模式上追求“群体取向”，喜欢按照计划集体适度地出游，不喜欢过于张扬和冒险，较少和旅游目的地的当地居民交往；在旅游行为中强调“从众”，喜欢相互依赖、求稳求静。而个体主义文化的欧美旅游者受西方宗教文

化的影响，旅游价值取向多为追求自由、差异和自我实现的“个体取向”，非常愿意与旅游目的地的当地居民交往，愿意自由地探险，求变求动。

从旅游业角度考虑，我们应该在文化方面尊重旅游者风俗习惯，在接待服务过程中注意避免做一些与旅游者文化背景相抵触的事情。

(2)主文化造就和影响旅游者习惯和行为

人的习惯和行为不是先天就有的，而是在后天学习得到的。比如不同文化造就了不同旅游类型的选择，有的旅游者更愿意选择欣赏山川湖泊、烟岚云霞、树木花草的自然景观旅游；有的对历史文化古迹、寻根旅游、宗教文化旅游更感兴趣；有的则痴迷于民俗风情旅游，为浓郁而神秘的异地风情、异国情调所吸引。因此，通过文化来了解旅游者的习惯和行为，有助于我们为旅游者提供更好的服务。

2. 亚文化对旅游消费行为的影响

在社会文化中的成员一般是典型的遵从自己生活中的总的社会文化价值观，同时又要恪守所属亚文化群的独特价值观。亚文化不仅包括与主流文化共同的价值观念，还包括自己独特的价值观念。每个亚文化群体都有其本身的行为模式，有时亚文化对其社会成员的影响比主流文化还要强(表 3-3)。

表 3-3　　亚洲及欧美旅游者行为异同比较

内容	特征		差异程度
	亚洲旅游者	欧美旅游者	
与他国游客互动交际	比较少	比较多	差异明显
新奇事物/熟悉事物	熟悉事物	新奇事物	差异明显
按计划旅游/自由旅游	严格按计划	自由旅游	差异明显
冒险/安全	安全	冒险	差异明显
购物时讨价还价	喜欢	不太讨价还价	差异明显
给亲友购买礼物	一定要买	不一定买	差异明显
旅途时间偏好	喜欢中短途	喜欢长途	差异明显
真实景物/表演活动	喜欢表演活动	喜欢真实景物	差异明显
了解目的地且有准备	了解且有准备	了解且有准备	差异不明显
当地饮食偏好	喜欢	喜欢	差异不明显

(1)地区亚文化与旅游消费行为

处于不同社会文化与亚文化背景下的旅游消费者，其价值观念、生活方式、兴趣爱好都有很大的差异，表现为受不同文化影响的人们对旅游消费的态度也不同。如有的文化崇尚冒险，探究外部世界，周游四方，受这一文化影响的人们，在度假、休闲方式上，往往选择旅游，而有的民族则宁愿“父母在，不远游”，不愿离开家乡。

比如，欧美人以出国旅游为荣，只要有足够的钱、时间，他们愿意走遍天涯海角，他们求新求异，更喜欢自由探索。很多来自欧美的背包客选择在旅游目的地独自探险，体验地道的原汁原味的当地文化和风情，也愿意尝试具有当地特色的一切新鲜的事物，旅游中的主动性较高，但在购物方面热情并不是很高，对于他们来说，购物是一种休闲，是消磨时间。而亚洲人不会如此冒险，比较依赖有导游的群体出游，显得较为被动，但亚洲旅游者相对比较喜欢购物。

(2)年龄亚文化与旅游消费行为

一般将人分为儿童期、青少年期、中年期、老年期四个亚文化阶段。青少年消费者往往在旅游中求新、求冒险性、浪漫冲动型旅游消费比较多。中年消费者经济负担重、生活阅历深，但经济收入稳定，旅游消费比较理智，讲求实际，比较尊重传统习惯，重视家庭温暖与和睦。老年人的旅游消费，多是追求健康长寿和追求人生完善。

(3)性别亚文化与旅游消费行为

男女生理上的差别，使其各有不同的亚文化特征。女性在旅游消费过程中，购买旅游纪念品时，情感化购买较多，更注重旅游产品的品位、特色、环境氛围，如对旅馆房间装饰挑得仔细；而男性更理智，注重旅游产品的质量和信誉。经济上女性更精打细算，对价格敏感；追求时尚和个性化，有较强的从众性；旅游记忆上女性记细节的能力更强；消费决策上女性决策过程较犹豫。而男性自主决策能力强，而且往往是大宗的金钱消费决策者。

三、社会文化因素对旅游经营者的启发

1. 增加宣传力度，消除旅游者的疑虑

尽管旅游者有探新求异的心理，但首先他们也要对旅游目的地有所了解，才可能对其产生兴趣，如果旅游者从来没有听说过某旅游目的地或对其没有任何感性认识的话，他们是不会将其纳入选择范围的。此外，即便是旅游者对某旅游目的地很有兴趣，他们也会对因目的地与其居住地文化的不同而在选择时有所顾虑。他们担心语言交流是否有障碍，当地饮食是否合口味，当地居民是否友好等问题。

因此，旅游经营商应加大对外宣传力度，要特别注意口碑效应的宣传的影响力，使旅游者了解目的地及其旅游产品，消除他们的购买疑虑，对旅游目的地充满信心。

2. 整顿自身服务，树立良好形象

文化冲突的客观存在，要求旅游企业必须苦练内功。首先，要通过加强自身管理，保证产品和服务的标准化；其次，要加入个性化服务，向旅游者提供热情礼貌、全面周到、精致入微的旅游产品和服务，从而减少其异域不适感，使游客有宾至如归的感觉，让旅游企业的良好形象和服务成为吸引旅游者的招牌。

3. 挖掘本地文化传统，突出地域特色

人们之所以乐于前往异地旅游，正是由于异域文化具有强大的吸引力。因此，旅游目的地要善于利用和保护前人留下的宝贵遗产，重视挖掘和强化当地文化特色，并与当地自然风光巧妙融合，使旅游目的地散发出与众不同的美感。

4. 顺应文化发展，引导潮流趋势

文化具有时代性，不仅不同时代的文化具有很大差异，而且同一时代的文化也会随着时间的推移而有所变化。总而言之，随着社会的进步，人们对旅游的需求会更富于变化，旅游经营者应努力把握不断变化的旅游消费市场，不仅要提供旅游者需求的旅游产品，还要善于引导旅游消费潮流。

实训与练习

1. 影响人的旅游行为的因素有哪些?

2. 在你的家庭生活中,哪些决策是父亲做出的?哪些是母亲做出的?哪些是父母共同做出的?如果外出旅游,会是谁做决定呢?

3. 请举例说明东方人和西方人在旅游目的地选择上的差异。

4. 如果你是旅行社产品推销人员,你将如何向一个家庭宣传并推荐旅游产品,引导其作出购买决策呢?

5. 案例分析:

全家游旨在一家人都能相聚一起,让家人之间距离拉近。以色列人度假时尤其喜欢全家老幼一起出动,所以以色列人对孩子相当友好。

很多古迹景点都利用自身资源为孩子们推出特别节目:如需要爬行通过的神秘坑道、山洞,还有通往高塔的秘密石梯等,都能让孩子们跃跃欲试,全情投入。

在埃拉特,全家人可在私家沙滩度过安静的一天,而孩子们也可以与海豚同游、戏水。一些基布兹和莫沙夫还因地制宜地推出了自己的特色项目——有一家建起了蜂蜜博物馆,另一家则以戏剧和孩子们喜闻乐见的其他方式展示先辈的历史。

以色列的酒店,特别是埃拉特和提比利亚等热门旅游城市的酒店里通常都设有"儿童俱乐部",里面举行艺术手工艺品制作和其他活动。对于全家前来以色列旅游的游客而言,含早餐旅馆网络将是一个很不错的选择。这些住宿地洋溢着家的温馨,孩子们在一天旅行结束后,还能在草地或是游戏场上释放自己的旺盛精力。至少,能在住处小厨房里做一些"家常菜"也还是不错的选择。

结合上述材料,请思考:如何开发我国的家庭旅游产品?

6. 案例分析:

观看下面的朝觐者组图。

川藏路上的朝觐者

麦加朝圣

思考:宗教文化对旅游者的旅游行为有怎样影响?

第二篇

旅游工作心理

第四章 旅游工作的职业心理

典型案例 "金钥匙"的工作理念

随着现代酒店业的发展,国际金钥匙协会于1952年成立,它的英文名称为Concierge。广泛的社会关系和协作网络是"金钥匙"运作的必要条件,其服务理念为尽管不能无所不能,但一定要竭尽所能。在国际上,金钥匙被视为酒店个性服务的重要标志,有人称它为"现代酒店之魂",首席礼宾身着的燕尾服,上面别着十字形的两把金钥匙,是国际金钥匙协会会员的标志,象征着"Concierge"如万能的金钥匙为宾客解决一切难题。在现实中,"金钥匙"又被宾客视为"百事通""万能博士"及解决问题的专家。我国亦于20世纪90年代初期成为国际金钥匙协会的会工国,我国第一把"金钥匙"产生于广州白天鹅宾馆,目前国内还有几家星级酒店获得了"中国酒店金钥匙"。

"金钥匙"是前厅部一个工作岗位,归前厅部经理直接管理。金钥匙的服务理念是:

1. 先利人,后利己。每个人在做每件事时,不管是好与坏,都应有着一定的目的,那么,同一件事,目的不同,即价值取向不同,最后所能达到的效果也是不一样的,在哲学书上,前人总结出了人生的4种价值观:①毫不利己,专利人——这是在特殊条件下才会有的;②损人又不利己;③先利己,后利人——一般的高官;④先利人,后利己——端正此价值观。那么,作为"金钥匙",只有树立最后一种价值观,并付诸行动,才能真正地服务于客人。

2. 用心极致,惊喜满意。这是金钥匙在服务客人中应使用的方法。那么,什么是极致?没有最好,只有更好,这是每件事内在的规律。在服务客人时,客人的满意只是及格,惊喜才是给客人的回报,同时更能体现个性化的精彩。我们做个这样的比喻:如客人向你要地图,你热情地找出并微笑着把它交到客人手里,这只是我们通常认为的服务态度好,可如果你把地图交给客人,然后问:"请问您想去哪儿?我可以帮您在地图上找到,并画出路线图,如有必要,我可以为您联系一辆小轿车。"做到这份上,服务已不再是态度问题,服务便有了质量。

3. 在客人的惊喜中找到富有的人生。这是追求的目标,这里指的富有并不是旧观念中的金钱的多少,科学技术才是我们所说的财富。饭店"金钥匙"的成功,体现在他们不仅把服务作为一项工作,而且把它作为一项终生从事的事业,客人的惊喜是饭店"金钥匙"的最大满足,他们的人生价值在精彩的服务中得到体现。因此,饭店"金钥匙"通过服务得到物质和精神上的富足,在服务他人中找到富有的人生。也就是说,为别人创造惊喜时,自己也在积累各方面的知识、经验,并结交朋友。

"金钥匙"的岗位职责是:

1. 保持良好的职业形象,以大方得体的仪表、亲切自然的举止迎送抵离酒店的每一位宾客。

2. 全面掌握酒店客房状态,销售现状,餐饮情况及其他有关信息。

3. 全方位满足住客提出的特殊要求，尽其所能提供多种服务，如安排钟点服务、医务服务、托婴服务、导购服务、沙龙约会，推荐特色餐馆等。遵循“宾客有求必应”的原则，多方协调合作，满足宾客要求。

4. 协助大堂副总经理处理酒店各类投诉。

5. 协助客务关系主任建立与宾客间的良好关系。

6. 协同保安部对行为不轨的宾客进行调查。

7. 将上级指令、所发生的重要事件或事情详细记录在行李员、迎宾员交接班本上，每日早晨呈交前厅部经理，以便查询。

8. 检查大堂及其他公共活动区域，消除隐患，确保安全。

9. 对行李员工作活动进行管理和控制，并做好有关记录。

10. 对抵店、离店的宾客给予及时关心。

11. 对受前厅部经理委派进行培训的行李员进行指导、训练和督导。

12. 确保行李房和酒店前厅的卫生清洁。

13. 控制酒店门前车辆活动，确保畅通。

14. 与团队联络员协调，确保团队行李顺利运送。

15. 检查礼宾部各岗位值班情况，避免出现脱岗现象。

16. 确保行李组服务设备运转正常。随时检查行李车、行李存放架、轮椅、伞架等。

17. 完成前厅部经理下达的其他任务。

“金钥匙”的素质要求是：

1. 忠诚。国际金钥匙协会企业对“金钥匙”的最基本要求就是忠诚、包括对宾客忠诚，对酒店忠诚、对社会和法律忠诚。

2. 具有敬业、爱业精神。应本着“敬业是本分，奉献是美德”的心态，遵循“宾客至上，服务第一”的宗旨为宾客服务。

3. 具有热心的品质及丰富的专业知识。亲切、热情、想方设法帮助别人；熟悉酒店业务和旅游有关方面的知识与信息，可担当“活地图”角色。

4. 能够建立广泛的社会关系与协作网络。“金钥匙”应具备极强的人际交往能力和协作能力，善于广交朋友，上至政府官员，下至平民百姓，以酒店的优势为依托，建立一个广泛的社会关系网，这是完成宾客各种委托代办事项的重要条件。

5. 身体强健，精力充沛，彬彬有礼，善解人意。

6. 处理问题机智灵敏，应变能力强。

7. 通晓多种语言。“金钥匙”服务只设在高档酒店的礼宾部，而高档酒店的宾客往往来自世界各地，且对服务的要求也具有针对性、个性化。因而，通晓多国语言是其工作的必备条件。

8. 有极强的耐心和韧性。任何事情，哪怕只存一线希望，都应努力去实践，真正做到“想宾客所想，急宾客所急”，为宾客多想一点，为宾客多做一点，让宾客再满意一点，让服务超越宾客的期望。

随着中国旅游业迅猛发展，逐渐成为经济的支柱产业，专家甚至预测到21世纪中期，旅游业将成为全球第一大产业，中国将成为世界第一大世界旅游目的地。这一美好

的前景给中国酒店业带来机遇，同时也带来了挑战。

1. 随着我国教育事业的发展，酒店从业人员的平均学历显著提高。现在酒店从业人员的平均学历为高中以上，重点岗位要求员工有大专、本科、甚至硕士学位，高级管理层甚至有博士学位获得者。

2. 人们思维方式发生了很大的转变。人们的自我意识越来越强烈，越来越强调个性化。年轻的一代敢于质疑一切传统，敢于接受一切新鲜事物，崇尚创新与独立精神，重视自我价值的实现。

3. 外资酒店既带来了竞争，同时也带来了先进的技术和管理经验。

4. 在中国发生着变化的同时，世界也发生了变化。21世纪的中国在西方人眼中已不再神秘，中国的主要中心城市的发达程度接近发达国家。旅游者对旅游服务和酒店服务的期望和要求也发生了巨大的变化：他们需要的是个性化、独特、认知和情感，他们期望方便、快捷、灵活和理解。面对这样的旅游者，中国的酒店管理者发现传统已不再适合现实，变革势在必行。目前，中国的"金钥匙"已发展到155个城市、785家高星级饭店的1348名会员。

（资料来源：何丽芳.酒店服务于管理案例分析.广东经济出版社）

本章要点

旅游工作的职业素养概述、旅游工作的职业人格概述、旅游工作的职业能力概述。

第一节　旅游工作的职业素养

一个人如果缺乏职业素养，就不可能取得突出的成就；一个企业如果没有职业素养过硬的员工队伍，就不可能在激烈的市场竞争中占据一席之地；一个国家，要是全体国民的职业素质达不到世界水平，那么这个国家的经济发展就会停滞不前。如今，面对职场上的竞争与压力，职业基本素质前所未有地被重视起来。可以说，职业素养是取得职场成功的一把钥匙。

一、职业素养概述

从社会的角度来说，由于分工的不断专业化、细致化，不同职业的职业化要求程度也日益提高。相对的，对人的职业素养的要求也就更为严格以至于苛刻。作为职业化的社会群体，企业唯有集中具备职业基本素质的工作人员并对其进行职业化训练，才能实现生存与发展的目的。作为个人，唯有在工作中不断修炼、充实和完善自己，提高自己的职业素养，才能拥有稳固的生活保障甚至较为优越的生活条件，进而升华自己的精神境界。

在对1000名成功者进行调查研究时发现，导致这些人成功的因素中，积极、主动、努力、毅力、乐观、信心、爱心、责任心，这些态度因素占到了80%左右。由此可见，无论选择

何种工作，成功的基础都是你的态度、你的素养。一个人对职业的态度，一个人的职业基本素养，决定了他在职业上的成就。职业基本素养是职场的“无形之手”，你看不见它，但它却时刻存在着，发挥着关键甚至是决定性的作用。有这样一个案例让我们来分享：

1965 年，哈瑞在西雅图景岭学校图书馆担任管理员。一天，有一位同事推荐一个四年级学生来帮忙，并说这个孩子如何勤奋好学。哈瑞先给他讲了图书分类法，然后让他把放错了的图书归回原处。男孩不遗余力地在书架的迷宫中穿来插去，小休时，已找出三本放错地方的图书。第二天他来得更早，而且更加不遗余力。干完一天活后，他正式要求担任图书管理员。又过了两个星期，孩子的母亲告诉哈瑞他们要搬家了，而孩子听到要转校却担心：“我走了谁来整理那些书呢？”没过多久，他又在哈瑞的图书馆出现了，并欣喜地告诉他，那边的图书馆不让学生干，妈妈同意他转回这边来上学，又可以管理图书了。一个人做事如此坚定，则天下无不可为之事。这个孩子就是后来的微软公司老板比尔·盖茨。

由此可见，成功离不开聪明才智，更离不开优良品质。市场已经向求职者发出明确信号，良好的职业素养已经成为职业准入的一道门槛。因此，只有不断加强职业基本素养的培养，才能立足岗位，服务社会。

1. 职业基本素养的内涵

我们通常说某某很有职业基本素养，某某太没有职业基本素养了。那么，什么是“职业基本素养”？我们不妨用著名的冰山理论来解释。

我们把一个职业人的全部才能看作一座冰山，浮在水面上的是他所拥有的资质、知识和技能，这些就是员工的显性素养；而潜在水面之下的东西，包括职业道德、职业态度，我们称之为隐性素养。显性素养和隐性素养的总和就构成了一个职业人所具备的全部职业基本素养。例如，应届大学毕业生在显性素养方面表现还可以，但在隐性素养方面由于没有得到过培训，所以比较欠缺，这就是很多企业不愿招聘应届毕业生的真正原因。

职业基本素养大部分是隐性的，就如同冰山有八分之七存在于水下一样，正是这八分之七的隐性素养部分支撑了一个员工的显性素养部分。职业人的职业技能是显性的，即处在水面以上，随时可以调用，是人们一般比较重视的方面。它们相对来说比较容易改变和发展，培训起来也比较容易见成效，但很难从根本上解决员工的综合素质问题。可以说，职业道德和职业态度是决定一个职业人成就的关键素质。

(1)素养

“素养”一词，在《汉书·李寻传》中有记载：“马不伏历，不可以趋道；士不素养，不可以重国”，其本义就是修炼涵养。现今，我们对“素养”作这样的理解：把素养看作人的内在品质和质量，是在遗传素质的基础上，受后天环境、教育的影响，通过个体自身的体验认识和实践磨炼，形成的比较稳定的、内在的、长期发生作用的基本品质结构，包括人的思想、道德、知识、能力、心理、体格等。人的素养结构见表 4-1。

表 4-1　　人的素养结构图

层次	类别	内容	形成特征
外层	社会文化素养	科学精神、道德精神、审美精神	后天习性
中层	心理素养	认知素质和才能品质 需要层次与动机品质 气质与性格、意志品质 自我意识与个性心理品质	先天生理因素与后天社会因素结合
深层	自然生理素养	体制、体格、本能 潜能、体能、智能	先天遗传、个体差异 生物程序

(2)职业基本素养

职业基本素养是职业素养的一部分,它排除了职业技能,包含个性、应对能力、人生经验、合作精神、积极态度、心理素质等因素的综合能力,以及通过这些综合能力,对职业发展进行判断的准确性和契合度。虽然涉及面很广,覆盖的内容很多,要提炼出具有代表性和可接受性的语言并非易事,但我们认为职业基本素养中最为重要的、最为核心的内容,可以概括为以下十个方面:敬业、诚信、务实、表达、协作、主动、坚持、学习、自控、创新,见表 4-2。

表 4-2　　职业基本素养的十个核心要素

序号	职业基本素养	核心要素
1	学会敬业　从平凡到卓越	敬业
2	学会诚信　结果就会不一样	诚信
3	学会务实　小行胜于大言	务实
4	学会表达　说的要比唱得好	表达
5	学会协作　1+1 大于 2	协作
6	学会主动　不提拔也要干	主动
7	学会坚持　水滴石穿	坚持
8	学会学习　步步才会高	学习
9	学会自控　从学生到职业人的转化	自控
10	学会创新　拥有核心竞争力	创新

2. 职业基本素养的特征

(1)职业性

不同的职业对技能的要求不同,但职业基本素养却是统一的。无论是建筑工人还是护士,无论是教师还是列车售票员,虽然职业不同,技能不一,但身在职场,就要敬业、诚信,就要务实、协作,这些是任何职业的基本要求,也是每个人进入职场必备的基本素养。

(2)稳定性

一个人的职业基本素养是在长期执业中日积月累形成的,它一旦形成,便会产生相对的稳定性。比如,一位教师,经过三年五载的教学生涯,逐渐形成了怎样备课、怎样讲课、怎样热爱自己的学生、怎样为人师表等一系列教师基本素养。这种基本素养一旦形成,便保持相对的稳定性。

(3)内在性

职业人在长期的职业活动中,经过自己学习、认识和亲身体验,知道怎样做是对的,怎样做是不对的,从而有意识地内化、积淀和升华这一心理品质,就是职业素养的内化。当我

们在职场被认为是做事靠谱让老板放心的人时，就是一个职业素质较好的职业人了。

(4)发展性

一个人的素养是通过教育、自身社会实践和社会影响逐步形成的，它具有一定的相对性和稳定性。但是，社会发展对人们不断提出新的要求，人们为了更好地适应、满足社会发展的需求，总是不断地提高自己的素养，所以职业基本素养具有发展性。

二、职业素养的测试

前不久，英国学习与技能网对 1137 名雇主进行了有关调查，了解到雇主对毕业生就业技能的态度和期望。调查中有一个问题是："对于一个刚出校门的应聘者，企业最希望他具有何种技能?"80％的雇主认为是"守时"，75％的雇主认为是"热情和责任心"。调查发现，雇主并不要求前来应聘的毕业生是完美的人，特别是对职业技能方面的要求并不高，他们愿意提供培训，但是在员工的基本态度、价值观及行为规范方面却很是挑剔，也不愿意花费时间和精力去培训，他们认为这些素质应该依靠个人努力或学校教育获得。

据我国有关职业素养一项权威调查表明：47％的学生认为只要掌握一项技能就够生存和就业，没有注意到职业素养的训练和拥有。其实职业素养的缺乏会严重影响和制约学生职业生涯的顺利发展，它直接关系到学生的就业和创业能力。企业期望大学生们具有敬业创业的精神、诚实守信的责任心、爱岗敬业的主人翁意识、较强的实践能力，在一线工作中能很快地独当一面、一专多能，职业素质低下的人是不受企业欢迎的。

一个初涉职场的人必须具备相应的职业素养。要有意识地训练和养成职业素养，在职业生涯中逐步发挥职业素养的作用，就必须掌握职场发展的主旋律，要掌握一个基本原理——企业只会为你的"使用价值"买单。职业素养被称为安身就业、立足发展之本。

职业心理学测评有着悠久的历史，被测试者要区分出对于测评的使用或滥用的情况。测评是指从当前和未来机能来评价个体。通常会混淆测评和测试两个概念。测试是整体测评程序中一种特定的工具。测试是量化行为的测量手段，有时也可称为测评工具。综合测评是进行一系列的测试，测试得分综合用于评价个体。严格地说，如果一种测评设计的实施、计分和解释程序均得到标准化，它就是一种测试。测试在职业心理咨询中起到很大的作用，测试结果的解释要求职业心理咨询师掌握测试的全部知识，包括心理测量学属性，帮助理解被测试者的背景，并能够以直接易懂的方式交流测试结果。

标准化测评的两个最基本概念是信度和效度。信度指测试结果的精确性、可靠性、一致性或重复性。用更加专业的说法，信度指的是测试分数排除测量误差的程度。效度指测试结果的意义和有用性，是根据测试做出一定推断或解释的适当程度，推断是人们对不能直接观察到的证据做出逻辑演绎。测试可以不具备效度而有信度，但是不可信的测试在逻辑上是不可能有效的。如果测试不可信，企图去证实测试的效度是徒劳无益的。

下面是有关现代企业职业素养的系列测试题，大家可以通过职业素养系列测试进行必要的综合测评。

1. 关于敬业度的测试

本测试旨在测试敬业程度。本测试由一系列陈述句组成，请仔细阅读，按要求选择最符合自己情况的答案。

以下每题有三个选项：A. 完全符合　B. 基本符合　C. 不符合

打破沙锅问到底！

(1)不拿公共财物；

(2)在规定的休息时间后，及时返回学习或工作场所；

(3)看到别人有违反学校或公司规定的举动，及时纠正；

(4)能够保守秘密；

(5)从不迟到、早退；

(6)不做有损学校或公司名誉的任何事情；

(7)不管能否得到相应奖励，都能积极提出有利于集体的意见；

(8)关心自己和同学的身心健康；

(9)愿意承担更大的责任，接受更繁重的任务；

(10)对外界人士积极宣扬自己所在的集体；

(11)把集体的目标放在第一位；

(12)乐于在正常的学习、工作时间之外自动自发地加班加点；

(13)业余时间学习与工作有关的技能，加强职业素养学习；

(14)在学习时间里不做一切有碍学习的事情；

(15)为保证工作或学习绩效，善于劳逸结合，调节身心；

(16)积极寻找途径获得外界对自己所在集体的支持；

(17)对集体的使命有清晰的认识，认同集体的价值观；

(18)能享受学习和工作中的乐趣；

(19)老师或领导布置的任务，即使有困难，也会想方设法完成而不是敷衍了事；

(20)积极参加集体的各项活动。

答题说明：

A 选项为 5 分，B 选项为 3 分，C 选项为 1 分。

40 分以下，敬业度较低；

41～60 分，敬业度一般；

61～80 分，敬业度上等；

81 分以上，敬业度优异。

2. 关于诚信度的测试

以下问题是对诚信度所做的一个简单测试，请如实作答。

(1)假如说谎能给你带来好处，你会不会说谎？

A. 会　　B. 不会　　C. 看具体情况

(2)如果考试时，很多同学都作弊，而你也担心不及格，你会怎么办？

A. 坚决不作弊　　B. 和其他同学一样作弊　　C. 看具体情况

(3)如果你对别人做出了承诺，而你发现这个承诺执行起来会很艰难，而且会损失自己的时间和利益，你会怎么办？

A. 坚守承诺　　B. 为了自己的利益而放弃　　C. 看情况

(4)如果你答应了替同学保守秘密，但老师让你把秘密说出来，你会怎么办？

A. 坚决不说　　B. 老师让说就说吧　　C. 看事情的重要性

(5)乘坐火车卧铺时，早上起来，你发现自己的鞋不见了，而你又着急下车，你会趁人不备，把别人的鞋穿走吗？

A. 会　　B. 不会　　C. 不好说

(6)和你一起参加某项比赛的对手向你索取参考资料，你会不会给他提供？

A. 会　　B. 不会　　C. 提供部分资料

(7)你在还有一门课补考通过后才能获得毕业证书的情况下，会不会作弊？

A. 会　　B. 不会　　C. 看情况

(8)你是一位 SIM 卡用户，当你透支 SIM 卡 50 元时，你会

A. 充值，继续使用该卡号　　B. 丢掉，重新换卡

C. 看具体情况

(9)如果你在大学英语 A、B 级考试前碰巧看到了网上泄露的考题，你会

A. 不理不睬　　B. 事先做好，考场照抄　C. 向有关教育主管部门反映

(10)你是一班之长，做考勤时你会

A. 认真负责，每一个人都严格记录　　B. 敷衍了事，不能得罪同学

C. 看情况

(11)你参加了英语四级考试，在考试成绩公布前去参加招聘会，某单位看中了你，但要求英语必须过四级，你会

A. 如实相告　　B. 支吾过去　　C. 编造谎言

(12)当你自己犯了错误，老师却冤枉了你的同学，你是

A. 窃喜，有人代己受过　　B. 忐忑不安，很想找老师说明情况

C. 主动承担责任

(13)对缺乏诚信之人，你会

A. 不与之交往　　B. 内心鄙视他，表面应付他

C. 如果有利可图，就和他交往

(14)在金钱、容貌、才学、诚信中，如果只有一项可供选择，你会选择

A. 才学　　B. 诚信　　C. 其他

(15)回顾上面你选的选项，你能确信自己是诚信答题的吗？

A. 是　　B. 随意做，凭感觉　　C. 经过思考，在某方面有掩饰

每题对应的分值见表 4-3。

表 4-3　　关于诚信度测试评分表

题号 \ 分值 \ 选项	A	B	C
1	1 分	3 分	2 分
2	3 分	0 分	2 分
3	3 分	1 分	2 分
4	2 分	1 分	3 分
5	0 分	3 分	2 分
6	3 分	1 分	2 分

（续表）

题号 \ 分值 \ 选项	A	B	C
7	0分	3分	1分
8	3分	0分	1分
9	2分	0分	3分
10	3分	0分	2分
11	3分	2分	0分
12	0分	2分	3分
13	3分	1分	0分
14	2分	3分	1分
15	3分	1分	2分

3. 关于团队合作精神的测试

当“我”是团队员工时：

(1)我提供事实和表达自己的观点、意见、感受及信息以帮助小组讨论。(提供信息和观点者)

A. 总是这样　B. 经常这样　C. 有时这样　D. 很少这样　E. 从不这样

(2)我从其他小组成员那里征求事实、信息、观点、意见和感受以帮助小组讨论。(寻求信息和观点者)

A. 总是这样　B. 经常这样　C. 有时这样　D. 很少这样　E. 从不这样

(3)我提出小组后面的工作计划，并提醒大家注意需要完成的任务，以此把握小组的方向。我向不同的小组成员分配不同的任务。(方向和角色定义者)

A. 总是这样　B. 经常这样　C. 有时这样　D. 很少这样　E. 从不这样

(4)我集中小组成员所提出的相关观点或建议，并总结、复述小组所讨论的主要论点。(总结者)

A. 总是这样　B. 经常这样　C. 有时这样　D. 很少这样　E. 从不这样

(5)我带给小组活力，鼓励小组成员努力工作以完成我们的目标。(鼓舞者)

A. 总是这样　B. 经常这样　C. 有时这样　D. 很少这样　E. 从不这样

(6)我要求他人对小组的讨论内容进行总结，以确保他们理解小组决策，并了解小组正在讨论的材料。(了解情况检查者)

A. 总是这样　B. 经常这样　C. 有时这样　D. 很少这样　E. 从不这样

(7)我热情鼓励所有小组成员参与，愿意听取他们的观点，让他们知道我珍视他们对群体的贡献。(参与鼓励者)

A. 总是这样　B. 经常这样　C. 有时这样　D. 很少这样　E. 从不这样

(8)我利用良好的沟通技巧帮助小组成员交流，以保证每个小组成员明白他人的发言。(促进交流者)

A. 总是这样　B. 经常这样　C. 有时这样　D. 很少这样　E. 从不这样

(9)我会讲笑话，并会建议以有趣的方式工作，借以减轻小组中的紧张感，并增加大家一同工作的乐趣。(释放压力者)

A. 总是这样　B. 经常这样　C. 有时这样　D. 很少这样　E. 从不这样

(10)我观察小组的工作方式，利用我的观察去帮助大家讨论如何更地的工作。(进程观察者)

A. 总是这样　B. 经常这样　C. 有时这样　D. 很少这样　E. 从不这样

(11)我促成有分歧的小组成员进行公开讨论，以协调思想，增进小组凝聚力。当成员们似乎不能直接解决冲突时，我会进行调停。(人际问题解决者)

A. 总是这样　B. 经常这样　C. 有时这样　D. 很少这样　E. 从不这样

(12)我向其他成员表达支持、接受和喜爱，当其他成员在小组中表现出建设性行为时，我给予适当的赞扬。(支持者与表扬者)

A. 总是这样　B. 经常这样　C. 有时这样　D. 很少这样　E. 从不这样

计分标准：

以上1～6题为一组，7～12题为一组，前一组与后一组得分用下列方式表达(×,×)。

总是这样(5分)，经常这样(4分)，有时这样(3分)，很少这样(2分)，从不这样(1分)。

测试结果：

(6,6)只为完成工作付出了最小的努力，总体上与其他小组成员十分疏远，在小组中不活跃，对其他人几乎没有任何影响。

(6,30)你十分强调与小组成员保持良好关系，为其他成员着想，帮助创造舒适、友好的工作气氛，但很少关注如何完成任务。

(30,6)你着重于完成工作，却忽略了维护关系。

(18,18)你努力协调团队的任务与维护要求，终于达到了平衡。你应继续努力，创造性地结合任务与维护行为，以促成最优生产力。

(30,30)祝贺你，你是一位优秀的团队合作者，并有能力领导一个小组。

4. 关于工作主动性的测试

你的工作主动性怎么样？下面是一份测试题，每道题有三个答案，请你根据实际情况，选择适合自己的一项：

(1)在工作中你愿意

A. 与别人合作　B. 说不准　C. 自己单独行动

(2)在接受困难任务时

A. 有独立完成的信心　B. 拿不准　C. 希望有别人的帮助与指导

(3)希望把你的家庭设计成

A. 有自己活动和娱乐空间的个人世界　B. 与邻里朋友活动交往的空间

C. 介于A、B之间

(4)解决问题借助于

A. 独立思考　B. 与别人讨论　C. 介于A、B之间

(5)在以前与异性朋友的交往

A. 较多　B. 一般　C. 比别人少

(6)在社团活动中，是不是积极分子？

A. 是的　B. 看兴趣　C. 不是

(7)当别人指责你古怪不正常时

A. 非常生气　　B. 有些生气　　C. 我行我素

(8)到一个新城市找地址，一般是

A. 向别人问路　　B. 看地图　　C. 介于 A、B 之间

(9)在工作上，喜欢独自筹划或不愿别人干涉

A. 是的　　B. 不好说　　C. 喜欢与人共事

(10)你的学习多依赖于

A. 阅读书刊　　B. 参加集体讨论　　C. 介于 A、B 之间

评分标准：

评分标准见表 4-4。

表 4-4　　关于工作主动性测试评分表

分值 / 选项 / 题号	1	2	3	4	5	6	7	8	9	10
A	2	2	2	0	2	2	0	2	2	2
B	1	0	0	1	1	1	2	1	0	1
C	0	1	1	2	0	0	1	0	1	0

测试分析：

15～20 分：自主性很强，自立自强，当机立断；

11～14 分：自主性一般，对某些问题常常拿不定主意；

0～10 分：自主性低，依赖、随群、附和。

5. 关于自我控制能力的测试

测评说明：下列各题中，每题有 5 个备选答案，根据你的实际情况，选择一个最合适你的答案。

A. 很符合自己的情况；B. 比较符合自己的情况；C. 介于符合于不符合之间；D. 不大符合自己的情况；E. 很不符合自己的情况。

(1)我很喜欢长跑、远足、爬山等体育运动，但并不是因为我的身体条件适合这些项目，而是因为这些运动能够锻炼我的体质和毅力。（　）

(2)我给自己制订的计划，常常因为主观原因不能如期完成。（　）

(3)一般来说，我每天都按时起床，不睡懒觉。（　）

(4)我的作息没有规律性，经常随自己的情绪和兴致而变化。（　）

(5)我信奉“凡事不干则已，干则必成”的信条，并身体力行。（　）

(6)我认为做事情不必太认真，做得成就做，做不成便罢。（　）

(7)我做一件事情的积极性，主要取决于这件事情的重要性，即该不该做，而不在于对这件事情的兴趣，即不在于想不想做。（　）

(8)有时我躺在床上，下决心第二天要干一件重要事情，但到第二天这种劲头又消失了。（　）

(9)在工作与娱乐发生冲突的时候，即使这种娱乐很有吸引力，我也会马上决定去工作。（　）

(10)我常因读一本引人入胜的小说或看一出精彩的话剧而忘记时间。（　）

(11)我下决心办成的事情（如练长跑），不论遇到什么困难（如腰酸腿疼），都会坚持下去。（　）

(12)我在学习和工作中遇到了困难，首先想到的就是问问别人有什么办法。（　）

(13)我能长时间做一件事情，即使它枯燥无味。（　）

(14)我的兴趣多变，做事时常常是这山望见那山高。（　）

(15)我决定做一件事时，说干就干，绝不拖延或让它落空。（　）

(16)我办事喜欢挑容易的先做，难做的能拖就拖，实在不能拖时，就赶时间做完算数，所以别人不大放心让我做难度大的工作。（　）

(17)对于别人的意见，我从不盲从，总喜欢分析、鉴别一下。（　）

(18)凡是比我能干的人，我不大怀疑他们的看法。（　）

(19)我喜欢遇事自己拿主意，当然也不排斥听取别人的建议。（　）

(20)生活中遇到复杂情况时，我常常举棋不定，拿不定主意。（　）

(21)我不怕做我原来没有做过的事情，也不怕一个人独立负责重要的工作，我认为这是对自己很好的锻炼。（　）

(22)我生来胆怯，没有十二分把握的事情，我从来不敢去做。（　）

(23)我和同事、朋友、家人相处时，很有克制能力，从不无缘无故发脾气。（　）

(24)在和别人争吵时，我有时虽明知自己不对，却忍不住要说一些过头的话，甚至骂对方几句。（　）

(25)我希望做一个坚强的、有毅力的人，因为我深信“有志者事竟成”。（　）

(26)我相信机遇，很多事实证明，机遇的作用有时大大超过个人的努力。（　）

测评标准：

单数题号：A 记 5 分，B 记 4 分，C 记 3 分，D 记 2 分，E 记 1 分

双数题号：A 记 1 分，B 记 2 分，C 记 3 分，D 记 4 分，E 记 5 分

各题得分相加，统计总分。

测评分析：

111 分以上：自制力很强；

91～110 分：自制力比较强；

71～90 分：自制力一般；

51～70 分：自制力比较弱；

50 分以下：自制力很弱。

6. 关于创新能力的测试

测试一：下面是 20 个问题，要求根据自己的实际情况回答。如符合自己的情况，则在括号里打“√”，不符合的则打“×”。

(1)听别人说话时，你总能专心倾听。（　）

(2)完成了上级布置的某项工作，你总有一种兴奋感。（　）

(3)观察事物向来很精细。 ( )

(4)你在说话以及写文章时经常采用类比的方法。 ( )

(5)你总能全神贯注地读书、书写或者绘画。 ( )

(6)你从来不迷信权威。 ( )

(7)对事物的各种原因喜欢刨根问底。 ( )

(8)平时喜欢学习或琢磨问题。 ( )

(9)经常思考事物的新答案和新结果。 ( )

(10)能够经常从别人的谈话中发现问题。 ( )

(11)从事带有创造性的工作时,经常忘记时间的推移。 ( )

(12)能够主动发现问题,以及和问题有关的各种联系。 ( )

(13)总是对周围的事物保持好奇心。 ( )

(14)能够经常预测事情的结果,并正确地验证这一结果。 ( )

(15)总是有些新设想在脑子里涌现。 ( )

(16)有很敏感的观察力和提出问题的能力。 ( )

(17)遇到困难和挫折时,从不气馁。 ( )

(18)在工作遇到困难时,常能采用自己独特的方法去解决。 ( )

(19)在解决问题过程中有了新发现时,你总会感到十分兴奋。 ( )

(20)遇到问题,能从多方面、多途径探索解决它的可能性。 ( )

评价标准:

如果 20 道题答案都是打“√”的,则证明创造力很强;如果 16 道题答案是打“√”的,则证明创造力良好;如果有 10～13 道题答案是打“√”的,则证明创造力一般;如果低于 10 道题答案是打“√”的,则证明创造力较差。

测试二:下面是 10 个题目,如果符合你的情况,则回答“是”,不符合则回答“否”,拿不准则回答“不确定”。

(1)你认为那些使用古怪和生僻词语的作家,纯粹是为了炫耀。 ( )

(2)无论什么问题,要让你产生兴趣,总比要别人产生兴趣要困难得多。 ( )

(3)对那些经常做没把握事情的人,你不看好他们。 ( )

(4)你常常凭直觉来判断问题的正确与错误。 ( )

(5)你善于分析问题,但不擅长对分析结果进行综合、提炼。 ( )

(6)你审美能力较强。 ( )

(7)你的兴趣在于不断提出新的建议,而不在于说服别人去接受这些建议。 ( )

(8)你喜欢那些一门心思埋头苦干的人。 ( )

(9)你不喜欢提那些显得无知的问题。 ( )

(10)你做事总是有的放矢,不盲目行事。 ( )

评分标准:

评分标准见表 4-5。

表 4-5　　关于创新能力测试评分表(1)

题号	是	否	不确定
1	−1	0	2
2	0	1	4
3	0	1	2
4	4	0	−2
5	−1	0	2
6	3	0	−1
7	2	1	0
8	0	1	2
9	0	1	3
10	0	1	2

测评分析(仅供参考)：

23 分以上，说明被测试者有较高的创造思维能力，适合从事环境较为自由、没有太多约束、对创新性有较高要求的职位，如美编、装潢设计、工程设计、软件编程人员等；

11～22 分，说明被测试者善于在创造性与习惯做法之间找出均衡，具有一定的创新意识，适合从事管理工作，也适合从事其他与人打交道的工作，如市场营销；

10 分以下，说明被测试者缺乏创新思维能力，属于循规蹈矩的人，做人总是有板有眼，一丝不苟，适合从事对纪律性要求较高的职位，如会计、质量监督员等职位。

测试三：下面是 10 个题目，请在括号中的备选答案中选择“是”或者“否”。

(1)你在接到任务时，是否会问一大堆关于如何完成任务的问题？（　）

(2)你在完成任务的过程中，是否不善于思考，而习惯于找他人帮忙，或者不断来问别人有关完成任务的问题？（　）

(3)在任务完成得不好时，你是否会找出一大堆理由来证明任务太难？（　）

(4)对待多数人认为很难的任务，你是否有勇气和信心主动承担？（　）

(5)当别人说不可能时，你是否就放弃？（　）

(6)你完成任务的方法是否与他人不一样？（　）

(7)在你完成任务时，领导针对任务问一些相关的信息，你是否总能回答上来？（　）

(8)你是否能够立即行动，并且工作质量总能让领导满意？（　）

(9)工作完成得好与不好，你是否很在意？（　）

(10)对于完成了的工作，你能否很有条理地分析成功的原因与不足？（　）

评分标准：

评分标准见表 4-6。

表 4-6　　关于创新能力测试评分表(2)

序号	肯定	否定
1	0	1
2	0	1
3	0	1
4	1	0

（续表）

序号	肯定	否定
5	0	1
6	1	0
7	1	0
8	1	0
9	1	0
10	1	0

测评分析：

10 分，说明你有很强的创新能力；

7～9 分，说明你有一定的创新能力；

5～6 分，说明你的创新能力不尽如人意；

0～4 分，说明你的创新能力需要提高。

第二节　旅游工作的职业人格

一、职业人格的概念

对职业人格的研究首先是基于对“人格”这一概念内涵的理解而逐渐发展的，而对人格的研究有很长的历史，但至今还没有一个统一的定义。所有对人格的各种不同界定都包括以下两个不同的方面：第一个方面是把人格看作是个体外在行为一致性或稳定性的行为倾向性，是人们在适应环境过程中形成并表现出来的一种稳定的行为模式或个人特点；第二个方面是把人格界定为个体的内部整体性，即在与环境的交互作用中逐渐形成的内心世界的组织与结构。因此，人格既是个体的一种稳定的内在品质，也是个体比较稳定的外在表现，而且两者之间有一致性。人格由个人和环境的动态交互作用所造就。一个人的人格必定具有两个基础：一是遗传生物基础，二是环境基础。性别、神经系统、内分泌系统和体型等因素是由遗传决定的。没有与生俱来的生物性个体，人格便无从产生。环境基础是个体所处的外部世界，凡能引起行为的各种事物和情景都包括在内。没有环境基础，人格也不能产生。

有关职业和人格的研究最早是从 20 世纪 50 年代开始的，目前国外对职业与人格关系的研究还在不断深入中，但将职业人格作为一个整合的概念进行研究目前还比较少见。1959 年，霍兰德在长期职业指导和咨询实践过程中，以特质因素论为基础首先提出了自己的人格类型论，在该理论中，霍兰德提出职业人格的概念。哈森松在其工作顺应模型中，提出了工作人格的概念，并定义如下：工作人格是由作为工作者的个体的自我概念、个人的动机系统和与工作有关的需要及价值观组成。哈森松指出工作人格是在入学前的几年中得到发展的，主要受家庭的影响。在此，我们将工作人格与职业人格看作是等同概念。国内有关职业人格的研究大部分是关于某一具体职业领域的，如有些学者提出了教师职业人格、行政职业人格等概念。

在参考了前人研究基础上，我们把职业人格定义为：职业人格就是个体在人格发展过程中，通过个性心理特征和个性倾向与职业环境的相互作用而形成的，能适应职业需求的相对稳定的独特的心理和行为模式。

第一，职业人格具有相对稳定性和可塑性。职业人格是随着个体人格的发展、社会化的深入而逐渐形成并稳定的心理行为模式。这种稳定性主要体现在时间上的前后一贯性和空间上的普遍性。也就是说，一个人在不同的工作场所下、不同的工作时间中会表现出一致的行为方式。比如一个人处理任何事情一贯都很严谨，而另一些人总是马马虎虎。职业人格的可塑性主要表现在个体对职业的适应性上。个体为了从事某种职业的需要，而在有意无意中改变着自己的一些个性和行为方式，职业人格也随之发生一定的变化。

第二，职业人格具有独特性和一般性。职业人格的独特性是指个体有着不同于他人的职业人格特征，也就是说，个体在职业活动中有自己独特的、区别于他人的心理行为方式。这些独特的心理行为方式整合为完整的行为模式，从而使得人与人之间相互区别开来。而另一方面，职业人格又具有一般性，即从事同一职业的个体，又具有相似的职业人格特征，他们会选择相同的职业，具有该职业所要求的人格特征。

二、职业人格的分类

职业人格作为职业心理结构的一个有机组成部分，不论是对个体职业发展还是对组织发展都具有重要的影响作用。目前，国内外的许多学者都在致力于这方面的研究，并取得了可喜的成果。

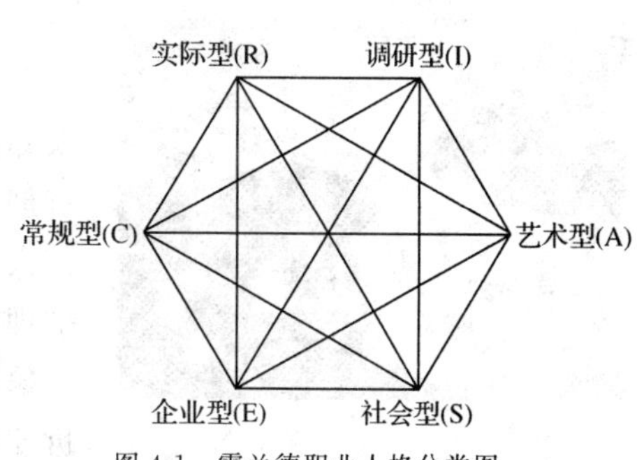

图 4-1　霍兰德职业人格分类图

例如，美国约翰·霍普金斯大学心理学教授霍兰德，他长期从事职业咨询工作。通过对自己的职业生涯与他人职业生涯的深入研究，首次提出了具有广泛社会影响的“人业互择理论”。霍兰德设计了一个平面六角形，六个角分别代表六种职业类型；每种人格类型与其他五种人格类型之间都有连线，如图 4-1 所示。

1. 社会型(S)

共同特征：喜欢与人交往、不断结交新的朋友、善言谈、愿意教导别人；关心社会问题、渴望发挥自己的社会作用；寻求广泛的人际关系，比较看重社会义务和社会道德。典型职业：喜欢与人打交道的工作，能够不断结交新的朋友，从事提供信息、启迪、帮助、培训、开发或治疗等事务，并具备相应能力。如教育工作者（教师、教育行政人员），社会工作者（咨询人员、公关人员）。

2. 企业型(E)

共同特征：追求权力、权威和物质财富，具有领导才能；喜欢竞争、敢冒风险、有野心、有抱负；为人务实，习惯以利益得失、权力、地位、金钱等来衡量做事的价值，做事有较强的目的性。典型职业：喜欢要求具备经营、管理、劝服、监督和领导才能，以实现机构、政

治、社会及经济目标的工作，并具备相应的能力。如项目经理、销售人员、营销管理人员、政府官员、企业领导、法官、律师。

3. 常规型(C)

共同特点：尊重权威和规章制度，喜欢按计划办事；细心、有条理；习惯接受他人的指挥和领导，自己不谋求领导职务；喜欢关注实际和细节情况，通常较为谨慎和保守，缺乏创造性，不喜欢冒险和竞争，富有自我牺牲精神。典型职业：喜欢要求注意细节、精确度，有系统有条理，具有记录、归档等特定要求或程序、数据和文字信息的处理能力要求的职业，并具备相应能力。如秘书、办公室人员、记事员、会计、行政助理、图书馆管理员、出纳员、打字员、投资分析员。

4. 实际型(R)

共同特点：愿意使用工具从事操作性工作，动手能力强，做事手脚灵活，动作协调；偏好于具体任务，不善言辞，做事保守，较为谦虚；缺乏社交能力，通常喜欢独立做事。典型职业：喜欢使用工具、机器，需要基本操作技能的工作。对要求具备机械方面才能、体力或从事与物件、机器、工具、运动器材、植物、动物相关的职业有兴趣，并具备相应能力。如技术性职业（计算机硬件人员、摄影师、制图员、机械装配工），技能性职业（木匠、厨师、技工、修理工、农民、一般劳动力）。

5. 调研型(I)

共同特点：思想家而非实干家，抽象思维能力强，求知欲强，肯动脑，善思考，不愿动手；喜欢独立的和富有创造性的工作；知识渊博，有学识才能，不善于领导他人；考虑问题理性，做事喜欢精确，喜欢逻辑分析和推理，不断探讨未知的领域。典型职业：喜欢智力的、抽象的、分析的、独立的定向任务，要求具备智力或分析才能，并将其用于观察、估测、衡量、形成理论、最终解决问题的工作，并具备相应的能力。如科学研究人员、教师、工程师、电脑编程人员、医生、系统分析员。

6. 艺术型(A)

共同特点：有创造力，乐于创造新颖、与众不同的成果，渴望表现自己的个性，实现自身的价值；做事理想化，追求完美，不重实际；具有一定的艺术才能和个性；善于表达、怀旧、心态较为复杂。典型职业：喜欢的工作要求具备艺术修养、创造力、表达能力和直觉，并将其用于语言、行为、声音、颜色的审美、思索和感受，具备相应的能力。不善于事务性工作。如艺术方面（演员、导演、艺术设计师、雕刻家、建筑师、摄影家、广告制作人），音乐方面（歌唱家、作曲家、乐队指挥），文学方面（小说家、诗人、剧作家）。

然而，大多数人都并非只有一种性向（比如，一个人的性向中很可能是同时包含着社会性向、实际性向和调研性向这三种）。霍兰德认为，这些性向越相似，相容性越强，则一个人在选择职业时所面临的内在冲突和犹豫就会越少。为了帮助描述这种情况，霍兰德建议将这六种性向分别放在一个正六角形的每一角。

霍兰德所划分的六大类型，并非是并列的、有着明晰的边界的。他以六角形标示出六大类型的关系。连线距离越短，两种类型相关系数越大；连线距离越长，两种类型的相关系数就越小。比如实际型与调研型和常规型相关程度较高，与艺术型、企业型相关度次高，与社会型相关度最低。依此类推，它能快速地帮助你发现和确定自己的职业人格和能力特长，并做出职业决策。

霍兰德职业人格理论对于职业选择和职业成功也有着重要的意义。职业人格是职业选择中最重要的因素，是一种强大的精神力量。职业人格测验可以帮助个体明确自己的主观性向，从而能得到最适宜的活动情境并给予最大的能力投入。根据霍兰德的理论，个体的职业人格可以影响其对职业的满意程度。当个体所从事的职业和他的职业人格类型匹配时，个体的潜在能力可以得到最彻底地发挥，工作业绩也更加显著。在职业人格测试的帮助下，个体可以清晰地了解自己的职业人格类型和在职业选择中的主观倾向，从而在纷繁的职业机会中找寻到最适合自己的职业，避免职业选择中的盲目行为。尤其是对于大学生和缺乏职业经验的人，霍兰德的职业人格理论可以帮助其做好职业选择和职业设计，成功地进行职业调整，从整体上认识和发展自己的职业能力，职业人格也是职业成功的重要因素。直至目前，霍兰德职业人格理论是最具影响力的职业发展理论和职业分类体系。

第三节　旅游工作的职业能力

在求职的过程中，机遇对于每个人都是平等的，你所具备的能力决定了你在职场的地位，决定了你在职场的身价。因此，在大学阶段，每个人都应抓住职业能力培养这个关键所在，提高自己，为今后的职业生涯和人生发展打下坚实的基础。

一、职业能力概述

能力是指顺利完成某种活动所必须具备的一种心理特征。从从事的活动中，就能看出你是否具备某种能力，而且这种能力达到了什么水平。职业能力是指顺利完成某种职业所必须具备的心理特征。例如，数学能力、音乐能力、机械操作能力、绘画能力等。这些能力都是完成某种特定职业活动必须具备的能力，它是了解自己能否胜任某种职业的依据，与职业选择具有直接的联系。

能力对人一生的职业道路的选择、事业的成就具有重要的作用。任何职业都要求从业者掌握一定的技能，职业能力与职业资格紧密联系在一起，具有相当的职业能力可以获得相应的职业资格，凭借职业资格可以从事特定的工作。例如，律师、会计、程序员、导游，等等。难以想象让一名卡车司机驾驶一架民航班机会出现怎样的后果，也没有人会让“现代文盲”去操作计算机，因为他们不具备那些职业能力。职业不同，对技能的要求也不一样。任何一种技能都是经过一定时间的训练后才能被劳动者所掌握的。而每个人的一生都很短暂，任何人都不可能在一生中掌握所有的技能。

职业能力的定义尚未统一，研究者们从不同的角度对职业能力进行定义，见表4-7。

表 4-7 职业能力的几种定义比较

类别	角度	定义	优缺点
性质定义	心理学	作为能力的下位概念，直接影响职业活动效率和使职业活动顺利进行的个体心理特征	较为抽象，操作性不强；有一定的借鉴意义
条件定义	能力本位教育(CBE)	完成一定职业任务所需的知识、技能和态度	影响很大，但分析的内容是知识、技能和态度，而能力的内涵却不能完全等于能力分析的内容
结构定义	构成要素	职业能力由多种元素复合而成。综合职业能力包括身心素质、思想品质、职业道德、创业精神和知识、经验、技能等完成职业活动任务所需的一切内容	忽视了“能力”与“知识”“素质”的不同含义；涵盖的内容过分的“大与全”，重点不突出
过程定义	形成过程	职业能力的形成和发展，必须参与特定的职业活动或模拟的职业情境，通过已有知识和技能的类化迁移，相关的一般能力得到特殊的发展和整合，形成较为稳定的综合能力	职业能力、一般能力两者是相互影响的

不同的职业要求具备不同的职业能力，如电视主持人对语言表达能力的要求就比较高，而会计这一职业对这一能力的要求就较低，却对观察能力、耐心程度的要求相对较高。不同的个体的职业能力存在差异。

职业能力并不是独立于能力以外的单独的能力，与能力这一范畴属于种属关系。相对于能力来说，职业能力主要考察的是在各种职业场所所必须具备的一些能力。但同时职业能力也是在能力的基础上发展起来的。

职业能力是人们成功地从事某一特定职业活动所必备的一系列稳定的、综合性的个性心理特征。职业经理人发现，正如商品有无品牌其价值相差悬殊甚远一样，个人也可以创造品牌，并且个人杰出的能力是形成个人品牌的核心。个人品牌是与身价紧密联系在一起的，个人品牌知名度越高，给企业带来的经济效益就越大，个人的身价也就会越高。

二、职业能力的功能

弗兰西斯·培根说：“各种学问并不把它们本身的用途交给我们，如何应用这些学问乃是学问以外的、学问以上的一种智慧。”这种智慧实际上是一种应用知识解决问题的能力。很多学校在做就业质量调研时，都有这样的一个共同的发现：在学校学习成绩优秀的学生，走向工作岗位后，并没有延续学校时的辉煌，甚至颓废地活着；而在社会上活得有模有样的，却往往是在学校期间成绩很不起眼的学生。究其原因在于他们的智慧差别很大，也就是说关键性能力相差很大。知识是取得事业成功的基础之一，而职业能力则是取得成就的关键。

大学生最终是要走进社会的，职业能力决定了在社会受欢迎的程度，从某种意义上说，职业能力是进入社会的法宝。职业咨询师们研究发现：现在很多大学生为什么不能得到企业的首肯，重要的原因就是目前大学教育和职业能力培养是脱节的。在学校里更多的是接受书本知识，而对职业职场的知识和技能接受得很少，企业不得不承担起教育

体系中应该完成的部分——职业能力教育。作为大学生应该自觉地认识到职业能力的重要性，自觉地有意识地加强职业能力培养，获得职业基本能力，才能更被社会、职场所接受，在社会、职场中才能从容地生存着。

三、职业能力的培养

职业能力的培养是当前职业教育的目标和特色，但职业能力究竟如何培养，一直是职业教育关注的热点也是难点。应该说职业能力是一个有机的整体，综合地发挥着作用，其中任何一种独立的能力要素都难以完成职业活动。

1. 学习能力

学习的目的在于是否认识和找到了学习的客观规律，是否能正确处理学习中的矛盾现象，是否有科学的学习程序、习惯和方法。著名的哈佛大学霍华德·加德纳（豪尔·加纳）（Howard Gardner）教授在20世纪80年代中期的贡献——多元智能理论，是一项突破性的成果。他经历了对医院中中风病人认知表现的观察和哈佛大学零方案研究室中观察正常儿童和资优儿童的认知能力发展，看到了人的智慧的多元性质：一个语言好的人，他可能开车会迷路，即空间能力并不怎么好。心智的能力可以是相互独立的，由此他发表了对智慧的独特见解，改变了传统智力理论（仅以语文和数学智能判断人的智力水平），揭开了一个更为宽泛的智力体系——多元化智能。对智力概念的重新定位：解决所面临的实际问题的能力，提出新问题的能力，对自己所属文化做出有价值的创造和服务的能力。智能比智商更重要，智能比智商包含更广的能力，除语言能力、逻辑数学能力之外，还包括音乐能力、身体活动能力、人际关系能力、内省能力、空间感知能力和自然观察者能力等等，不可陶醉于孩子的高智商，而要开发、培育孩子的高智能。

图4-2　多元智能图

多元智能理论（图4-2）认为：语言智能是指有效地运用口头语言及文字的能力。儿童的表现是喜欢听故事、讲故事、阅读、讨论及写作等活动。作家、演说家、记者、编辑、节目主持人、播音员、律师等显示了较高的语言智能。逻辑数学智能是指能有效地运用数字、计算、推理、假设和思考的能力。儿童的表现是喜欢数学或科学类的课程，常常自己提出问题寻求答案，喜欢寻找事物的规律，对新科学发展感兴趣，喜欢发现别人言谈行为中的逻辑性缺陷，喜欢下棋或玩思考性的玩具。科学家、数学家、会计师、工程师、电脑软件设计师等都具有很强的逻辑数学智能。空间智能是指利用三维空间方式进行思维的能力和表现的能力。空间智能强的儿童倾向运用图像思考，喜欢美劳活动，玩乐高积木、想象游戏、阅读图画书等。飞行员、航海家、雕塑家、画家、建筑师等表现了这一智能优势。身体运动智能是指调节身体运动及用巧妙的双手改变着物体的技能。身体运动智能强的儿童喜欢动手建造东西，喜爱户外活动，体育活动。运动员、舞蹈家、外科医生、手艺人等都有此智能的优势。音乐智能是指敏感地感知音调、旋律、节奏和音色的能力。儿童的表现为爱听音乐，能正确演唱、弹奏、创作音乐，抒发感情。作曲家、指挥家、歌唱家、乐师、乐器制作者、音乐评论家等都表现了出色的音乐智能。人际智能是指觉察他人情绪意向,有效地理解他人和善于与他人交往的能力。儿童表现为体察父母的喜怒及心情,懂得察言观色,对他人的识别,与他人的合作等。成功的领导者、政治家、外交家、心理咨询人员、公关人员、成功的推销员和行政工作人员等有较高的人际智能。内省智能是指认识自己的能力,正确把握自己的长处和短处,把握自己的情绪、意向、欲望,对自己的生活有规划,能自尊、自律,会吸收他人的长处,喜欢独立工作,有自我选择的空间。儿童的自我意识正在生成,因此内省智能尚不十分显露。优秀的政治家、哲学家、心理学家、教师等都具有出色的内省智能。自然观察者智能是指人对自然现象、科学和动物等特别有兴趣。儿童喜欢观察、收集自然物件,喜欢看电视节目、录像,书本中介绍的自然物。生物学家、地质学家、天文学家、生态学家、兽医、科学家等都对自然现象有强烈的关怀和敏锐的观察辨认能力。

这八种智能中有四种是与物相关的,如空间智能、逻辑数学智能、身体运动智能、自然观察者智能;另一些智能与物无关,而与人相关,如人际智能、内省智能;语言智能和音乐智能则有赖于语言和音乐系统。加德纳把智能分成多少种是不重要的,重要的是他唤起人们对多元智能的重现,此项研究还在继续进行中。

在众多智能构成中,人们往往会有一种误解,认为只重视语言智能和技术智能,可以忽视对其他智能的培养。比如有些同学认为,只要学习好就可以了,是否擅长交际并不重要等。这是一种片面的看法,从人的智能的结构上来说,也是需要各智能部分协调、全面发展的。这些智能是每个人在工作和生活中所必需的。作为个体在发挥自己特长智能的同时,还要必须补充自己不擅长的智能部分,有意识地从整体上提高自己的智能结构水平,掌握科学的学习方法。学习方法是一门科学,学习方法因人而异、因专业而异、因环境而异、因手段而异。现代科学技术的迅速发展,也带来了学习方法的发展,可以借助于以下几种方法:宏观学习法、归纳学习法、发现学习法、问题学习法、比较学习法、协作学习法等。

2. 外语、计算机能力

经济的全球化带来了就业创业的全球化,外语作为一项重要的语言工具,其重要性日益突出。在我们的学习、工作、生活中,外语已经不可或缺。随着经济全球一体化,很多企业迫切需要懂得外语的员工,因此具备了一定的外语能力在求职就业时显然会占有一定的优势。

学习外语的目的是应用,应用在生活和工作中,应用在人际沟通交往中,所以外语能力主要体现在听、说、读、写四个方面。

随着信息时代的全面到来,计算机应用能力也是每个职业人必须具备的基本工作能力之一。在学校,我们可以看见各个专业的各个年龄段的教师在教学中大量采用图文并茂的课件、多媒体手段教学;许多考试和作业已采取了学生网上完成的方式。计算机能力的拥有已是当今工作的一个基本手段。

(1)要善于学习

计算机深入人们生活工作的方方面面,所以我们要学习计算机基本的操作技能,会

处理基本的办公室文档，工作性质不同其对计算机要求也不相同，要全方位地学习计算机基本操作的基本功能。加之计算机技术日新月异，新的软件和新的硬件层出不穷，在工作中的应用也是趋于多样化。所以要敢于学习、善于学习，与时俱进地跟上计算机发展的步伐，满足生活工作的各种需要，否则就会成为“现代文盲”。

(2)要善于应用

虽然计算机技术发展十分迅速，但是在现实社会中无论是生活还是工作中，还没有真正意义的普及，更加没有将最新的技术应用于工作生活中。作为大学生，应将自己拥有的最新的计算机技术应用到实际工作中去，应该让计算机技术成为大学生求职的秘密武器，能为现代工作方式提供技术指导，能为企业带来效率。作为大学生应该成为应用计算机的高手，成为现代工作方式的“弄潮儿”。

3. 信息收集处理能力

当今的生活和工作已经离不开信息，信息已经是现代生产力的一个重要组成部分，可以说谁拥有了信息、谁有效地处理了信息，谁就拥有了市场、谁就拥有了财富、谁就拥有了成功。信息收集处理能力已经成为现代人生存的基本手段，也是终身学习的重要的工具。所以信息时代要求大学生必须拥有有效地收集处理信息的能力。要能熟练准确地掌握所需的信息，要能及时敏感地获取相关信息，要能合理有效地处理信息，要能创造性地分析掌握信息，要有甄别真假信息的能力。

(1)利用图书馆

图书馆收藏着历史、存放着文化，是人类文明的集合地，是知识聚集和传播的地方，也是大学生收集信息、处理信息的首选地点。大学生应该借助这个平台搜集资料、整理资料为自己的专业服务，了解利用图书馆的基本常识和技能、检索信息的基本技能。

(2)借助互联网

现代网络是一个巨大的知识宝库，是大学生们最爱的聚宝盆，是大学生们获取知识信息的最重要的渠道。在现代社会里，有越来越多的信息是从网络中获得的。网络技术的发展也给我们提供了更多的途径去获得信息，可以利用这些途径检索到需要的各种资料，如果需要更深层次的知识，还可以检索专门专业的数据库，它们可以提供更为专业的文献资料，如中国期刊网、超星数字图书馆等。

4. 专业能力

作为职业能力的核心能力，专业能力是大学生们在职场竞争中应具备的核心竞争力。专业能力包括专业理论知识、应用技能以及专业拓展能力等。

专业理论知识是与具体岗位任务直接联系的知识，是专业能力形成的基础。大学生在工作中不仅要知其然，还要知其所以然，专业知识正是解决这个知其所以然的。作为职业院校的大学生，其特色就是不仅拥有专业技能，而且还能进行高科技的技能操作，依靠他们的专业知识可以做更复杂、科技含量更高的工作。掌握扎实的专业知识为以后持续发展打下基础。

应用技能是指利用工具，按照一定的程序和方法进行操作的过程。职业院校的学生的较强的动手能力和较现实的职业心理，能够帮助他们更快地适应职场，为企业创造生产力。许多用人单位正是看中这一点，在人才招聘时标明需要职业院校学生。

如今毕业证＋专业资格证＋技术等级证书，已成为大学生求职的必须要件。拥有大学毕业证书和职业资格证书的双证书人才，始终是用人单位欢迎的对象，其求职成功率高达90％。职业资格证书包括国家职业资格证书、技术等级证书和行业资格证书。虽然校园里流行着多一个证书、多一次选择、多一次机遇，但是大学生们在选择所要考的证书时，一方面要与所学的专业相结合，另一方面要与自己的就业方向相结合。

拓展自己的专业能力要求学生具有成本意识、质量意识、市场意识，了解本专业的最新发展动向，具有解决问题的能力。

5. 社会能力

社会能力又被称为社会适应能力，是个体实现社会化的过程，指大学生有效地应付和顺应社会生活环境的能力，使个体内部以及与社会环境之间保持平衡与协调的一种状态。社会适应有两种方式：一是个体通过调整自己的态度和改变自己的行为以适应外部环境的要求；二是尽最大可能去改变环境使之适合自己发展的需要。作为大学生，走向社会的第一步就是适应社会，学会生存。社会能力是一项综合能力，主要由以下各种能力复合而成：表达能力、人际交往能力、自我推销能力、自立能力、运用法律保护自己的能力。

6. 团队能力

现代企业的生产和管理等需要员工具有较强的团队合作能力，尤其是新员工要具备善于和领导沟通、与同事合作的心理准备，学会在团队中注重合作与协调。团队能力对于新经济企业如IT企业更是必不可少的成功法则。这是一个集体英雄主义的时代，谁将这一理念接受贯彻得彻底并付诸行动，谁就是这个时代的赢家，因为在一个IT公司，不论创业者如何了不起，都无法胜任多个环节的工作。企业中详细的分工，如生产部门、计划部门、市场部门、公关部门等，使得企业中的各个部门之间以及部门内部的合作更加密切。

大学生在校期间要注意培养自己的团队意识和能力，多参加社团活动、集体活动，学会处理好以下关系：个体目标与团队目标的关系、竞争与合作的关系、管理与被管理的关系、有效沟通与坚决执行的关系等。

7. 创新能力

创新是社会进步之源。社会进步需要不断创新，用创新的方法解决现存的问题。一个国家要屹立于世界就要不断创新，一个大学生要站立于职场也同样需要不断创新。创新能力是由众多能力复合而成的一种能力，有探索问题的敏锐能力、统筹思维活动的系统能力、转移经验的发散能力侧向思维的辩证能力、形象思维的艺术能力，还有联系联想能力、逆向思维能力、评价预测能力、运用语言能力，以及有效完成事务的能力等。

要有创新能力就要有创造性思维，创造性思维是创新能力之源。创造性思维是人类的高级思维，是多种思维的综合表现，包括发散型思维、聚合型思维、逆向型思维等。发

散型思维又被称为求异思维，开放性思维。它是从某一基点出发，运用已有的知识、经验，通过各种思维手段，沿着各种不同的方向去思考，重组记忆中的信息和眼前的信息，去获得大量的新信息，从不同的途径、不同角度去探索多种可能性，探求答案的思维过程。我们平时所说的"举一反三、以一贯十"就是这种发散型思维的结果。

发散型思维是否具有创新的价值，是要看个体是否具有坚实的基础知识，以及学科内的专业知识的厚度。聚合型思维又被称为求同思维、复合型思维，是把众多的信息逐步引导到条理化的逻辑序列中去，以便最终得出一个合乎逻辑规范的结论来。它是一个与发散思维相逆的过程，与发散思维相配合共同构成了创造性思维的主要部分。一个创新思维过程，往往需要经过发散型思维—聚合型思维—发散型思维的多次循环才能完成。通过发散型思维可以提出各种想法和观点，通过聚合型思维可以从多种想法和观点中整合出最好的想法或观点。逆向型思维与正常的思维相反，采取辩证的思考方式。采用逆向型思维解决问题，其特点是普遍性、批判性、新奇性。当你陷入思维的死角不能自拔时，不妨尝试一下逆向型思维，打破原有的思维定式，反其道而行之。如司马光砸缸就是典型一例。

如何培养创新能力？要培养创新能力就要具备创新型思维和创新型素质，如好奇心、注意力、想象力、创新技术、观察力、逻辑思维能力等。创新型思维的方法有头脑风暴式、冲破思维定式法、创造性三明治法等。

实训与练习

1. 谈谈职业素养在职业生涯中的作用。
2. 结合职业素养相关测试谈谈自己的职业理想。
3. 结合霍兰德职业人格理论谈谈自己的职业期望。
4. 结合旅游业特点谈谈对旅游工作者职业能力的相关要求。

第五章 导游工作心理

典型案例 **性别差异产生的不同心理特征**

在人类历史的不断进化和发展过程中，由于长期以来不同的社会分工，男性和女性在其生活空间、与社会的联系与交往以及所受的教育等因素的影响下，其各自的消费心理普遍存在着较为明显的差异。

一般来说，男性游客在旅游活动过程中较为独立，遇到问题喜欢独立思考，并且能从实际出发，不会带有很强的个人情绪，同时具有较强的自我控制能力。但是男性游客往往考虑问题不够周全，较为粗枝大叶，在一些旅游活动中爱出风头，喜欢表现自己。在旅游活动的选择上，男性游客更偏向于一些带有一定的冒险性的，需要消耗较大体力的项目，此外，那些具有较强知识性的旅游项目也更容易受到他们的青睐。

相对于男性游客而言，女性游客在旅游活动过程中表现为依赖性较强，并且感情丰富易受感染。在旅游消费中，女性游客极易因为旅游产品的特色、品位和环境气氛产生消费欲望；在参观游览过程中，她们也会因为导游富有表现力的讲解而情绪起伏。由于心细，女性游客在旅游活动过程中更善于观察，考虑问题也更全面周到。此外，女性游客和男性游客在体力和意志上也存在一定的差别。因此，女性游客更喜欢参加一些休闲性、购物性并具有较强观赏性的旅游活动。

导游服务是指导游人员运用专门知识和技能，为旅游者组织、安排旅行和游览事项，提供向导、讲解等服务。导游工作是一项综合性很强的工作，工作范围广，责任重大，作为“民间大使”，往往代表了旅游目的地的形象。

日本导游专家大道寺正子认为：“优秀的导游最重要的是他的人品和人格。”其人品和人格正是其心理素质的体现。

（资料来源：刘住．旅游学学科体系框架与前沿领域．北京：中国旅游出版社，2010）

本章要点

导游工作的特殊性描述、导游工作的基本职业心理要求、导游工作中的服务策略分析

第一节　导游工作的特殊性

一、导游工作是一个动态的过程

导游就是引导旅游者进行旅行游览。导游工作的内涵，既指导游人员，也指导游服务。关于导游的定义有很多，这里只选取国务院1999年5月14日修订发布《导游人员管理条例》的规定：“导游人员，是依照本条例的规定取得导游证，接受旅行社委派，为旅游

者提供向导、讲解及相关旅游服务的人员。”导游服务是导游人员代表委派其从事导游工作的旅行社，接待引导旅游者旅行游览，按照双方合同或约定内容及标准，向客人提供的旅游接待服务，它包括导游讲解服务和旅行生活服务。导游讲解服务包括客人在目的地旅行期间的沿途讲解服务、参观游览现场的导游讲解及座谈、访问和口译服务。旅行生活服务包括客人入出境迎送、旅途生活照料、安全服务及上下站联络等。由此可见，导游工作伴随旅游消费全过程，从迎接客人入境开始，提供住宿、餐饮、交通、游览、购物、娱乐等服务，直到欢送客人出境为止，导游无时不在，无处不在。因而导游工作是一个动态的过程，在这一动态过程中，导游人员必须要了解每一阶段客人的心理特点，提供具有针对性的服务，满足客人的需要，让他们乘兴而来，满意而归。

导游是旅行社的代表，由旅行社组团的旅游活动主要通过导游来沟通实现。导游不仅代表旅行社引导旅游者参观游览，而且还担任吃、住、行、游、购、娱等各方面的综合服务任务。导游涉及活动的各个环节，是旅游综合服务的中心。

导游服务不仅是指导参观游览，而且以沟通思想为主要工作方式。他们肩负着传播文化科学知识、促进民间交往、国际交流、增进友谊的重任；为旅游者提供生活、交通的方便；进行语言的交流；做好购物参谋；满足旅游者在旅游活动中的各种需求。因此，导游常被称为“非官方的友好大使”、“友谊的建筑师”。的确，导游是旅行社的支柱，是旅游业的灵魂。

导游服务是面对面的直接服务，因而语言在导游服务中至关重要。现代信息科学认为，凡能传递一定信息的一定序列的信号组合都具有语言的意义。这就是说，从广义的角度看，只要能传递某种信息，就可以看成是语言，如体态语言、旗语等。从狭义的角度说，语言是指自然语言，它包括口头语言和书面语言。

导游语言也有广义和狭义之分。狭义的导游语言是指导游人员进行导游服务所使用的口头语言；广义的导游语言则是导游人员进行导游服务需要熟练掌握和运用的所有具有一定意义并能引起互动的信号。它不仅包括口头语言，而且包括书面语言和体态语言。这里我们只介绍口头语言和体态语言两种。

二、导游工作的语言魅力

导游服务的核心在于“说”：向游客道出景中的奥妙，引导游客进入景中的意境。有人说：“江山之美全靠导游之嘴。”这句话一点也不夸张。导游说得好，会令游客心旷神怡，流连忘返，忘却旅途的辛苦。因而，掌握好口头语言是导游人员的基本功，如何掌握应做好以下几个方面。

1. 语言的准确性

语言的准确性是指导游语言的规范性和科学性，它是导游语言艺术的基础。导游人员在向游客进行信息传递或导游讲解时，若使用的语言不规范，或传播的内容不科学，就可能引起游客的误解，或对游客进行误导，引起游客的不满和对导游人员的不信任。

导游语言的准确性主要表现为：

(1)语音正确、清晰

语音即说话的声音，它是语言的物质外壳，包括音量、语调、语气和语速等要素。无论导游人员使用普通话、少数民族语言还是外语，讲话时一要发音标准，二要口齿清晰，听者易于听清、听懂。所以，导游人员在讲话时应尽量避免地方口音的影响。

(2)遣词造句准确、简洁

导游语言的对象是游客，而游客的文化层次、社会背景是不一样的，因此，导游人员在讲话时，要将信息准确无误地传递给他们，不仅要选择最恰当的词语，而且要简单明了，使游客易于接受。要尽量避免使用冗长的句子，力戒使用晦涩、冷僻的词语。例如，在介绍名山随季节变化时的景色说："春山淡雅而如笑，夏山苍翠而如滴，……"对一般游客来说，就有些晦涩难懂，对外国游客来说就更加难以理解。又如在介绍孔子时说："孔子是两千多年前与苏格拉底、释迦牟尼一样有名的在中国创立儒家学派的伟大思想家。"这样的句子显得有些冗长，倒不如说"两千多年前，世界上三位有名的思想家是苏格拉底、释迦牟尼和孔子，后者是中国儒家学派的创始人"更加明确、简洁。

(3)讲解的内容有根有据、正确无误

导游讲解的内容必须符合客观实际，以史实为基础，以科学为依据，即言之有物、言之有理、言之有据。切忌空洞无物、言过其实，胡编乱造、张冠李戴。即使是神话传说，也应有本源，不能信口开河，而要与游览景点、景观有密切的联系。

(4)恰当使用成语、谚语、名言

成语、谚语、名言有时能起到画龙点睛的作用，还可以使导游讲解的品位提高，但要正确、完整、恰当使用。使用俚语尤其要谨慎，一定要了解其正确意义及使用场合，不要乱用高级形容词，让人觉得是在故弄玄虚。

2. 语言的音乐性

语言的音乐性是指声调、语调要有节奏感，语速要快慢相宜给人一种抑扬顿挫的乐感。

(1)声调、语调要有节奏感

声调是指音节的高低升降曲直长短的变化。我们讲话时可以通过平仄的对应和交错来形成语言的抑扬之美。语调，即说话的腔调，它是指一句话中语音高低轻重的配置，用以表示语气和情感。导游人员在同游客交谈和讲解时，要善于运用声调和语调的变化，以变换语气和表达情感，使自己的语言富有节奏感和感染力。

(2)语速要快慢相宜，并做好适当的停顿

一般说来，导游人员说话的速度既不能过快，也不能过慢。语速过快难以使游客的思维与导游人员保持同步，给游客留下的印象不深，甚至听后即忘；语速过慢会使游客感到厌烦，造成游客观赏的时间减少。同样，导游人员的语速也不能自始至终以一种恒定不变的中速进行，这样游客听起来也会感到乏味。因此，比较理想的导游语速应是语速适中，该快则快，该慢则慢，快慢相宜，必要时做适当停顿。这样语言才能比较流畅和富有节奏感。

3. 语言的生动性

语言的生动性是指语言富有的活力和感染力。导游活动不同于其他形式的活动，除

了传播知识之外，还要活跃旅游活动气氛，满足游客的审美需求，即引导游客欣赏自然美、社会美、艺术美等，使其在愉悦的氛围中自觉不自觉地受到教育、启迪和美的享受。为达到此目的，导游人员首先应使其语言具有美感。导游语言的美感不仅反映在语言内容的健康、文明、优雅上，而且也反映在表达方式的形象、生动、活泼上。只有这样，导游语言才具有活力和感染力，才能吸引游客，抓住游客的心，把他们带入导游人员所创造的意境。反之，若导游人员的语言表达平淡无奇，单调呆板，生硬无味，游客必然觉得索然无味，甚至在心理上产生不耐烦和厌恶的情绪，再好的景色，也会因导游语言的苍白而失色。要提高导游语言的生动性，应从以下几点入手。

(1)恰当运用修辞

修辞是对文字词句进行的修饰，它能使语言表达得更为准确、鲜明而生动。在导游词中用得较多的修辞手法有比喻、比拟、夸张、映衬等。例如，在北京向美国人推荐游览王府井时，美国人不知王府井为何物，你只要说“请你们去看北京的纽约第五大街”就可以了。因为纽约第五大街是全美著名的商业街，他们一听不仅有亲切感，而且还能很快理解王府井的性质和特点。

(2)引用名言、名句

引用名言、名句是指在自己的语言中穿插别人的话语、材料和做过的事情，尤其是名人的名言或名句，用以说明问题，增强说服力。引用名言、名句在导游讲解中经常被采用，它可以增强导游语言的表达力和对游客的感染力与说服力，使语言更加生动活泼，丰富多彩。引用名言、名句除了援引名人的名言、名句外，还包括古今中外典故、成语、谚语、寓言、诗词、事件等。

(3)辅以体态语言

导游人员在同游客交谈或导游讲解中，除了进行有效的口头语言表达之外，适时和恰当地配以体态语言，用面部表情、手势动作和声音语调的高低同讲解的内容、当时的气氛形成有机配合，用以表达导游人员的情感，强调讲解的重点，说明问题的重要性，突出内容的生动性，可以加深游客的印象。

4. 语言的风趣性

语言的风趣性主要是指语言有趣，同时又意味深长。在导游活动中，适当使用风趣幽默的语言是必要的。如果说演员的言语是以情感人，教师的言语是以理服人，那么导游人员的言语则要恰到好处地以趣逗人。因为风趣幽默的语言不仅可以使导游讲解锦上添花，使游客的旅游活动变得轻松愉快，气氛活跃，提高游客的游兴，而且有时可以起到缓解导游人员同游客之间以及游客同游客之间可能出现的某些不和谐气氛的作用，有助于导游人员摆脱某种尴尬局面。正如列宁所说：“幽默是一种健康的品质。”它既是一种语言艺术，又是人际关系的润滑剂。所以，对于职业导游人员来说，具有幽默感不仅是一种可贵的品质，而且应把幽默风趣作为自己必备的一项技能。

幽默风趣的能力不是天生的，它是后天知识的积累和不断实践的结果，因而有人说，幽默与智慧常常是一对孪生兄弟。在景点讲解、宣布注意事项、委婉批评游客的越轨言行时，往往能收到很好的效果。风趣幽默有时还能使局促、尴尬转变为轻松快乐，使我们

走出困境。例如，旅行车在一段坑坑洼洼的道路上行驶，游客中有人抱怨。这时导游说："请大家稍微放松一下，我们的汽车正在给大家做全身按摩服务，按摩时间大约为 10 分钟，不另收费。"导游幽默的话引得游客大笑起来。

风趣幽默，是提高导游语言艺术品位的重要方面。它在导游活动中有着非常重要的作用，如果能够理解并掌握它，导游工作会得心应手，轻松很多。但是导游人员在具体运用时也应注意以下几点。第一，在一次讲解或言谈中不宜多用，更不能滥用。因为过多的风趣幽默会冲淡导游人员要讲的主要内容，甚至给游客留下空洞无物之感，觉得导游是在"耍贫嘴"或哗众取宠。第二，风趣幽默语言的运用不能伤害游客的自尊心取笑于他人，更不能拿国家政治、宗教、疾病、死亡等严肃的事情当话题。第三，运用风趣幽默语言时要适合时宜，注意品位和格调。运用不妥不仅会降低其功效，而且可能产生相反作用。适合时宜是指要根据情境和游客的实际（如职业、文化程度、当时的情绪等）审时度势，灵活地运用。第四，无论在什么场合，都要杜绝使用"黄色"幽默和开低级庸俗的玩笑。

5. 语言的情感性

导游人员在向游客进行讲解时，不仅要具有艺术性、知识性，同时还要具有情感性，要使自己的讲解充满热情、激情、真情和豪情。"情"是导游的精髓，"情真意自深"。只有导游人员讲解时的热情、激情和真情的投入，才能使讲解对游客产生感染力，才能引发游客感情上的共鸣，从而达到情感交流的目的，满足游客的旅游需要。

导游讲解的情感性主要表现在两个方面：一是对讲解的景观、事物的情感。导游人员对景观、事物、问题讲解的感情投入，即触景生情、叙事热情、答问有情，不仅有助于减轻讲解内容知识的单调和枯燥，而且会使讲解富有人情味，易于引起游客的心理反应。如有的导游人员在讲解时，对景点的介绍如数家珍，对祖国山河的介绍充满着无限的自豪和激情，似乎也和游客一样，是第一次参观此景点，为此而感叹；切不可觉得已来多次，习以为常，缺乏激情。导游人员富有情感的语言可以感染游客的情绪，从而为导游讲解取得良好的效果奠定基础，也为企业赢得了信誉。二是对游客的情感。导游人员的讲解要设身处地为游客着想，即根据不同游客的不同需要和游客在聆听导游讲解时行为表现适时地调整讲解的内容和方法，使游客感到这样的讲解符合自己的需要，从而对导游人员产生信任感和依赖感。这样便于导游工作的顺利进行。

导游语言的情感性的这两个方面是密切联系的，它们都以导游人员的感情投入为前提。只有这样，导游人员的讲解才能引起游客的共鸣，才能产生双方互动，使导游效果达到最佳。

6. 语言的肢体性

语言不光是指言语本身，还包括无声语言的直观性情感表现。如眼睛、手势、姿态与面部的表情，等等。这是因为人的喜怒哀乐、七情六欲往往可以从神态、手势、姿态与面部的线条中显露出来。眼睛是心灵的窗户，最能表情传神。泰戈尔对"眼语"有过这样的描写："那些自有生以来，除了嘴巴的颤动之外没有语言的人，学会眼睛的语言是十分必要的。它在表情上是无穷无尽的，像海一样深沉，像天空一样清澈，黎明与黄昏，光明与黑暗，都在这里自由嬉戏。"在实际生活中，人们正是从目光的变化里感觉出愤怒狂暴等。

"脸语"也十分丰富。"回头一笑百媚生",正是由于面部在莞尔一笑之间呈现出的柔和的曲线之美所至。"手语"亦然,它作为人的性格和内在情感的外化,有时比有声语言来得更直接、更快捷。奥地利作家茨威格对人物手语的表现力有段精彩的描述:"这双超群出众的简直可以说是世间唯一的手,的确使我发怔了。尤其使我惊骇不已的是手上所表现的激情,是那样狂热,那样抽搐痉挛地互相扭结,彼此纠缠。我一见就意识到这儿有个感情充沛的人,正把自己的全部激情一齐聚集到手指上。"

动作与言语的表达力和感染力之间的关系是极为密切的,优雅得体的动作,会增强言语的感染力量。导游工作的实践证明,只要配合导游言语的动作准确,意向清楚,语感、声调相宜就会让游客的听觉和视觉同时获得良好的"双向刺激",收到增强言语感人程度的效果。人的内心世界表达是通过两个渠道:一个是言语本身;一个是肢体语言。而肢体语言占 70%。所以莎士比亚说:"如果你撒谎了,你的小脚趾都会告诉他人。"

因此,导游工作者在使用导游言语时,一定要与肢体语言相配合,使游客的大脑兴奋起来,迅速产生共鸣,从而让导游言语达到最佳效果。同时还要针对游客的情绪变化,随时调节自己的表情,使导游言语产生强大的艺术感染力,以此打动游客。

三、导游工作的心理策略

导游服务既是一种功能性服务,更是一种心理服务。为了满足游客在旅游中的各种心理需要,导游人员应注意把握游客的心理规律,利用一些心理策略完善导游服务。

1. 预测游客的心理

导游人员为了搞好服务工作,必须学会预测游客的心理,了解游客的姓名、国籍、种族、身份、年龄、职业、文化程度等,了解他们的旅游动机、爱好、需求,以便在导游服务中具有针对性。心理预测做起来不大容易,但只要有心、用心,平时注意观察、了解、分析,注意积累经验,就可以较好地掌握不同游客的不同心理,为做好导游工作提供依据。

如果游客中年轻人多,导游言行应活跃一些,以激发气氛;如果年老者多,导游言行应稳重一些,切忌轻浮和卖弄。年老者由于生理的原因,行动缓慢、听觉较差,应注意游览的节奏和音量的大小。

如果游客中女性多,就不要用激烈的高声。如果男性多,女性少,也要注意不可漠视女性的存在,尤其是注意讲文明用语,绝不开低级庸俗的玩笑。

游客中的知识水准高低不同,一般说来要以适应低水准游客为主,通俗易懂,雅俗共赏,但内容不能低俗;同时还应兼顾高水准游客的需求。

游客来自东西方各个国家,导游应预测出他们的心理特征、礼节、习俗、禁忌等。在这里,导游应像外交家一样,对各国客人都有所了解。

2. 注意第一印象与最后印象

第一印象在人际交往中起着重要的作用。良好的第一印象,会为导游人员以后工作的顺利开展铺平道路。因此,导游人员从机场、车站第一次接触游客起,就必须注意自己的形象要美观大方,态度要热情友好、充满自信,办事要稳重干练。不仅要注意外表的形象和态度对游客心理的影响,而且要以周密的工作安排、良好的工作效率给游客留下良好的第一印象。良好的第一印象可以迅速消除游客初到异地时的紧张和茫然感,增强其安全感和信任感。这是导游工作成功的良好开端,也为以后圆满处理接待服务工作中所遇到的问题奠定一定的感情基础。另外,导游人员在接站前若能记住游客的身体特征、姓名,迎客时能叫出其名,也有利于获得良好的第一印象。

同第一印象一样,导游人员留给游客的最后印象也非常重要。若导游人员给游客的最后印象不好,就可能产生前功尽弃的不良后果。一个游程下来,导游人员已感到很疲惫,但仍应保持精力充沛的外表。这一点常令游客对整个游程抱有肯定和欣赏的看法。同时导游人员要针对游客此时开始有些想家的心理特点,要提供周到的服务,不厌其烦地帮助他们选购物品;对服务中的不尽人意之处要诚恳检讨,广泛征求意见和改进建议;代表旅行社祝游客一路平安。导游人员此时以诚相待是博取游客好感的最佳策略。在仪表方面要与迎客时一样,送别时要行注目礼并挥手示意,一定要等飞机起飞、火车启动、轮船驶离后方可离开。良好的最后印象能使游客对即将离开的旅游目的地(导游)依依不舍,从而激起再游的动机,回去后可起到良好的宣传作用。

3. 激发游客的兴趣

游客的兴趣具有丰富的多样性和层次性。而参观游览的旅游景点内容缤纷繁杂,这就要求导游人员采取不同的手段调动游客的旅游积极性,让他们对旅游充满极大的兴趣。

首先,要讲究导游语言的质量,语言要有针对性,要因人而异,因地而异,因时而异。如对高知识阶层,应注意语言的严谨与规范;对文化层次较低的游客,应注意语言的通俗化;在景物较单调或与别处重复的景点,应讲解其异同,以免单调乏味。语言要有科学性,导游应以语言内容激发游客,但必须实事求是,绝不能有哗众取宠之心,故弄玄虚,言过其实。语言的科学性越强就越能激发游客的兴趣,越能满足游客的求知欲。语言还应当生动、形象、幽默、饶有趣味或发人深省,能够调动游客的游兴,引人入胜。而如果导游语言平淡、生硬或背书式的呆板单调,就会使游客失望,兴趣索然,同时也失去了旅游的兴趣和乐趣。导游应从古今中外的知识宝库中汲取营养,丰富词汇,并使语言活泼、风趣、生动、高雅。

其次,要重视导游讲解的艺术性。讲解时要抓住顾客最想了解什么的心理特征,突出重点,简明扼要。例如,在游览北京故宫时,面对着近万间房屋的宫殿群,导游要根据游客心理,重点讲解皇帝重大活动的场所;同时应注意讲解时间不宜过长,应让游客有静心观赏的时间。

4. 调节游客的情绪

游客的情绪是导游在旅游服务过程中随时观察并不断调节的主要内容。

首先,要顺其意愿去导游,用游客感兴趣的话题调节其情绪。一是以具有知识性的话题激发游客,满足其求知欲;二是以珍奇传说之谜刺激游客的好奇心;三是以尊重游客

身份、地位、才智的话语满足游客的优越感；四是以笑话、幽默增添游客的兴致；五是以决定行动的话题，如游览线路安排、交通食宿、天气预报等调节游客情绪。

其次，在导游中要巧妙地制造悬念，集中游客的注意力，调节其情绪。利用游客总想知道一个故事的结局或一件文物来历的心理，巧妙地安排讲解内容，把游客带入悬念中，不是立即作答，而是“吊胃口”，在返回的途中，再把来龙去脉详细道来，这就使得归途有话可讲，使得游兴一直延续。

再次，是以分析法来调节游客的情绪。再如到武夷山旅游，最能吸引游客的项目，也许就是乘坐小竹筏。“小小竹排江中游，巍巍青山两岸走”。这是一个充满诗情画意的景点。但如果碰到雨天，游客一定会感到很遗憾，这时就需要导游人员分析雨天的妙处来调节游客的情绪。如果导游说：“淅淅沥沥的雨声犹如美妙的音乐，珍珠般的雨珠在我们脚下溅起一朵朵美丽的浪花。若隐若现的群山，我们犹如在人间仙境中游览。这种景色在平时是难得一见的，大家今天很有幸，目睹了这难得一见的仙境。”那么，随着导游抑扬顿挫的声音，亲临其境的游客们的情绪就会高涨起来，快乐地享受着雨中坐竹筏的奇特情趣。如果导游不注重调节游客的情绪，而是漫不经心地说：“下雨天，什么景色也看不清。”那么客人的情绪就会一落千丈。

还有就是用转移注意力法来转移游客不愉快的情绪，以令人高兴的吉利语言、笑话、幽默故事或游客感兴趣的事来设法转移其注意力，使游客低落的情绪振奋起来，变愁容满面为笑逐颜开。这种调节方式要在游客情绪处在低潮时运用，使其感到这是对他的安慰。如果他还未消气，坏情绪极高时，反而会使他感到是一种幸灾乐祸。所以，掌握时机火候很重要。

5. 尊重游客

游客对于能否在旅游中受到尊重非常敏感。他们希望在旅游过程中，人格得到尊重，意见和要求得到重视，生活得到关心和帮助。游客在旅游过程中，求尊重的需要是否能够得到满足，直接影响到游客对导游服务的认可与否，直接影响旅游活动的气氛是否热情友好。因为尊重是互相的，当导游人员礼貌待客、热情服务并认真听取顾客的意见和需求时，就在心理上满足了游客自我尊重的需求。一般情况下，满意的游客也会尊重导游人员，努力与导游人员一起进行旅游活动。

尊重是人际关系中的一项基本准则。不管游客来自哪个国家、哪个地区，也不管游客的种族、肤色、宗教信仰，消费水平如何，他们都是客人，导游人员都应一视同仁地尊重他们。

6. 微笑服务

德国旅游专家哈拉尔德·巴特尔在其《合格导游》一书中指出：“在最困难的局面中，一种有分寸的微笑，再配上镇静和适度的举止，对于贯彻自己的主张，争取他人合作，会起到不可估量的作用。”

导游人员若想向游客提供成功的心理服务，就得向他们提供微笑服务。因为微笑是一种重要的交际手段，微笑对游客起着积极的情绪诱导作用。它一方面会使游客感受到

导游人员愉快明净的心境和热情欢迎的态度；另一方面会创造出温暖如春的友好气氛，消除游客初到异乡的紧张感、陌生感乃至怯生感，进而使对方产生心理上的安全感、亲近感和愉悦感。这样，游客会心平气和地观赏、审视周围的人和物，有利于导游工作的顺利进行。反之，就会使游客产生排斥、逆反心理，使其变得百般挑剔，让导游工作举步维艰。

另外，在导游工作中，微笑仅作为服务的辅助手段才有意义，如果它一旦与具体服务脱节，微笑就会蜕化为一种内容苍白的呆傻表情。因而，微笑必须以主动热情的优质服务为基础，应该是发自内心、真诚的微笑；任何强作欢颜的表情常常会弄巧成拙、适得其反。

7. 使用柔性语言

常言道"一句话使人笑，一句话使人跳。"导游人员在与游客相处时，必须注意自己的语言表达。一句话说好了会使游客感到高兴，赢得他们的好感；有时不当心或无意中的一句话，可能刺伤游客的自尊心，得罪客人。

让人高兴的语言往往柔和甜美，称之为"柔性语言"。柔性语言常常表现为语气亲切，语调柔和，措辞委婉，说理自然，常用商量的口吻与人说话。这样的语言使人愉悦亲切，有较强的征服力，往往能达到以柔克刚的良好效果。

第二节　导游工作的基本职业心理要求

一、仪表、气质与服务心理

旅游业是服务行业，导游员则是旅游业的门面。顾客从不与工业制成品的生产者见面，可是在旅游活动中游客却直接看到导游的优缺点，导游员本身就是产品的一部分，导游的态度、行为和形象，与游客对旅游产品的看法有至关重要的联系。这就意味着导游员要注重自身形象的塑造，其在做每一件事情时都是在宣传其自己和其所在的旅行社。

仪表、气质与人的行为表现是紧密联系的，旅游服务人员的服务表现应该是外部形象仪表美和内在气质品德美的和谐统一。因此，我们的体形容貌应给人以健康精神的感觉；服务穿着应给人舒适、亲切的感觉。此外和蔼的笑容，体贴的音语和饱满的热情都会在客人心里留下良好的第一印象。

1. 仪表与服务心理

仪表是指导游人员的容貌、姿态、服饰等，是导游人员精神面貌的外观体现，它与导游人员的道德、修养、文化水平、审美情趣及文明程度有着密切的关系。亚里士多德曾经说过："美丽比一封介绍信更有推荐力"。当然外表美不仅指长相，还应包括衣着、风度等多种因素。

有一个研究曾比较过异性约会中外貌、性格、兴趣等各种因素吸引力的不同，发觉对方外表吸引力与第二次约会的相关系数高达69%到89%。这种情况不仅局限于异性之间。在另一个研究中，心理学家让被试扮演法官，需要宣判的案例都附有"罪犯"的照片。结果这些被试对罪行相同的罪犯判决却不同，外表好的平均被判刑2.8年，面貌不漂亮

的平均被判刑5.2年。可见外表对人际的吸引是毋庸置疑的。

外貌吸引产生的原因一般认为有两个方面：第一，爱美是人的一种本质表现，审美需要是人的一种高层次的、重要心理需要；第二，较佳的外表会导致别人以为此人还具有其他一系列良好品质，这就是人际知觉中"晕轮效应"带来的人际吸引力。

如果导游员在旅游者心中树立起良好的形象，他就有将旅游者团结在自己的周围的可能；如果旅游者信任导游员，他们就会帮助导游员解决困难，正确对待旅游活动中出现的问题和矛盾，积极配合、协助导游员顺利完成整个导游过程。导游人员的仪表应清新、高雅、保持端庄优美的风度，精神饱满、乐观自信、热情友好，努力使旅游者感到你是一位可信赖的导游员。

为了塑造美好的第一印象，导游人员的第一次亮相需要重视：出面、出手、出口。"出面"指导游员要显示出自己良好的仪容仪表、神态风度；"出手"指导游员表现在动作、姿态等诸方面的形象美；"出口"指导游员所使用的语言、语音、语调和语词的丰富性和正确性。

2. 气质与服务心理

气质是人的一种心理特征，它包括人与外界事物接触中反映出来的感受性、耐受性、反应的敏捷性、情绪的兴奋性以及心理活动的内向性与外向性等特点。在旅游服务中，导游员为客人提供的是面对面的服务，要做好导游服务工作，服务人员必须具备一定的气质特征。

(1)感受性、灵敏性不宜过高

感受性是指人对外界刺激产生感觉的能力和对外界信息产生心理反应需要达到的强度。灵敏性主要是指服务人员心理反应的速度。

导游人员在工作中，由于接待的客人来自四面八方，形形色色，各个阶层、各个年龄段、各种文化背景、文化程度的游客都有，如果导游人员感受性太高，则注意力会因外界刺激的不断变化而分散，从而影响服务工作的有效开展。当然，导游人员的感受性也不可过低，否则将对客人的服务要求熟视无睹，会怠慢客人，降低服务质量。此外，导游人员的灵敏性要求不可过高，否则，会让客人产生不稳重的感觉，也无法使自己保持最佳的工作状态。

(2)耐受性和情绪兴奋性不能低

耐受性是指人在受到外界刺激作用时表现在时间和强度上的耐受程度和在长时间从事某种活动时注意力的集中性。有的导游长时间陪团，仍能保持注意力的高度集中，而有的导游陪团时间一长，就感到力不从心。前者耐受性强，后者则耐受性弱。情绪兴奋性是指情绪发生的速度和程度。

在导游服务中，一位导游在自己熟知的景点，一遍又一遍地重复着自己早已记忆于心的解说词，重复的工作使人感到厌倦，工作的热情受到极大的影响，而这些情绪、思想却不能表露出来。因为，这些景点对游客来讲是第一次来，充满新奇和乐趣，导游员要以愉悦游客为目的，不能扫游客的兴。它要求导游员要有极大的克制力，在每天的工作中

都能以微笑、诚信对待每位游客,使客人时时感受服务人员饱满的工作热情,高效、优质的服务。因此,导游员必须具备较高的耐受性和情绪兴奋性。

(3)可塑性要强

可塑性是指人适应环境的能力和根据外界事物的变化而改变自己行为的可塑程度。凡是容易顺应环境、行动果断的人,表现为较大的可塑性。而在环境变化时,情绪上出现纷扰,行动缓慢、态度犹豫的人表现为较弱的可塑性。

在旅游服务中,导游人员必须掌握一定的服务程序和服务规范,但在具体服务过程中,导游人员还必须根据游客需求的变化进行灵活的调整,否则会给游客一种服务生硬的感觉。游客的个性是多样的,游客的需求也是多样的,要满足游客不同的需要,真正体现"游客至上"的服务宗旨,服务人员必须具备较强的可塑性,方可做好有针对性的服务,才能真正提高服务质量。

二、性格、情感与服务心理

1. 性格与热情服务

性格是指一个人在先天生理素质的基础上,在不同环境熏陶下和实践活动中逐渐形成的比较稳定的心理特征。如热情、开朗、活泼、刚强或淡漠、沉默、懦弱、温柔等。

良好的性格特征可以使服务人员始终保持最佳的服务状态,使客人感受到被尊重,使主客关系变得融洽;对服务人员个人而言,良好的性格特征也可使其从客人满意中,获得个人心理的满足。服务工作所要求的热情服务应内化为导游员性格特征的自然流露而不是表面上的逢场作戏。导游员一般应该具备下列性格特征:独立、外向、热情、富有同情心,乐群、幽默、乐观、富于理性。时时保持灿烂的笑容,用真诚和热情赢得游客的信任,用坚忍和耐心化解游客的不满,一定要记住在无人格和身体侵犯的情况下,游客一定是对的。这才是一个优秀导游员应有的素质。

2. 情感与热情服务

导游员对导游工作的热爱,对游客的爱都是其情感的体现,爱一行才能干好一行,工作起来才会有热情,而热情服务对导游工作是必不可少的。旅游业是一个"高接触"行业,导游员不可避免地要频繁地与各种各样的游客打交道,与他们进行着特殊的人际交往。要让游客在与自己的交往中感到轻松、亲切和自豪,就必须调整好自己的情绪状态。

(1)当游客刚刚接触到导游员时,这位导游员即使什么事还没有为游客做,甚至什么话都还没有说,但只要他的情绪状态很好,就可以说他已经为客人提供了一种"心理服务"。为什么呢?我们常讲"出门看天气,进门看脸色",游客是要"进门看脸色"的,当游客看到的不是一张"冷面孔",而是"笑容可掬,满面春风"时,游客那份由陌生引起的紧张感就放松了。相反,如果导游员给游客的第一印象是垂头丧气,愁眉苦脸,"好像谁欠了他钱似的",不说别的,就凭这一点,他就把游客给得罪了。游客会想:"怎么回事?怎么一见到我就这个模样?"尽管这位导游员并不是成心要和哪位游客"过不去",他只是在为自己的事而烦恼,但是,游客怎么会知道你有什么烦恼呢?游客只会觉得这是你对他的不尊重。

作为导游员，不应该把自己的烦恼带到工作中来。著名导演斯坦尼斯拉夫斯基曾经说过："演员一走进化妆室，就应该像脱掉自己的大衣一样，把个人的忧愁烦恼全都抛在一边！"导游员在进入自己的角色时，不也是应该这样吗？

(2)当一个人和别人在一起的时候，他的情绪状态如何，就不仅仅是他个人的事情了。这是因为他的情绪会向周围扩散，会使周围的人受到感染。

作为导游员，你之所以必须调整好自己的情绪状态，这不仅是因为你的情绪状态会通过你的表情向游客传递重要的信息，而且是因为你的情绪状态会通过你的表情使你周围的游客受到感染。绝不要以为一个人的情绪状态如何只是他"私人的事"。当他一个人待在自己的那个小房间的时候，也许我们可以说他的情绪状态如何只是他个人的事；当他和别人在一起的时候，他的情绪状态如何就不再是他个人的事情了。他的情绪状态会产生一种"社会效果"，这是因为他的情绪会向周围"扩散"，会使周围的人受到"感染"。这种感染作用是通过人的模仿本能而实现的，所以它常常是非常强大的，甚至是不可抗拒的。为什么我们总是愿意和那些乐观的、开朗的人在一起，而不愿意和那些"有事没事老发愁"的人在一起呢？就是因为我们总是免不了受别人的感染。

有人说：有高高兴兴的导游员才会有高高兴兴的游客。这的确是"说到了点子上"。作为导游员，你要为游客提供"心理服务"，要让游客高高兴兴，一个最起码的要求，你自己先要高高兴兴。所以，在你上岗之前，一定要从镜子里看一看自己是不是一副高高兴兴的模样。如果不是，那就一定要先调整好了自己的情绪再上岗。即使已经调整好了，也还要注意是否能"保持"这种良好的情绪状态。一旦发现自己的情绪"偏离"良好的状态，就要及时加以调整。所以，当导游员与游客在一起的时候，必须时时注意自己是否处于良好的情绪状态。

(3)人要及时地对自己的情绪状态进行调整，前提条件是要知道自己的情绪状态发生了什么样的变化。

也许你会说："我的情绪状态发生了什么样的变化，我还会不知道吗？"事实上，问题并不像你所想象的那么简单。当一个人的情绪状态发生变化时，他的注意力往往全部集中在使他的情绪发生变化的那个对象上面。所以，人们往往并不能及时地察觉到自己的情绪发生了什么样的变化，也不去考虑这种变化会对周围的人产生了什么样的影响，当然也就谈不上及时地加以调整。比如，小李说了一句让你很生气的话，你就会把全部的注意力都集中到小李的身上，你满脑子都在想："这个小李，怎么能这么说我？"在场的人全都看出来你是生气了，但是你却并没有考虑："我是不是生气了？我这样会不会对周围的人产生不好的影响？我是不是应该调整一下自己的情绪状态？"你是不会想这些的，因为你的全部注意力都在小李的身上。

人的情绪状态的变化，主要是在七种不同的状态之间变来变去，心理学家曾用七种不同的颜色来代表这七种不同的情绪状态，排列起来就成了下面这样一个"情绪谱"：

"红色"情绪——非常兴奋

"橙色"情绪——快乐

"黄色"情绪——明快、愉快

"绿色"情绪——安静、沉着

"蓝色"情绪——忧郁、悲伤
"紫色"情绪——焦虑、不满
"黑色"情绪——沮丧、颓废

如果你能把这个七色"情绪谱"牢记在心,并经常用来"对照检查",看自己是处于"情绪谱"上的哪一种情绪状态,久而久之,你就会养成一种"敏感性",能够及时地觉察自己情绪状态发生了什么样的变化。有了这种"敏感性",你才有可能对自己的情绪状态进行及时的调整。

七色"情绪谱"除了能帮助我们养成一种"敏感性"之外,还有一个用处,就是我们可以根据它来思考:当我们在工作岗位上的时候,应该处于什么样的情绪状态?一般来说,导游员在与游客接触时,应该以"情绪谱"上的"黄色"情绪作为自己情绪状态的"基调"。这样就能给游客一个精神饱满、工作熟练、态度和善的良好印象。情绪变化的幅度不能太大,向上不能超过"橙色",向下不能超过"绿色"。

要掌握"情绪谱"上的"黄色"情绪与"橙色"情绪的区别,先以"黄色"情绪为"基调",在需要让游客看到你非常高兴的时候,再从"黄色"变为"橙色"。在遇到问题和麻烦的时候,则应使自己处于"绿色"情绪状态,避免忙中出错,或因急躁而冲撞了游客。

"蓝色"、"紫色"和"黑色",显然都是在工作中不应有的、消极的情绪状态;而"红色"情绪容易使人失去控制,所以,也是工作中不应有的情绪状态。

三、意志、能力与服务水平

1. 意志与服务水平

作为导游员,要想在接待服务环境中,把自己锻炼成一名优秀的工作者,不断克服由各种主客观原因造成的困难,就要不断发挥主观能动性,提高自己的意志素质。一个自觉性较强的导游员,往往具有较强的主动服务意识,在工作中能不断地提高业务水平,并积极克服工作中所遇到的困难。

具有意志果断性的导游员在面对各种复杂问题时能全面而又深刻地考虑行动的目的及其达到目的的方法,懂得所作决定的重要性,能清醒地了解可能的结果,能及时正确地处理各种问题。

具有坚忍意志的导游员能排除不符合目的的主客观诱因的干扰,做到面临纷扰,不为所动,同时能围绕既定目标做到锲而不舍,有始有终。

具有自制力的导游员能克制住自己的消极情绪和冲动行为,不论在何种情况下,无论发生什么问题,无论遇到多么刻薄的游客,都能克制并调节自己的行为,做到不失礼于人。一般具有自制力的导游员,组织性、纪律性特别强,情绪较稳定。

2. 能力与服务水平

服务水平的高低依赖于与之相适应的能力结构,我们认为,一名合格的导游员的基本能力应由以下几个方面组成。

(1)较强的认知能力

高水平的服务应该是导游员尽量把工作做在游客开口之前。这就要求导游员有较

强的认知能力，能充分把握服务对象的活动规律。导游员较强的认知能力包括三方面内容：一是观察能力。导游员要善于观察游客的特点，并养成勤于观察的习惯，从而全面、迅速地把握情况。二是分析的能力。导游员应善于透过现象看本质，分析游客的好恶倾向以及引起情绪变化的原因，并善于因势利导，采取恰当的方式和措施。三是预见能力。有较强的预见能力，工作才能主动，才能根据事物的发展规律提早决定自己应采取的行为方式。在导游服务中，预见能力还可以提早消除各种不利因素，防患于未然。

(2)良好的记忆能力

良好的记忆能力对于搞好导游服务工作是十分重要的。良好的记忆能力能帮助导游人员及时回想出在服务环境中所需要的一切知识和技能。良好的记忆力是导游员搞好优质服务的智力基础，也是百问不厌的心理支柱。为此，强化导游人员的记忆力是提高服务能力的重要方面。

(3)较强的自控能力

自控能力是导游员必须具备的优良品质之一。导游员的自控能力体现了他的意志、品质、修养、信仰等诸方面的水平，尤其在与游客发生矛盾时，能否抑制自己的感情冲动和行为，以大局为重，以游客为重，真正做到"客人至上"，这是对导游人员心理素质优劣的重要检验标准之一。但自我控制并不是怯懦，而是大事讲原则，小事讲风格，这是一种品质高尚的表现。

(4)较强的应变能力

导游人员的应变能力是指处理突发事件和技术性事故的能力。它要求导游人员在问题面前，沉着果断，善于抓住时间和空间的机遇，排除干扰，使问题的解决朝自己的意愿发展。同时，在处理问题的过程中，既讲政策性，又讲灵活性，善于听取他人的意见，从而正确处理各种关系和矛盾。

(5)较强的语言表达能力

语言是导游人员与游客沟通的媒介。没有较强的语言表达能力，导游人员就无法有效地与游客沟通。导游人员要特别注重口头表达能力的培养，要能在任何情况下，用简洁、准确的语言表达自己的意向，说出应该说的话。准确的语言不仅可以生动、有效地表达出自己的想法、意见，而且可以防止产生歧义，语言不准确往往会使游客产生误会。

(6)较强的公关交际能力

导游工作是一种与客人打交道的艺术。导游除了与游客交往之外，还必须协调好与旅游部门和其他相关部门之间的关系。一个缺乏社交能力的人，往往会人为地在自己与社会、自己与周围环境、自己与他人之间筑起一道心理屏障，这样的人是与导游服务工作的要求格格不入的。

(7)良好的组织协调能力

导游面对的常常是十几个或几十个人的团体，负责安排吃、住、行、用、玩等的工作，事无巨细都要亲历亲为。没有良好的组织协调能力，将会遇到许多棘手的问题。

总之，能力是具有复杂结构的各种心理品质的总和。导游人员应具有的能力素质，作为一种互相制约的多元化的能力系统，其构成要素之间是相互联系，紧密结合在一起而发挥作用的。

第三节　导游工作中的服务策略

一、旅游初始阶段的游客心理及其服务策略

旅游者出门远行，离开了自己所熟悉的生活环境，其心理会发生显著变化。一般情况下，旅游者会对自己的旅行充满想象，对服务充满期待。

1. 对安全、方便的期待

旅游者带着美好的憧憬踏上旅途，一路上都在为正在经历和将经历的新鲜事而激动。但是一想到就要进入一个陌生的世界，又不免有些紧张，对于此行是不是一切都会非常顺利，似乎又多少有些怀疑。他们甚至担心自己会不会迷路，会不会有小偷等。

显然，旅游者的紧张感是旅游者在旅游活动中，对安全、便利等缺乏足够信息或信心而产生的那种“不知道会发生什么事”和“不知如何是好”的紧张心情。来到异国他乡的旅游者，特别是缺乏经验的旅游者，有这样的紧张心情是不足为怪的。

当旅游工作者与旅游者在一起时，旅游工作者是生活在“自己家里”，而旅游者却是生活在“别人家里”。忘记这一点，旅游工作者就不可能为“人生地不熟”的旅游者提供周到的服务，甚至会对旅游者提出的一些问题感到“莫名其妙”。

为了使旅游者的旅游活动能顺利进行，导游人员在服务初始阶段要给予游客更多的关心，要设身处地地多为旅游者着想，尽量预见他们可能会遇见的困难，并及时给予帮助，使游客确立安全感，感觉生活的便利，让他们带着轻松愉快的心情去享受旅游中的种种乐趣。

2. 对服务态度的期待

旅游者在与导游员的最初接触中，不仅期待导游员帮助他们解决安全、方便等方面的实际问题，而且还期待着导游员成为他们的“知心人”，对他们态度和善、热情，在主客交往中获得亲切感和自豪感。

“有朋自远方来，不亦乐乎”，“在家靠父母，出门靠朋友”等俗语是导游员在带团过程中常常用到的语言。因为旅游者初来乍到，未免产生紧张、戒备、担心等心理，而影响了正常的游兴，所以导游员在带团过程中，应将自己定位于旅游者的朋友。行动中也的的确确，时时处处像朋友一样为他们着想，在雨中真情的为客人撑起一把伞；累时为他献上一首歌；病时带去无限慰藉……真情的、等距离的朋友“伙伴关系”的建立，不但可以让游客感到宾至如归，而且可以尽享旅游之美、之乐；同时也会让导游员工作中出现的小失误，得到游客真心的谅解，从而工作更加顺利、愉快。

3. 对效果的期待

从心理学角度分析，旅游者所购买的旅游产品是一种“经历”，属“无形”的产品。这种“经历产品”与其他产品一样有质量高低之分，只是“经历产品”的质量主要与游客在旅游经历中的心理感受相关。所以，游客每次旅游之前，都会对此次旅游所涉及的旅游地、饭店、旅行社、旅游交通等旅游企业的服务充满一种朦胧的想象。如果旅游给游客带来

了许多的亲切感、自豪感和新鲜感，他就会觉得这是一次非常愉快的经历，就会感到心满意足。如果旅游使游客感到厌倦、孤独，使他感到“气不顺”，他就会认为这是一次很不愉快的经历，就会感到失望。所以，游客对服务效果的期待往往成了他衡量服务质量的一把尺子。

客人期待的感觉难以用准确的语言去描述，甚至客人本身也无法精确描述他所期待的服务究竟是什么。但他对服务的体验决定了他对旅游服务的评价。主客交往是旅游经历的重要组成部分，对旅游者的感觉往往能产生决定性的影响。许多旅行社、饭店、航空公司之所以能吸引众多的回头客，原因并不在于他们的设施有多么好，而在于这些客人与服务人员建立了融洽的主客关系。

塑造良好的第一印象是服务初始阶段的主要工作目标。这一印象至关重要，它不仅能在服务工作一开始就给人一个好印象，还为以后各阶段的服务打下坚实的基础。

第一印象极为鲜明牢固，在导游服务中给游客留下的第一印象往往会成为以后对导游人员的基本印象。我们对一个人的各方面评价很大程度上也是依赖于对他的最初印象。前苏联学者博达列夫做过这样一个实验：向两组大学生分别出示同一个人的照片，出示之前，对甲组说，这是一个德高望重的学者；而对乙组说，这是一个屡教不改的罪犯。然后，让两组学生分别从这个人的外貌说明其性格特征。结果出现了截然不同的评价。甲组的评价是：深沉的目光，显示思想的深邃和智慧；高高的额头，表明在科学探索的道路上无坚不摧的坚强意志。乙组的评价是：深隐的眼窝，藏着邪恶与狡诈；高耸的额头，隐藏着死不改悔的顽固抵赖之心。这个例子说明，第一印象是很重要的。尽管第一印象不一定准确甚至与实际情况相反，但要改变它需要费较大周折和较长时间，也可能需要几倍的努力才能改变过来。

客人的不断变换是导游服务工作的一个显著特点。在与客人的短暂接触中，双方都来不及进行更多的了解，无法达到“路遥知马力，日久见人心”的境地。因此，导游员要给游客良好的第一印象。导游员要给游客留下美好的第一印象，不仅需要富于爱心和善解人意，而且需要善于“表现”。由于导游员与游客的交往一般都是“短”而“浅”的，所以游客对导游员的良好第一印象多来源于导游员“溢于言表”的友好表现。导游员应注重仪容仪表，讲求形象美；注重礼节礼貌，讲求行为美；注重语言表达，讲求语言美。

二、旅游中间阶段的游客心理及其服务策略

旅游服务中间阶段是导游人员服务工作的重点。随着主客交往的逐步增加，双方彼此有了进一步的了解，开始相互适应。在这一阶段，导游员的服务水平将全面展示在游客面前，游客对服务质量有了更深的体验。同时游客也会在初始阶段的基础上，对导游员提出更全面、更具体、更具个性化的要求，做好中间阶段的服务工作，将对游客的心理满足起决定性的作用。

1. 对主动服务的要求

游客在旅游活动期间，都希望导游人员能主动地关心他们，理解他们，把他们当作是有血有肉的人，能主动提供他们所需的服务。所谓主动服务，就是要服务在客人开口之前进行，也叫超前服务。

导游人员要有游客至上的态度，充分发挥主观能动作用，主动了解客人的需求和心理，认真观察需求变化，做到听声音、看表情，才能把服务做在游客开口之前。

2. 对热情服务的要求

游客都希望得到导游员自始至终的热情、友好的服务，而且这种热情应该是真诚的和发自内心的。热情服务在工作中多表现为精神饱满、热情好客、动作迅速、满面春风。游客对导游员服务态度的评价上，很大程度是依据导游员是否热情、微笑和有耐心，特别对于导游员非工作范围的服务和帮助，游客会感到更大的心理满足。

这就要求导游员要热爱自己的工作，对游客心理有深切的理解。例如，旅游目的地的种种景观常常会使旅游者因为感到新奇而激动，而导游员对此却早已是“司空见惯”了。对于旅游者来说，也许今生今世就只来这一次；而对于导游员来说，是经常要来，天天要来，甚至是一天要来几次。双方的感受怎么可能一样呢？在这种情况下，导游员必须提醒自己：我并不是“故地重游的旅游者”，而是“为旅游者提供服务的导游员”。设想一下：当旅游者为旅游景观的新奇而激动的时候，如果导游员显得“无动于衷”，甚至是一副“不耐烦”的神情，旅游者将会是多么的扫兴！所以，导游员应该理解游客的心理和情感。

3. 对周到服务的要求

所谓周到服务是指在服务内容和项目上，想得细致入微，处处方便游客，体贴游客，千方百计帮助游客排忧解难。例如，在景区游玩，游客自由活动前，导游除了告诉游客集合的时间、地点，还提醒游客记住车牌号、车型及自己的手机号，甚至指点景区卫生间的位置。这样做使游客感到导游员处处为游客着想，服务细致周到。同时，也免去了多个游客分别来询问的麻烦，节省了游客的时间。

旅游服务不仅包括规范化服务，而且包括个性化服务。游客的需求是多层次的，这些高层次、深层次的要求，往往不是按标准操作的规范服务所能完全解决的。这样，就需要针对不同游客的不同需求特点，力所能及地为他们提供周到、细致的优质服务。导游员没有选择游客的权利，只能给来自不同地域、不同文化背景、不同年龄、性别及不同人格类型的旅游者以旅游的乐趣、舒适和尊严。

4. 对友好交往的要求

人们在社会中生活，必然相互交往。游客在旅游期间，面对新的环境，迫切想同其他游客、同导游人员进行友好的交往。这种友好的人际交往能使游客心情愉悦，主客关系融洽，从而获得心理上的欢乐和享受。

融洽主客关系的关键是导游员必须尊重客人，并以此来赢得客人的尊重。导游员不

仅要尊重那些表现良好的游客，而且对那些“表现不好”或“行为失当”的客人也要表现出尊重和耐心。导游人员不能因为某些游客的素质低，就不注意自身素质的提高，可以说，越是低素质的游客越需要高素质的导游员为其服务。

三、旅游终结阶段的游客心理及其服务策略

旅游服务终结阶段是指客人即将离去，导游与游客交往即将结束直至离开的这一段时间。这一阶段也是客人对旅游期间所接受到的服务进行整体的回顾和综合评价阶段。我们怎样在较短的时间里对自身的整体服务起到最好的补充作用呢？首先要了解游客此刻的心理，游客的心理是复杂的，如果导游员忽视了这最后的服务环节，就无法使整个服务工作画上一个圆满的句号，也将使游客带着一些遗憾而离去。

1. 游客的心情既兴奋又紧张

兴奋是因为旅游活动结束后，马上要返回家乡，又可见到亲人和朋友，可向他们述说旅游的所见所闻，同他们一道分享旅游的快乐。此时，由于游客情绪兴奋，头脑不是很冷静清晰，出发前经常容易丢三落四，忙中出错，导游应设法平静大家的情绪并做好提醒工作。

紧张是由于想急切办完一切事宜，还有相当一部分游客表现出难以适应家乡社会的心理感受。这时，导游员应想法放松游客的心情，用旅游的快乐与到家的温馨来引导游客的感觉。把对客人诚挚美好的祝愿说得感人肺腑，让客人带着“服务的余热”踏上新的旅途，使游客产生留恋之情和再次惠顾之意。这样既树立了旅行社对外的良好社会形象，又扩大了潜在客源，势必会提高旅行社的经济效益。

2. 游客会将旅游活动中所接受的各方面的服务进行回顾和评价

如果游客对此次旅游活动和所接受的各方面服务持肯定态度，他们会对当地产生依恋之情，希望有机会重游此地，或因此次旅游的良好印象，体会到旅游活动的极大乐趣，引发出他们再去别的旅游景点旅游的动机。如果游客对此次旅游活动和所接受的各方面服务感到不满，如导游员态度差，吃不好、住不好，产品质量差等，都会造成客人心理上极大的不快，这种不愉快的经历会长时间地保留在客人的记忆里，影响着客人及周围的人对旅游的兴趣。

旅游服务终结阶段是旅游企业和导游人员创造完美形象，对游客后续行为施加重要影响的服务阶段。根据近因效应，人们在认知过程中，新近得到的信息比先前得到的信息对事物的认识起更大的影响。通俗地说就是对朋友的长期了解中，最近了解的东西往往占优势，掩盖着对该人的一贯了解。这种现象，心理学上叫“近因效应”。比如说，两位好了十几年的朋友可能会因为新近发生的一件不愉快的事，而忘却多年的友谊，反目成仇。所以，“近因效应”给导游服务的启示是，我们不能忽视旅游终结阶段的服务质量，不能因为临近散团而松懈自己，怠慢了游客，从而影响到客人对整个旅游服务的评价，造成前功尽弃。导游服务工作要自始至终追求完美。

实训与练习

1. 具体地描述导游工作的程序。

2. 导游员如何给游客留下美好的第一印象?

3. 在旅游服务的中间阶段,客人有哪些心理特征?如何做好服务工作?

4. 谈谈导游工作者的语言魅力。

5. 情境演绎一次导游过程,体验旅游者的心理,谈一谈旅游者需要什么样的导游服务?

6. 结合你的地域社会经济谈谈农家乐旅游的未来发展趋势。

第

章

第六章 酒店工作心理

典型案例　希尔顿酒店全面客户服务平台管理

请想象一下如下情境：一位商人明天将前往芝加哥出差，他登录到希尔顿酒店集团(Hilton Hotel)的网站，决定入住该酒店旗下9个连锁品牌之一的家森套房酒店(Homewood Suites)。

接下来，他浏览家森套房酒店的数字化楼层平面图，看看还有哪些空房。他选了一间位于顶层的房间，远离游泳池而靠近电梯。打定主意后，他直接在网站上办理了入住登记手续。第二天，当这位商人抵达酒店时，房间钥匙已在前台静候他的到来，前台接待员也亲切地叫出他的名字并欢迎他光临。当他走进房间后，发现自己喜欢的鹅毛枕和芝加哥当地的报纸也已在床上恭候他多时了。

幕后功臣是IT。希尔顿酒店集团在经营方面的过人之处，就在于它利用IT来辅助客户服务。从功能齐全的客户信息系统，到酒店大堂里的自助式服务亭，再到内容丰富的交互式网站，该集团的唯一目标就是让客户满意，成为回头客。

除家森套房酒店之外，希尔顿酒店集团旗下还拥有双树饭店(Doubletree)、大使套房(Embassy Suites)和汉普顿旅店(Hampton Inns)等连锁酒店品牌，在全球74个国家共拥有3000多家酒店和500000间客房。希尔顿酒店集团在2007年实现年收入80.9亿美元，相对于2006年的74.4亿美元明显增加，该集团还计划在未来几年内广辟疆土，增开数千家新酒店。

希尔顿酒店集团CIO蒂姆·哈维(Tim Harvey)表示，虽然希尔顿酒店的收费比竞争对手高，但总是宾客如云，成功的秘诀之一就是其强大的高科技组合。希尔顿品牌酒店每间客房的收入要比业界平均水平高出7%，而汉普顿旅店每间客房的收入甚至比业界平均水平高出28%。哈维说："客户宁愿花更多的钱也要住在希尔顿酒店里，IT技术就是我们的幕后功臣。"

希尔顿酒店集团的标志性IT项目是OnQ平台。该平台主要在企业内部开发，包括物业管理、客房预订、电子商务、客户关系管理、人力资源、电子学习以及商业智能等功能模块。它混合使用了现有技术和企业专门开发的技术，开发时间长达6年，于2003年正式投入使用。

不仅仅是网络选房，近年来，客人越来越多地利用网络浏览酒店细节并预订房间，每年酒店业务的在线交易量增长30%以上，这给希尔顿酒店集团的后台网络服务器和数据库造成了压力。

为了解决这一问题，希尔顿酒店集团将其低版本的Unix预约系统分解为一组红帽Linux服务器，用分布式有效引擎(Distributed Availability Engine)来处理预订请求。由于该引擎采用了多线程方式，每次能处理更多的请求，高峰时每秒可以处理1200笔交易，工作量是前几年的3倍。与此同时，系统对订房者的响应时间几乎缩短了一半。

希尔顿酒店集团的另一个重大IT项目是将所有网站用单个内容管理系统整合起来。集团的国际网站由一家印度公司负责开发和管理，并将内容、风格和语言本地化。

在该系统内添加新酒店是一个非常耗时的流程，而且国际网站看起来与希尔顿的北美站点风格迥异。毕竟，北美站点的灵活性不够，想要稍作修改就变成国际网站可没那么容易。北美站点和国际站点各有一套内容管理系统，虽然相互独立，但内容却盘根错节地交织在一起，增加了在线管理的难度。

正是由于希尔顿酒店集团持续不断地增强网站的互动性，他们才能让顾客像乘飞机时挑选座位一样，根据家森套房酒店的楼层平面图选择房间。家森套房酒店的客人通常住店时间较长，但过去该酒店在网络和电话预约方面的服务相对落后。史考金斯回忆道："过去人们在网站上煞费苦心地搜索，但就是找不到想要的信息。"

为客人提供楼层平面图的任务一开始看起来相当艰巨：IT团队手里没有现成的数字化楼层平面图，也没人知道酒店能否提供这些图纸。家森套房酒店品牌管理高级副总裁吕贝卡·怀娅特(Rebecca Wyatt)说："当时我们都认为这是个异想天开的想法。"

后来，怀娅特去拜访了希尔顿酒店集团的设计部门和施工部门，她注意到每间客房的门口都贴着供消防安全用的楼层平面图。于是，IT团队将这些平面图转换成互动式JPEG格式图片，然后将其整合进启用OnQ功能的网上预订和物业系统，从而打造出了客房选择工具。哈维表示，如果没有OnQ，客房选择功能的耗资将增加十几倍，达到数百万美元。

希尔顿酒店集团还推出了其他面向客户的IT项目，包括还在测试中的室内自助服务亭(客人可以在那里打印登机牌和呼叫客房服务)、连接iPod和数码相机的接口，以及供客人观看的电视录像节目。

当然，也有一些面向消费者的技术由于太过别出心裁，它们可能永远不会从实验室走进现实。希尔顿酒店集团每年在IT研发上的投入为500万美元，眼下，它正考虑把微软公司的多点触摸屏桌面终端设置在大厅里，供客人玩游戏和点餐。此外，客人利用带无线射频识别(RFID)功能的信用卡，不需要与前台人员打交道就可直接入住。

无论未来怎样变化，希尔顿酒店集团相信，IT在服务客户和提高客户忠诚度方面必将发挥核心作用。

(资料来源：何丽芳.酒店服务与管理案例分析.修订版.广州：广东经济出版社，2009)

本章要点

旅游者对酒店的心理需求分析、前厅工作的服务心理描述、客房工作的服务心理描述、餐厅工作的服务心理描述。

第一节　旅游者对酒店的心理需求

一、酒店的工作概述

酒店属于服务性行业。酒店为客人提供的产品主要是服务。目前，全球酒店市场总

体上是供大于求，酒店间的竞争异常激烈，谁能够保质保量做好服务工作，谁就能在市场上取得竞争优势，取得良好的经济效益。

酒店服务就是在一定的经济发展阶段的一种综合性服务现象，是发生在酒店服务提供者和接受者之间的一种无形的互动作用，酒店服务的供需双方在交换中实现了各自利益的满足，但互动过程不涉及所有权的转移。从客人的角度看，服务的无形性互动关系使客人获得了经历和感受，并没有得到实体结果，但客人在接受服务过程中，一般更注重心理和精神感受。从酒店角度看，服务的无形性互动过程，需要一定的设施支持与物质投入，但这种服务的结果却不可储存，发生互动作用的目的是为了实现企业既定的价值目标。

服务究竟是什么？服务的英文是“service”。有人形象地解释说，其中“s”表示微笑待客，“e”就是精通业务上的工作，“r”就是对客人态度亲切友善，“v”就是要将每个顾客都视为特殊的重要的大人物，“i”就是邀请每一顾客再次光临，“c”就是要为客人营造一个温馨的服务环境，“e”就是要用眼神表达对客人的关心。对酒店工作的定义剖析为我们深入研究酒店服务奠定了基础。酒店服务有如下特性：

1. 无形性

酒店的工作是抽象的、无形的，既无一定的状态，又不可触摸。虽然绝对的无形服务是很少的，但是有形的设施只是作为酒店提供服务的条件而存在的，客人真正感受、评价和衡量的服务质量是来自于和服务工作者的互动。

2. 同时性

酒店的工作必须以客人的到来为前提，没有客人的参与，酒店工作就不可能发生。当客人的消费过程结束时，酒店的服务工作也自然结束。生产与消费的同时性给酒店的经营活动带来许多不便。

3. 不可储存性

酒店的服务工作是在生产中被消费的，其使用价值往往都有一定的时间限制。因此，客人从服务中所获得的益处不能像其他物质产品那样储存起来。也就是说，酒店服务价值的回收是通过划分不同的时间段来体现价值的，例如，酒店的客房若不能在有效的时间中销售出去，这一间客房的服务价值就不能体现，即使下一次的价值可以得到，但上一次的价值就流失了。酒店服务工作的不可储存性对企业的经营活动构成了很大的威胁。

4. 不可转移性

物质产品在生产出来以后，需要经过一定的流通环节到达顾客手中，表现为实物形式的流动。而酒店的工作一方面本身建筑物不可能发生空间移动，另一方面酒店的所有权不可能发生变更。

5. 不稳定性

酒店服务的特有属性使酒店服务质量表现出一定的波动性。由于生产与消费的同时性，要避免造成服务质量的差异性以及生产过程的可变性。另外，服务是由人来执行的，会受许多有关人员自身因素的影响和制约。

二、旅游者对酒店的基本需求

旅游者住进酒店后，就成为酒店的“客人”，他对酒店的基本需要就是对自己而言有一个临时的“家”，解决生活上基本的吃、住的需要，这是旅游者到酒店来的最主要的动机。那么在这一动机的支配下，客人对酒店有哪些具体的生理和心理的需要，酒店的经营者就必须有一个清楚的认识。在此，先讨论一下客人对酒店的最普遍、最基本的需要。请看案例：

王小姐和她的朋友乘坐的出租车刚刚停在某国际大酒店大堂门口，面带微笑的门童立刻迎上前去，并躬身拉门问候道：“欢迎光临！”王小姐和她的朋友们谈笑风生地走下了出租车，当门童正准备关门时，忽然发现前座上遗留了一部漂亮的手机，于是扭头对正准备进酒店的王小姐说：“小姐，您是否遗忘了手机？”王小姐一听，停止了说笑，忙说：“哎哟，是我的手机，谢谢！谢谢！”门童将手机递还给客人，同时又写一张小条子递给了王小姐，这张小条上写着这辆出租车的号码，然后门童迅速引领客人进入了酒店大堂。王小姐来到前厅接待处，接待员礼貌地问候道：“你们好，欢迎光临我们酒店，请问有没有预订？”王小姐说：“我们早在十天前已经预订了一个三人间。”接待员随即请王小姐出示证件，并熟练地查阅预订，立即为客人填写了入住登记表上的相关内容，并请王小姐预付押金和签名，最后说：“小姐，你们住在1501房，这是你们的房卡与钥匙，祝你们入住愉快。”

在王小姐办理入住登记手续时，行李员恭立在她们的身后，为客人看护着行李箱。行李员带着客人刚来到1501房间的门口，客房服务员便迅速走了过来，笑容可掬地躬身说：“你们好，欢迎光临，请出示房卡”，“请这边走”，服务员来到1501房门口敲门并报：“Housekeeping、Housekeeping、Housekeeping ”，王小姐诧异地说：“不是没有人吗？”“这是我们的服务规范。”客房服务员打开房门后，开始介绍客房设施与服务，行李员将客人的行李放到了行李架上，同时发现客人将西装脱下随手扔在了床上，便走过去将客人西装挂进了壁橱。客房服务员和行李员询问道：“王小姐还有何需要帮助？”王小姐高兴地说：“不用了，谢谢你。”“祝你们在本酒店居住愉快！”然后两个服务员告辞退出。王小姐和她的朋友经过了一天的旅行，已经非常疲惫了。当她们躺在柔软的床上，听着悠扬的音乐，欣赏着舒适豪华的室内装潢，回忆着进入酒店的整个过程时，王小姐满意地对朋友们说：“这真是五星级酒店的服务啊！我们要的不就是这种感觉吗？”

这是一个客人刚刚进入酒店的基本过程，王小姐对酒店的第一印象是非常满意的。满意是什么？满意是一种感觉。在心理学中感觉是人们对客观事物的认识，它是一切复杂心理活动的基础。事物以某方面的个别属性作用于人的感官，通过看、听、嗅、尝等，使人产生最初的心理过程，这便是感觉。人们只有在感觉的基础上，才能对现实事物整个属性和相互关系做出更复杂的反应，从而获得外界信息，使人们对客观事物产生某种感情。

顾客对服务工作的认识，同样是从感觉开始的。它激发着顾客一定的情感与消费态度。因感觉引起的人的情感变化与消费态度，是顾客最基本的消费心理现象。所以，满意的服务往往体现于细微之处。某国际大酒店通过从客人进入酒店—登记入住—客人进

入客房，每一个环节都有服务人员随时为客人服务，从而让客人找到了一种满意的感觉。尤其是对第一次下榻酒店的客人来说，就是这些点点滴滴的细微服务，才给客人留下深刻的印象，为客人再次光临打下基础，从而产生了一种"五星级酒店服务"的感觉，客人要的就是这种感觉。

当然，客人的满意源自很多方面，酒店各部门的每一位服务员都必须密切配合，一环扣一环，上下一致，其中有一环出现偏差，对于客人来说，这次服务都可能是失败的、不满意的；这是一种连贯性的感觉。特别是作为一名酒店服务员，提供服务是他们的天职，但服务同时又是对服务商品的最好包装，服务本身就有它的相应的价值。因此酒店的服务员不仅是在推销商品和服务，同时也在创造价值。不要小看酒店服务员的职业，要把它做到最好，人人满意，还是需要下一番功夫的。旅游者对酒店的基本需求心理表现为：

1. 方便

旅游者在选择酒店时首先考虑的因素是方便，要求所下榻的酒店能及时为他们提供各种方便服务。例如，酒店的地理位置是否方便出行？接待、服务的项目是否能够满足生活、旅游等方面的需要？是否有餐厅、商场、邮电通信等配套服务？住宿、离店手续是否便利快捷？行李运送是否方便等问题。"在家千般好，出门万事难"说明人们外出旅行最怕的就是不方便。

旅游者入住酒店后，如果处处感到很方便，就会在心理上得到安慰，精神上得到放松，产生愉快、舒适的情绪，能消除旅途的疲劳和紧张；如果感到不方便，就会产生沮丧、不满的情绪，可能导致旅游者离开酒店。

面对不同类型的旅游者，酒店服务人员应提供不同的方便性服务。例如，对观光型旅游者应该首先注重提供食、住、行等方面的方便性服务；对商务型旅游者应首先提供信息、交通、工作等方面的方便性服务。

2. 安全

安全需要是旅游者最重要的需要之一。安全是涉及旅游者生命财产的头等大事，旅游者离开居住地，来到一个陌生的地方，由于对社会环境和交通等客观条件不熟悉，所以在心理上高度警觉，安全需要极为强烈，随着对环境的逐步熟悉，安全需要会逐渐地减弱。

为了保证旅游者的生命和财产安全，现代酒店一方面从管理制度建设上，提高员工的安全意识，加强安全保卫工作，对员工进行安全防卫等方面的技能培训；另一方面从硬件设施建设上，利用现代化的科技设备，提高了防火防盗的安全系数。同时还向游客提供安全方面的宣传和指导，以防游客在遇到紧急情况时不知所措。这些都为旅游者的安全提供了可靠的保障，使旅游者从心理上缓解了紧张感，会在酒店中愉快地度过短暂的旅游生活。

3. 卫生

旅游者外出旅游，对酒店客房环境清洁卫生的需求，是旅客的一种普遍而正常的需求，清洁卫生不仅是一个人生理上的需要，而且能使人产生一种安全感和舒适感。旅客希望客房的用具，特别是直接与自己身体接触的茶杯、被褥、脸盆、浴缸、马桶等都是清洁卫生、严格消毒的。他们希望服务人员有较高的卫生素养，希望自己在外面旅游期间身体健康、身心愉快，不感染任何疾病。

美国康奈乐大学旅游旅馆管理学院对三万多名旅游者进行了调查，结果显示其中60%的人把清洁卫生列为第一需求。由此可见清洁卫生对酒店是多么重要。清洁卫生不仅是对酒店的一种要求，也是社会文明的一种标志，是文明生活、高质量生活的一个组成部分。

4. 安静

酒店的主要功能就是为旅游者提供过夜休息的场所。旅游者通常白天旅途奔波，晚上下榻酒店，就是为了有一个安静、舒适的环境消除一天的疲劳，如果酒店环境嘈杂，势必会影响到旅游者的睡眠质量，很容易引起旅游者对酒店服务的不满。

为了满足旅游者安静的需求，现代酒店在建设与设计时，采取一定的措施使酒店环境达到旅客要求。例如，在酒店选址时，避开噪声较大的区域，门窗选用隔音性能良好的材料制作；服务人员在服务中做到轻声化；在施工中，选用隔音材料使楼层之间、客房之间完全隔音；为避免大型设备如锅炉、中央空调等带来的噪声，选择能源集中供应的方式。此外，酒店其他部分如大堂、餐厅、商场也要满足酒店对安静的要求，不能成为噪声源。

5. 公平

旅游者外出旅游是一种消费行为，作为消费者，不仅仅是通过购买旅游产品或服务得到旅游享受，而且希望得到服务人员对他们的尊重，希望受到公平合理的接待服务，即要求服务人员能“一视同仁”，不因外表穿着、社会经济地位的差别受到冷遇、歧视或者在价格上感到吃亏。旅游接待服务的平等性、旅游产品价格的公道性也是旅游者心理需要之一。旅游者一旦感到不公，会产生挫折感，甚至进行投诉而使酒店服务工作陷于被动的局面。

还应该注意的是，旅游酒店是提供旅游者生活服务的基地，以上的各种心理需求是旅游者在旅游酒店生活中的一些共同的、一般的心理活动。但是，旅游者的具体情况，如国籍、职业、家庭、性别、年龄、受教育程度、生活习惯、收入水平、文化背景、宗教信仰、经济及社会地位等的不同，旅游者的兴趣、爱好、个性也不同，对上述需求的表现形式和内容必然存在个体的差异。例如，有的需要价格低的单人间，有的要住套房或豪华套房，而且价格还有贵一些以显示其地位；有的喜欢中国茶，有的喜欢矿泉水，有的则要喝咖啡或果汁等。因此，酒店服务应尽可能了解旅游者的个体差异和个性特征，采用有针对性的措施提供有效的酒店服务，努力使不同的客人在酒店中都能得到精神和心灵的满足，从而使客人能够真正满意。

第二节　前厅工作的服务心理

前厅是饭店的门面与窗口，是客人与饭店最初接触与最后告别的部门。它是饭店销售产品、组织接待服务、调度业务经营和为客人提供接待服务的一个综合性服务部门。

前厅包括门卫、迎送岗、行李运送、电话总机、大堂经理和酒店的枢纽——总服务台。前厅服务贯穿于客人在饭店内活动的全过程，是整个饭店的中枢与灵魂。因此，前厅是酒店服务的重中之重，那么如何做好酒店前厅服务工作呢？首先就是要了解旅游者在前厅有哪些心理需求，这也是前厅服务必须研究的问题之一。

一、旅游者对前厅服务的心理需求

旅游者进入前厅到办好入住手续、进入客房，虽然所用时间短暂，但给旅游者留下的印象却是很深的。旅游者对前厅服务的一般心理需求主要有以下几个方面。

1. 求尊重心理

客人对前厅服务的心理需求首先是尊重。尊重需要是人类的较高级的需要，也是人类的基本需要，旅游者一进入酒店，总希望自己是受欢迎受尊重的人，希望见到服务人员热情的笑脸、礼貌的问候。著名的希尔顿饭店集团董事长康纳·希尔顿说："如果缺少服务员的友好、微笑，就好比花园失去了阳光和春风。"服务人员要笑脸相迎，语言要礼貌友好，要热情，做到既尊重客人的人格、习惯和信仰，又要尊重其表现出的各种行为。

2. 求快速心理

客人经过旅途的一路奔波进入饭店，渴望迅速安顿下来休息一下，既要解除旅游疲劳，同时又要为下一步活动做准备。而在前厅所得到的服务和必须履行的所有手续过程对客人而言并无任何直接价值，因此服务人员要效率高，以免引起客人的厌烦情绪。在前厅服务中，一切都应以旅游者为中心，具体服务过程中不能让旅游者感到手续烦琐。旅游者离店时的心理要求也是同样的，结账手续办理过程要准确、快捷。

3. 求知心理

旅游者来到异国他乡，就是想了解这个地方的风景名胜、民风民俗、文化特色、购物网点、市内交通等各种情况，以满足自己的好奇求知心理。他们还需要了解饭店客房的类别、星级、价格以及饭店提供的其他服务项目。有些信息旅游者希望自己从资料上获取，有些信息则希望能从前厅总台直接获得。所以，前厅往往要备有如上一些资料供旅游者使用，服务人员也要对这些信息了如指掌，随时准备应答，以满足旅游者的求知心理。这样做还有一个好处就是能冲淡旅游者在前台办理手续过程中等待的无聊感。

4. 求方便心理

旅游者在饭店和在旅行中有大量的零星及预想不到的事务，都希望能在前厅得到解决，不用自己四处求人。这些事务十分繁杂，如订票或确认回程票、订餐、参加当地短期门市旅游团、兑换外币、代邮，以及代冲胶卷、印名片、取包裹，甚至换拉链等。有的要求，客人自己也会觉得太"离谱"，但为图方便，也试一试，希望得到意外的满足。

5. 审美的心理

爱美之心，人皆有之。审美需要贯穿于旅游的整个过程，不仅对景色景观要求富含美，对下榻的饭店也应体现出美。饭店对旅游者产生视觉冲击的第一个部门往往就是前厅。

二、前厅工作的服务策略

前厅是旅游者最先接触和最后离开的部门，前厅服务的首因效应和近因效应决定了要做好前厅的服务工作，就是要给旅游者留下良好的第一印象和最后印象。首因效应是指最初接触到的信息所形成的印象对其以后的行为活动和评价的影响，即“第一印象”；近因效应就是在人际交往过程中获得的信息往往起优势作用，换句话来说，最近的信息对认知的影响相对比较大。同时做好前厅服务工作，也是整个酒店服务成功的关键。

1. 注意前厅环境的布置

环境是影响客人的需求和心理，影响酒店形象声誉的重要条件。一般来说，游客刚进入某家饭店时对该饭店的感性认识在很大程度上决定了其对饭店的第一印象，而第一印象形成之后，会在很大程度上影响其对饭店的整体印象。饭店在进行前厅环境的设计时应注意为客人营造一种温暖、舒适和欢乐的氛围，应尽力使每一位来到饭店的客人都能够倍感温暖，留下深刻的印象。

(1)合理布局

前厅环境应布局合理，主要包括大堂的面积、各功能区的位置及设计要求。

大堂的公共面积(不包括总服务台、商场、商务中心、大堂酒吧和咖啡厅等营业面积)取决于饭店的规模、档次和客源市场定位。国家星级饭店《设施设备评定标准》中提出：按客房数推算大堂面积，每间客房平均不少于 $0.6m^2$、$0.8m^2$、$1.0m^2$、$1.2m^2$ 四个档次，并规定最低为 $250m^2$，最高 $400m^2$。一般规模大、档次高和大型会议型的饭店，大堂面积要大一些，但最高限最好不超过每间客房平均 $2m^2$。大堂的各项接待、服务功能的分区和所需要的面积要根据饭店的类型、规模和档次定位精确计算后确定。

总服务台是大堂活动的中心，要设在主入口进到大堂一眼就能看到的地方，长度与酒店的类型、规模、客源市场定位有关，一般为 8～12m。大型酒店可达 16m，两端不宜封闭，应留一个活动出入口，便于前台人员随时为客人提供个性化服务。

总服务台后面要有办公室，供前厅部人员办公，财务夜审，存放资料、复印机、传真机和电脑，销售部也最好设在这里，以便接待业务。其面积以 $50～100m^2$ 为宜。贵重物品保险室与总服务台相邻，客人和工作人员分走两个入口，客人入口应尽量隐蔽。

大堂经理的位置设在可以看到大门、总服务台和客用电梯厅的地方；礼宾台的位置设在客房区或客用电梯厅与饭店大门连接的地方；行李员服务台设在靠近大门，同时又能看到总服务台和电梯厅的地方；大堂要有行李间，行李间以每间客房 $0.05～0.06m^2$ 设定，观光型饭店旅行团行李较集中，行李间应适当加大一些。

休息区要方便客人等候并起到疏导、调节大堂人流的作用，位置最好设在总服务台并能向大堂吧台或其他经营点延伸，以引导客人消费。公共卫生间(包括残疾人卫生间和清洁工具储存室)应设在大堂附近，但门不可直接对着大堂。

(2)美化环境

旅游者对酒店的第一印象的形成,首先来源于其对酒店前厅的感性认识,这很大程度上取决于前厅的环境是否能体现出美。因此,在前厅环境设计时,除了前厅布局要简洁合理之外,还要注意前厅的光线、色彩、温度、湿度、通风以及声音等方面的内容,使服务设计的设立和整个环境浑然一体,能够体现出时代特色和地方民族特色。

①光线。前厅内要有适宜的光线,要能使客人在良好的光线下活动,员工可以在适当的光照下工作。前厅内最好通入一定数量的自然光线,同时配备层次、类型各不相同的灯光,以保证良好的光照效果。客人从大门外进入大厅,是从光线明亮处进入到光线昏暗处,如果这个转折过快,客人会很不适应,睁不开眼睛,所以,灯光的强弱变化应逐步进行。要使每位客人的眼睛都能逐步适应光线明暗的变化,可采用不同种类、不同亮度、不同层次、不同照明方式的灯光,配合自然光线达到上述要求。

②色彩。前厅环境的好坏,还受到前厅内色彩的影响。前厅内客人主要活动区域的地面、墙面、吊灯等,应以暖色调为主,以烘托出豪华热烈的气氛。而前厅的服务环境及客人休息的沙发附近,色彩就应略冷些,使人能有一种宁静、平和的心境,适应服务员工作和客人休息对环境的要求,创造出前厅特有的安静、轻松的气氛。

③温度、湿度与通风。前厅要有适当的温度,酒店通过单个空调机或中央空调,一般都可以把大厅温度维持在人体所需要的最佳温度,一般是22℃～24℃,再配合适当的湿度(40%～60%),整个环境就比较适宜了。

前厅内人员集中,密度大,人员来往活动频繁,耗氧最大,如通风不畅,会使人觉得气闷,有一种压抑感,应使用性能良好的通风设备及空气清新剂等,改善大厅内的空气质量,使之适合人体的要求。

④声音。前厅声源多、音量大,如噪音过于集中,就会超过人体感觉舒适的限度,使人烦躁不安,易于激动,降低做事效率。因而在建造前厅时,应考虑使用隔音板等材料,降低噪音。酒店应尽可能用轻松动听的背景音乐,以减少噪音对客人的危害。

(3)设置醒目的标志牌

前厅是为旅游者提供多种服务项目的场所。醒目的标志牌让旅游者一进入大厅对各服务部门和服务项目一目了然,以适应和满足旅游者求方便、求快捷的心理。标志牌设置应与整体布局构成和谐的统一美。

2. 注重服务人员的言行仪表

前厅服务人员的言行仪表要与环境美协调起来,它既是人的精神面貌的外在表现,又是游客形成对服务人员良好的视觉印象的首要条件。服务人员的言行仪表美包括形体美、服饰美、举止美、语言美和化妆美。

(1)形体容貌

体形和容貌具有一定的审美价值,而且能够在一定程度上反映个体的心理特点,对他人来说会产生一定的影响。由于第一印象的重要影响,饭店对于前厅服务人员的容貌要求相对较高,一般都会选择面容姣好、端庄、体形健美挺拔的员工担任前厅接待工作。

(2)着装装饰

前厅服务人员的服饰既是对个体容貌、体形的加工和衬托,也是企业文化的体现。

良好的服装、服饰能给人留下美观、舒适、优雅、大方的感觉，形成良好的视觉形象。对于前厅部的服务人员的服饰穿着要求既富有特色，又美观实用；既要与整体的大堂环境相适应，也应与其特定的职业岗位相符合；既要使游客产生美感，也应使其能够联想到饭店的有形产品以及无形产品的优良质量等，从而增强对饭店的信任度，促其消费。

(3)行为举止

前厅服务人员的行为举止也应大方得体、热情庄重，服务人员的行为风度能够在一定程度上反映出服务人员的性格和心灵，这也是游客评价饭店服务人员的服务水平、服务态度的一个重要的参考因素。

(4)语言声音

前厅服务人员的语言在内容上应简洁、准确、充实；在语气上应诚恳有礼；在语音语调上应清晰悦耳。另外要尽可能地多掌握几种外语与方言。在接待中应禁“四语”：蔑视语、烦躁语、斗气语和否定语，有“五声”：欢迎声、问候声、致谢声、道歉声和告别声。

此外，前厅服务人员工作交谈时，声音应尽量轻些，有时甚至可以使用一些体态语言，代替说话进行沟通(如用手势招呼远处的同事)。要尽量提高工作效率，使客人在高峰时间不致长久滞留于大厅，破坏大厅安静的气氛。

(5)化妆打扮

前厅服务人员适当的外貌修饰会使人容光焕发、充满活力，显得朴素雅致，是一种礼貌行为；相反浓妆艳抹或穿金戴银、珠光宝气非但显示不了华贵娇艳，反而会使客人认为是在炫耀，产生反感。

前厅服务人员的修饰打扮必须适合自己的身份。头发要“男不过耳，女不过肩”，要洗头、吹风、头型大方，保证无胡须，不留长指甲，不使用有颜色指甲油及浓味香水等，以适应和满足旅游者的审美需要。

3. 培养系列化服务技能

前厅的服务项目繁多，除了要求服务人员的言行仪表优美之外，还必须掌握娴熟的服务技能，才能给旅游者留下良好的第一印象和最后印象。服务人员的操作技能娴熟与否，从一个侧面反映出其业务素质的高低和服务质量的好坏，娴熟的服务技能，是提高服务水平、保证服务质量的技术前提。如行李运送不仅要及时、快速，而且要轻拿轻放，或者采取保护性措施避免碰撞；总台服务员要有娴熟的酒店信息管理系统操作技能，快速地提供验证、住房分配与登记、财务计算、解答和征询等各种服务。只有培养娴熟的系列化服务技能，才能满足旅游者在前厅求方便、求快捷的心理需求，解除旅游者等待的焦虑感，从而给其留下美好的印象。

4. 提供周到细微的优质服务

周到的服务不仅要求服务人员具备娴熟的服务技能，能够营造和谐的气氛，而且还要善于察言观色，即能够从游客的神情、神态中了解其需要，满足旅客的心理要求。同时前厅服务员要有“到我为止”的服务精神，这样即使最终的回答不够理想，旅客也认为自

己得到了尊重和关心，充分体现前厅服务的主动周到。另外，饭店大堂副理通常在大厅里协调各方面的关系，处理旅客投诉事件。这一有效措施体现了饭店对游客的尊重和关心，无形中提升了饭店的形象。

前厅服务不但要做到主动服务、热情服务、周到服务，更需要的是个性化服务和细节服务。例如，对于一些字体小，行间间隔太近的文件要求传真时，一定要注意提醒客人，再清晰的传真机也传不清楚此类文件，所以商务中心服务员对此类情况应提醒客人，可以采取放大复印再传出去的办法来避免传真件模糊不清。前厅服务人员记住客人的姓名同样是一种服务的艺术，能给客人宾至如归的感觉。只有注重细节管理，把工作中的每一件小事做细，从细节做起，做对细节，做好细节，才能为宾客提供一流的服务。请看案例：

希尔顿酒店是五星级的大酒店。在一个周日的黄昏时分，酒店前厅来了一对老夫妇，拎了个皮箱。问："有没有房间啊？"前厅服务员答复："啊呀，真抱歉，没有房间，今天是周末，如果你早点定就好了。不过，我们这附近还有些不错的酒店，要不要我帮你查查看有没有房间？"老先生说："那好。"前厅服务员先是掏出个卡片，签了个字，说："给您。这个是免费的咖啡券，到大堂吧坐一下，免费两杯咖啡，我现在帮你查附近的酒店。"那对老夫妇在大堂吧喝咖啡的时候，旁边的客人就问他："先生，刚才你们讲的话我都听到了，您为什么不事先订个房间呢？希尔顿是有名的酒店，很快就没有房间了，今天还是周末。"老先生说："我儿子昨天打电话给我，叫我马上过来，所以没有来得及订房间！"就在这时，前厅服务员来了："好消息，后面那条街的喜来登还有一个房间，等级跟我们的酒店是一样的，并且便宜 20 美元，请问您需要吗？"老先生坐在那里说："好的。要！""行，那您先慢慢喝，我去帮您确认。"一小会儿，前厅服务员又来了："喜来登酒店接您的车快到了，不过先生您可以慢慢喝，我会叫他们等您的。"后来，喜来登的车子到了，老先生讲："下次来，我一定要住希尔顿的。"

第三节　客房工作的服务心理

客房是酒店的主体部分，也是客人在酒店生活的主要场所。在现代旅游者心目中，客房不仅是满足消除肌体疲劳需要的栖息之地，而且也是接待亲友、从事公务商务活动、举行小型集会、就餐就医等事务的方便场所。客房的服务范围广泛，如整理床上卧具，清扫客房、浴室，传递口信留言，提供叫早服务，洗熨衣物服务等。客房服务人员除了要确保房屋处于常新、卫生清洁、舒适的状态，关键要了解客人在客房生活期间的活动规律和心理特点，采取有预见性、针对性和有效的服务，尽可能满足宾客心理和生理需求，从而提高酒店的声誉。那么，旅游者在客房主要有哪些心理需求呢？

一、旅游者对客房服务的心理需求

1. 整洁卫生

客人来到客房最先关注的是房间的卫生状况。因为客房内的用品千人使、万人用，所以，每位客人对客房的用品都十分敏感，他们要求客房的各种设备、用具必须是清洁卫

生的，特别是多次性消耗品，如茶杯和对直接与身体接触的用具，如浴缸、面盆、马桶的卫生状况等特别敏感。他们希望能严格消毒，保证干净卫生，以使整个旅途都身心愉快、身体健康。有调查表明，大多数的客人把客房的清洁卫生列为选择饭店的首要条件。

2. 安全

住进客房的客人十分重视他们的财产及人身安全保障，希望客房是个安全场所，不要受到干扰，不希望自己在酒店的一些隐私被泄露出去。因此饭店应有完善的防火、防盗、保密等安全设施和保安措施。客人入住时，服务员应适时地介绍安全通道、电器、门锁等的正确使用方法，尽量减少任何可能导致不安全的因素。客人还希望在出现意外或危险情况时，服务员能及时采取得力措施，保障他们的安全。在进入客房时，服务员必须遵守敲门、通报、得到客人允许方可入内的规范要求，这样才能使客人感到放心和安全，从而产生一种安全感。

3. 安静舒适

旅游者外出旅游，来到一个陌生的地方，环境气候、生活习惯的改变令他们有生疏感和不适感，他们都希望酒店的客房能让他们感到舒适、惬意，从而产生“家外之家”的轻松感，旅游者的主要休息时间都是在客房度过的，他们希望室内环境优雅美观，装饰布置典雅舒适，用具和设备齐全，功能完好，灯光柔和。

4. 方便

由于旅游者出门在外，对旅游地的情况不熟悉，他们常常会在生活、工作上遇到许多需要解决的问题，因此他们希望客房服务能够为他们提供方便。客房服务要尽可能考虑到旅游者的需要，提供多项服务内容，包括洗衣、缝补、代购车票、熬中药、送餐服务、托幼服务等，使旅客只要打电话，就可以立即得到相应的服务。

5. 尊重

旅游者住进客房，希望自己是受客房服务员欢迎的人，希望见到服务人员热情的笑容，希望自己受到尊重。他们还希望服务人员能尊重自己对房间的使用权；尊重来访朋友和客人；尊重自己的宗教信仰和风俗习惯。当然，他们还特别希望服务人员能够自我尊重，有良好的职业形象。

二、客房工作的服务策略

1. 优秀的服务质量

根据旅游者的服务心理，客房服务应加强管理，落实环境卫生和安全工作，为旅游者提供优秀的服务质量。

(1)切实搞好客房的清洁卫生

要强化员工的卫生质量意识，不断提高对星级饭店卫生标准的认识，与国际卫生标准接轨，制订清洁卫生质量控制标准，本着“方便客人、方便操作、方便管理”的原则，规范客房清洁程序。还要严格领班、经理、质检员、房务总监逐级卫生检查制度，设置“宾客意见表”，脚踏实地地搞好客房的清洁卫生工作。

(2)建立班组晨会制度

为保证酒店基本产品“客房”质量的优质和稳定,客房部根据酒店要求,设立了长包及散客班组的晨会制度,对当日的工作进行布置,对每个员工的仪表仪容进行规范,从而使全体员工在思想上能够保持一致,保证了各项工作能够落实到位。在班组的周例会中对上周工作进行总结,对下周的工作进行布置并形成文字,同时将相关文件的内容纳入其中,充分体现“严、细、实”的工作作风。

(3)制定安全检查制度

除部门设立专职安全环卫分管负责人外,将安全知识培训作为系统在全年展开,体现不同层次、不同内容。从酒店相应的防范措施、突发事件的处理办法到各项电器的检查要求等,从点滴入手。明确各区域的安全负责人,以文字形式上墙,强调“谁主管、谁负责”、“群策群力”的工作原则。对于住店客人、会客人员、过往人员进行仔细观察、认真核对,做到无疏漏,并对每周、每月及全年的客房部安全检查进行详细记录。

(4)保障良好的客房环境

客房服务人员动作要轻稳,保持肃静。客房是客人休息或办公的场所,保持安静也是优质服务的基本要求,服务人员在准备用品,打扫卫生时要做到三轻:走路轻、动作轻、说话轻。服务过程中,不得大声喧哗、吵闹、唱歌。随时保持客房、楼道的安静气氛,以体现客房服务的文明程度,养成良好的职业习惯。

2. 良好的服务态度

(1)主动热情

服务于客人开口之前是客房服务员服务意识强烈的集中表现。其具体要求:主动迎送,帮提行李;主动与客人打招呼,语言亲切;主动为客人引路开门;主动叫电梯,迎送客人;主动为新到的客人带路;主动照顾老弱病残客人;主动征求客人和陪同人员的意见。

热情服务就是在客房服务过程中态度诚恳、热情大方、面带微笑;在仪容仪表上要着装整洁、精神饱满、仪表端庄;在语言上要清楚、准确、语调亲切、柔和;要有乐于助人、帮助客人排忧解难的精神,恰当运用形体语言。

(2)微笑服务

微笑是一种世界性的语言,它对于客人、饭店都是非常重要的。服务的整个过程都应是微笑的过程,一流的微笑应是自然的、发自内心的、诚挚的,而不是普通的、呆板的、为了微笑而进行的微笑。与客人相处一定要坚持3米之内用微笑、1米之内用敬语,让客人感到酒店的每一位员工都是“微笑天使”。但是仅仅有微笑是不够的,微笑服务,美在仪表仪态,贵在热情真诚,重在技术专业,巧在交流沟通。也就是说,微笑服务要与自身的仪表仪态相统一,同时要对客人有发自内心的热情,辅以柔和、友好、热情、亲切的目光,并在服务中及时与客人沟通,才能笑得自然、笑得自信,客人看起来才显得亲切礼貌。

(3)文明礼貌

客房服务要有礼节、有修养,尊重客人心理。既不妄自菲薄,见利忘义,在客人面前低三下四,丧失人格和国格,又不夜郎自大,盛气凌人,反对店大欺客,以貌取人的思想和行为,要继承和发扬中华民族热情好客的一贯美德。另外,客房服务人员要通晓各国礼仪风俗,把注重礼仪作为服务工作的习惯。

客房服务一般采用背后服务的方式,以不打扰和影响旅游者正常的客房活动为原

则。若旅游者给出“请速打扫”的标志，应立即迅速清扫。若旅游者在场，经允许后可当面清扫，但要注意礼节、礼貌。动作要注意技巧、轻盈娴熟，应避免一切可能引起旅游者反感的操作。客房服务之前要有客人的允许，未敲门而入、从门缝往里看或发现旅游者用错室内设备而嘲笑等都是不礼貌的行为。

(4)耐心细致

客房服务人员接待的宾客形形色色，工作节奏不太有规律，这就要求服务人员要有耐心。耐心就是不烦不厌，根据各种类型的客人的具体要求提供优质服务。工作繁忙时不急躁，对爱挑剔的客人不厌烦，对老弱病残客人的照顾要细致周到，客人有意见时要耐心听取，客人表扬时要不骄傲、不自满。

客房服务的细致入微，源于对工作强烈的责任感、敏锐的观察力和勤于思索的能力。首先表现在对旅游者的关心和主动服务，对旅游者的行为进行预测，如旅游者中有无需要照顾民族风俗的？是否有病号需要特殊照顾？其次还表现在客房的清洁工作中，要细心检查卫生死角，检查客房的家具、设备的完好情况，在整理客房时，不随意移动客人在客房中放置的钱财、物品和书籍，清洁工作完成后，物品应放置原处，整理书籍时，可在合上打开的书页时夹上纸条，不可随意把客人的东西作为废弃物清除。

3. 加强超长服务、提供延伸服务

有些旅游者见多识广，对客房的一般功能性服务的提供往往不屑一顾，反应不敏感。他们认为这些都是酒店客房理所当然应该提供的最基本的服务。但是，他们对服务人员提供的超长服务及延伸服务却十分赞赏，这些才能让他们真正地感受到“宾至如归”。因为超长服务、延伸服务是给旅游者在核心服务(如清洁、宁静、安全的客房)和支持核心服务的促进性服务的基础上提供的一种额外超值服务。它超出了客房一般功能性服务的范畴，增加了核心服务的价值，使本酒店服务的产品与其他酒店相比独具特色，能给旅游者带来超值的心理享受。

例如，南京玄武饭店客房服务员把马来西亚吕先生扔进垃圾筒里的一件有锈斑的名牌衬衫清洗干净，再现品牌风采，并邮寄到吕先生家中，使吕先生喜出望外、十分感动。南京金陵饭店为客人提供免费擦鞋服务，是其开展超值服务的内容，也正是通过这些细致入微而又倾注金陵员工真挚情感的服务，赢得了来自世界各地客人的赞赏。

这些细致服务虽然看似小事，却在细微之处见真情，体现了“服务至上，宾客第一”的原则，使客房服务的范围不断扩大，从满足旅游者的基本需求发展到满足旅游者的多种需求，给旅游者带来了意外的惊喜和充分的心理满足，也为酒店提高了美誉度。

第四节　餐厅工作的服务心理

餐饮服务是整个饭店产品不可少的组成部分，同时也是饭店增加收入的主要渠道之一。一般接待旅游者的酒店都设有餐厅，以方便旅游者进餐。随着现代社会经济的发展，有许多不在饭店住宿的宾客光临餐厅，同样，旅游者也可不在下榻酒店的餐厅而到其他地方就餐。怎样才能吸引旅游者非常高兴地走进酒店餐厅，使非住宿的散客慕名而来，又使他们高兴而归，甚至带着留恋的心情离去？这当然涉及多方面的综合因素，但餐厅服务心理是其核心问题。

一、旅游者对餐厅服务的心理需求

1. 清洁卫生

旅游者都非常注意餐具和饮食环境的卫生。卫生是旅游者的基本生理需求，餐厅要重视卫生，确保客人的饮食安全。旅游者对餐厅卫生的要求体现在环境、餐具、食品、服务人员等几个方面。

(1)环境卫生

良好的就餐环境能给旅游者带来安全、愉悦、舒适的感觉。做到就餐环境清洁卫生，就要使空气清新，天花板和墙壁等无灰尘，地面清洁无污垢，窗明几亮，桌椅整齐干净，台布、桌布干净无瑕，厅内无蚊蝇等害虫。只有这样，旅游者才能放心就餐，否则就会离开选择其他就餐场所。

(2)餐具卫生

大部分餐具都是客人共用的，有时难免染上某些病毒和细菌，所以餐具卫生就显得非常重要。因此，餐具在使用前必须洗净、消毒，符合国家有关卫生标准，未经消毒的餐具不得使用。禁止重复使用一次性使用的餐饮用具。洗刷餐具必须有专用水池，不得与清洗蔬菜、肉类等其他水池混用。洗涤、消毒餐具所使用的洗涤剂、消毒剂必须符合食品用洗涤剂、消毒剂的卫生标准和要求。餐具清洗必须做到一洗、二刷、三冲、四消毒、五保洁。

(3)食品卫生

俗话说“病从口入”，旅游者对于饮食卫生的要求是最重视的。餐厅提供新鲜、卫生的食品是防止病从口入的重要环节。因此，不论餐厅的档次规模，就餐的客人都有一个共同的心愿，那就是能吃到新鲜卫生的食品。为此，餐厅的食品要保证原料新鲜、厨房整洁、厨具卫生，特别是凉拌菜要用专用消毒处理工具制作，防止生、熟、荤、素直接地交叉污染。严格检查食品、饮料的保质期限，坚决禁止供应过期食品。

(4)服务人员应按卫生操作规范提供服务

每位餐饮员工都要严格遵守餐饮部制订的卫生工作条例，持健康证上岗。在客人眼里，服务人员的整洁卫生是餐厅卫生形象的一个重要标志。服务员应特别注意个人卫生习惯，不留长指甲，不能有挖鼻、掏耳、手擦眼泪等不良习惯。在餐台布置、餐桌准备、餐中服务(上菜、配菜、斟酒)等方面，都应该严格按照卫生操作规范提供服务。例如，上菜时，服务员切忌手指碰到食物，讲话时不要口对食品等。

2. 尊重

在餐厅服务中，要注意满足旅游者的尊重需要。俗话说：“宁喝顺心汤，不吃受气饭”。如果旅游者在餐厅未得到尊重的满足，再好的美味佳肴也会食之无味。为了满足旅游者在餐厅求尊重的心理，服务人员可采用如下策略。

(1)微笑迎送

到餐厅就餐的旅游者首先感到的是服务人员的热情接待。微笑是内心喜悦的情绪语言，是笑容可掬的神态，虽不出声音但充满温情。微笑是餐饮服务员的职业本能和职业习惯。迎接客人，微笑是欢迎语；客人离去，微笑是告别词。因此，微笑迎送旅游者能使旅游者得到被尊重的心理需求。

(2)领座恰当

旅游者到餐厅就餐,服务人员要主动上前引领入座,而不能让旅游者自己找座位,以免旅游者产生被冷落感。在领座过程中,要征询旅游者的意见,由旅游者决定坐什么位置。

(3)尊重习俗

服务人员除应注意服务技巧外,还应尊重旅游者的风俗习惯和生活习惯。这就要求服务人员首先要弄清旅游者的宗教信仰和民族,并且熟悉与宗教信仰和民族习俗有关的知识,如信仰佛教的人吃素,信仰伊斯兰教的人不吃猪肉,信仰印度教的人不吃牛肉等;还要主动了解旅游者的口味习惯,并在点菜单上注明,提醒厨师在用料上不要触犯旅游者的宗教禁忌并迎合他们的口味要求。

(4)"请"字不离口

在餐厅服务中应多用"请"字,这样往往使旅游者得到了尊重的满足。如旅游者临门,服务员主动招呼"请进,欢迎光临";进门后,引领旅游者到位后说"请坐"、"请点菜";上安客茶时说"请用茶";当菜肴上桌时说"这是某某菜,请用餐";当旅游者需要调料时,服务人员应立即取来并说"请您适量添加"等。只要服务人员做到"请"字不离口,旅游者就餐就会得到多一份尊重,餐厅服务也会赢得美好的声誉。

3. 求美

对旅游者而言,在餐厅用餐,不仅能一饱口福而且要大饱眼福,这是旅游者最重要的心理需求之一。实际上,旅游者在餐厅的用餐过程就是一项综合性的审美活动。旅游者会要求食物酒水合口味,而且色香味形器俱佳;要求餐厅外观形象美且内部环境美,要求服务人员仪表美且内心美。

4. 快捷

旅游者到餐厅坐定点菜后,一般都希望餐厅能快速上菜。这除了旅游者赶时间这一原因之外,主要是旅游者对等上菜的时间错觉造成的,菜肴出现之前的时间在旅游者的心理产生放大现象,他们会感觉时间过得特别慢。

5. 公平

旅游者外出旅游,来到陌生的环境就餐,比较敏感的就是接待的差异和菜肴的价格,因此公平合理也是旅游者对餐厅服务的基本要求。只有当旅游者认为在接待和价格上是公平合理的,才会产生心理上的平衡,否则会感到受歧视或被欺骗。根据亚当·斯密的公平理论,人的公平感是通过比较而产生的,具有相对性。旅游者在就餐过程中的比较,既包括同一餐厅的不同旅游者之间,也包括不同餐厅之间。同类型、同等档次的餐厅在价格上、数量上以及接待上的不同都会引起旅游者的比较。餐厅在指定价格、接待规模上都要注意尽量客观,做好质价相符,公平合理。

6. 求知求新

旅游者在餐厅就餐也是了解和体验异域饮食文化的过程。旅游者在品尝菜肴时还想了解菜名的寓意、来历、典故、营养、用料和烹饪方法等,甚至对于色香味形器俱佳的拼盘和名菜还会拍照、录像,这都是旅游者求知心理的表现。旅游者特别是境外旅游者到了餐厅,都热衷于品尝当地有名的风味特色,如北京的"烤鸭"、广东的粤菜、山东的孔府菜、福州的"佛跳墙"等,有的旅游者则喜欢品尝餐厅新推出的特色菜。

二、餐厅工作的服务策略

1. 树立餐厅的形象美

餐厅形象直接关系到旅游者对餐厅的印象，也直接影响到餐厅的经济和社会效益。因此，餐厅应十分重视环境的美化，为旅游者创造一个优美舒适的就餐环境。

(1)优美的视觉环境

视觉形象通常是最易形成感知的，因此餐厅形象美主要表现在它的外观形象美与内部环境美两方面。餐厅的外观形象美主要包括：

①建筑外观的美。造型优美、选材讲究、色调和谐、风格迥异的建筑外观，对就餐客人的心理能产生积极的影响。它能使客人产生美的心理感受，容易引起客人的注意，使客人看后产生各种丰富的联想，留下深刻的印象。因此，餐厅的建筑通常是建筑设计师发挥其想象力的结晶，他们通过建筑造型、结构、色调的巧妙结合，给客人塑造出一个直观而富有含义的艺术形象。高层建筑的恢宏、庭园楼榭的精巧，无不使人产生各种各样的联想。

②餐厅名称的美。餐厅的名称是告诉客人餐厅的风格、服务的项目和经营特色的标志。如“竹林小餐”，颇有闹中取静的雅趣；“山外山”、“楼外楼”，闻店名而生雅兴，使人不由想起“山外青山楼外楼”的诗句；香格里拉的“香宫”，潇洒而又飘逸，让人浮想联翩。又如经营宫廷菜的“仿膳饭庄”；经营清真菜的“清雅斋”；经营粤菜的“玉堂春暖”等，都言简意赅，而且准确地抓住了餐厅的特点，令人过目难忘。

餐厅的内部环境是为就餐客人服务的直接现场，和谐统一、美观雅致的内部环境会使饭店客人心情愉快、赏心悦目。餐饮经营者在布置餐厅环境时，必须考虑环境对就餐客人心理活动和就餐行为的影响。

①餐厅应布置得整齐和谐、井然有序、清洁明亮、图案淡雅、摆设新颖、挂幅别致。

②餐厅布置要坚持个性化与适应性相结合，民族化与现代化相结合，典雅化与气氛化相结合的原则。个性化是指餐厅的设计要突出本身的特点，在外观上直接反映出经营特色，以引起客人的注意。适应性是指餐厅不能过分追求新、洋、豪华的格局，既要反映风格特点，又要使客人感到可以接受，而不是可望而不可即，以吸引和留住更多的客人。民族化是指要体现民族特点和风格，体现民族的爱好和风俗习惯。典雅化是指餐厅的陈设和布局一定要从整体出发，不能错落零乱，力求古朴大方，雅观别致。

③餐厅布置应考虑到照明对不同客人的心理影响，如中国客人喜欢灯火辉煌，因为中国人就餐需要气氛热烈，且大家吃同样的菜肴，所以，中餐厅的灯光应明亮一些。而西方客人喜爱柔和的灯光，因为他们认为就餐纯属私人行为，且各自点吃自己的食品，因此，西餐厅的灯光应柔和，并采用可调节开关，以便营造温馨的气氛。

④餐厅布置应考虑到色彩对客人用餐心理的影响。一般以红、黄为佳，蓝色为差。因为黄色可刺激人的食欲，也可使菜肴看起来非常新鲜，而蓝色则会使菜肴黯然失色。

⑤餐厅装饰物要与整个餐厅的氛围相协调。对餐厅的四壁、地面、天花板、艺术陈设

品进行装饰和摆设时，应把整洁、舒展、艺术、典雅诸多因素综合起来加以考虑，壁画、地毯、挂毯、挂幅要和经营特色协调一致。餐厅的字幅、挂图宜多体现中华民族悠久的文化传统。同时，餐厅的外语挂幅、招贴、菜单、艺术品陈设也要充分考虑到各国客人的禁忌，所用词语要准确达意，以减少不必要的误解。

(2)愉快的听觉环境

餐厅中播放美好动听的音乐不仅对旅游者的心理有调节、愉悦的作用，而且可以增加他们的食欲；相反，餐厅里的噪音则会给旅游者的生理和心理造成不良的影响，而且降低食欲。在公共餐厅，如果就餐人数多，极易产生噪音，餐厅要尽量减少噪音的存在，可适当加大餐桌之间的距离。营造愉快的听觉环境，还源于宴乐的配置。宴乐的安排应根据不同宴会形式而有所区别。如大型宴会，整个气氛要求庄重而热烈，入席时宜播放《欢迎曲》《迎宾曲》以活跃气氛；上菜时，再用《进行曲》相伴，能给人以轻快流动之美。

(3)良好的嗅觉环境

在餐厅中，由于菜肴众多，会散发各种气味，加之各种酒味、烟草味，多种气味混合在一起，给人的感觉是很不愉快的。所以，餐厅要注意通风，保持空气清新，同时也要注意不能让厨房的油烟及其他气味散发到餐厅中来。

2. 注意食品的形象美

我国饮食文化源远流长，菜肴素以色、香、味、形、器俱佳而闻名于世，给人以视觉、味觉、嗅觉上美的享受。

现代旅游者到餐厅就餐，不但注重食物的内在质量，也越来越注重食品的外在形式。因此餐厅提供的食品，要从以下几个方面着手。

(1)色

这是菜肴上桌时，最先映入旅游者眼帘的。食物的色泽与其内在的品质有着固定的联系，菜肴的美好色泽，具有很强的味道表现力。味美的颜色可以增进旅游者的食欲，品味不好的颜色常使人望而生厌。一般来说，味美的颜色有“黄”、“红”、“绿”、“茶色”等。黄色，多给人淡香的感觉，如蛋糕、面包、菠萝等；红色，多具有浓香和鲜美的感觉，如西红柿、烤肉等；绿色，代表新鲜、清爽的味道；茶色易使人联想到咖啡、巧克力等。当然，由于旅游者的种族与文化背景的差异，在颜色的偏好上也存在一定的差别，这就要求餐厅服务人员要了解旅游者的特殊要求，做出相应的调整，满足不同旅游者的需要。

(2)香

在获得了视觉美的良好感受之后，再通过食品散发的香气激发嗅觉，就餐者的食欲就会被进一步诱发。菜肴的香气调动了就餐者的审美冲动，成为正式品尝菜肴的重要心理前奏。古人所谓“闻香下马，知味停车”，其深意即在于此。

(3)味

菜肴的味道让客人达到至高的审美境界。人们常说“美味佳肴”，没有美味，何来佳肴？因此，一道菜的成败关键就在于它的味道。同时味道的好坏，也是旅游者判断菜肴的第一标准，而品味也常常是旅游者就餐的主要动机。所以，餐厅要根据旅游者的饮食习惯来制作味道各异的菜肴，使旅游者在品味体验上得到美的享受。

(4)形

食品不但色、香、味能给就餐者带来美的享受，而且还是艺术作品。一道精美的菜肴，体现了烹饪大师的切、雕、摆、制、烹等技艺，给就餐者带来了艺术上的享受。如鸳鸯戏水、二龙戏珠等菜点，造型雅致，妙趣横生，使就餐者看见为之惊喜，品尝为之喜悦，百吃不厌。

3. 注意服务人员的形象美

服务员出现在客人面前应该是完美的。服务员的服务表现应该是外部形象仪表美与内在气质心灵美的和谐统一。因此，服务员在体态容貌上应端庄自然，穿着服饰上应美观大方，行为风度上应稳重文雅。由于饮食直接关系到人的身体健康，客人对餐厅的评价不只是从美学眼光加以审视，而且还从饮食卫生角度加以评价。因此餐厅服务人员出现在客人面前的形象，不仅是姿容美，而且还应该是整洁的美。这样，才能以一个比较完美的服务形象感染、吸引各类客人在餐厅就餐，并使之产生良好的心理感受。

餐厅服务员的形象美，可以表现在以下三个方面。

(1)身体健康，容貌端庄，精神饱满，发式规范整洁，注意手部的卫生与美观。

(2)服饰清爽、美观、素雅、洁净，给人以淡雅明快之感。

(3)服务操作规范得体，热情有礼，姿态优美，讲究技巧。

实训与练习

1. 简述酒店的工作概况。
2. 谈谈客人对酒店有哪些基本心理需求?
3. 在客房服务中，客人有哪些心理需求? 如何做好服务?
4. 实地调查：到所在地的五星级酒店观察前厅服务人员工作状况，谈谈你的感想。
5. 案例分析：

盐水虾的启示

某外贸公司在青岛白浪花餐厅宴请一位初来大陆的台湾客商。当“盐水虾”这道菜上来时，这位台湾客人突然提出要让值台服务员王小姐替他剥去虾皮。在服务程序中是没有这一项服务的。主人忙向客人解释到：“这道菜是自己动手的。”客人却很固执地说：“我只问王小姐可以不可以为我剥虾?”当时在座的客人都将眼光投向王小姐，一时气氛有些紧张。只见王小姐微笑着端过客人面前的餐碟，小心细致地用公用刀叉替客人剥虾。剥好后，又切成大小均匀的方块，送到客人面前，并说了一句：“希望您满意。”这位客人笑了：“大陆小姐的服务水准是一流的，绝不亚于港台!”在座的客人眼中也露出了赞许和自豪的微笑。

这件事以后，王小姐给自己提出了更高的要求。她认为，客人提出要求后再为客人服务是被动的，要想真正使客人满意，就要能猜透客人的心思，服务于客人开口之前。后来，有位澳大利亚客人在白浪花请客。当又上“盐水虾”时，王小姐注意到，别人都在自己动手剥虾吃，而这位客人却略有迟疑，她便主动上前询问：“先生，需要我为您剥虾吗?”“啊，可以吗? 太好了!”宴会结束后，这位澳大利亚客人握着王小姐的手说：“小姐，你的眼睛真厉害，可以看到我心里想的是什么。我回国后要告诉朋友们，我在中国享受到了皇帝般的待遇。”

根据此案例谈谈你对餐厅工作的感想。

第七章 相关部门工作心理

典型案例　三亚"宰客门"事件

近日三亚"宰客门"事件引起人们的广泛关注，三个普通菜要价4000元，一条鱼价值6000元实在令人震惊；同时，三亚官方曾回应称春节期间三亚旅游市场为"零投诉"又令其备受质疑，更引发网友对各种宰客行为的持续曝光。其实，各地景区宰客现象屡见不鲜，然而，谁都不希望多花冤枉钱，谁都不愿意被宰，那么我们该如何防范？为此，中新网生活频道特地为你揭秘旅行中最容易被宰的几个关键点，提醒游客们注意，千万别做冤大头！旅游本身就是一项花钱的活动，出门在外时时处处要花钱，而旅游消费陷阱却无处不在、防不胜防，因此游客在外旅游消费一定要步步小心，时时在意。旅行中游客需防范几大"被宰点"：

1. 吃。饮食消费宰你没商量，吃海鲜尤需小心。众所周知，旅游景区的饮食消费价格比普通地区要略高。一般地，游客到某个旅游胜地除了观看风景之外，还要品尝一下当地的特色美食，此时就有可能存在消费陷阱，也是游客最容易被宰的时候。尤其是在海岛游中，吃海鲜被宰更是防不胜防。

旅游景区的海鲜消费存在许多猫腻，且不说商家故意隐瞒天价恶意欺诈消费者，最常见的就有缺斤少两、以次充好、调包等种种陷阱，令消费者多花不少冤枉钱。也许有人会说，既然出来旅行，要多花钱是必定的。殊不知商家就是抓住游客这种心理，哄抬价格，弄虚作假，侵害消费者的利益。应对之策：建议游客多问几家饭店对比价格，吃海鲜要去海鲜市场，买完海鲜直接加工，享受一条龙服务。点餐或者购买土特产之前，先谈好价格，建议可以自带一杆小秤，"先谈价格再亮秤"。

2. 住。海景房不看海，准星级酒店不是星级。"全程入住准五星级"或"相当于五星级"酒店这样的说法在旅游广告中屡见不鲜，这样的宣传语常常会给人一种错觉，让游客以为住宿条件很好。其实，这是不良商家摸准了大众游客对于旅游行业的标准规范并不熟悉的情况，以模糊的表述忽悠消费者。

说到海景房，不少人就能浮现出"面朝大海、春暖花开"的惬意场景。然而，现在商家为了谋取利润，甚至将只能在某个角度看见大海的房间也标榜为海景房，谁要是定到这样的海景房，那真是太坑人了。应对之策：消费者报名之前应就住宿问题要求旅行社明示，并在入住时观察酒店是否将标有几颗星星的星级标示牌悬挂于显眼位置。此外，国际酒店并不在显眼位置悬挂星级标示牌，酒店品牌本身就代表着相对应的星级标准。如果是自助游的消费者，在碰到只有某个角度能看到海的海景房时应该果断要求换房间。

3. 行。无故被拼团甩团，自助游勿轻易坐路边揽客的车。很多游客都会有这样的经历，明明自己是在A旅行社报名参加旅游团，但直到发团时才发现，自己参加的团是B旅行社的旅游团。究其缘由，原来是某些旅行社因接受报名的消费者太少，组不成一个团，在消费者不知情的情况下，把这些已经报了名的消费者转给其他旅行社，由别的旅行社负责带团。笔者就曾遇到一次被拼团经历，结果造成两个团的人员争抢一只烤全羊的窘况，实在让人气愤不已。

自助游客或可避免拼团，但在出行时同样也会面对许多陷阱。比如在旅游景区周边揽客的三轮车、摩的，漫天要价的情况也不少见。应对之策：充分利用公交车、旅游专线巴士、机场巴士等公共资源；包车线路一定要自己设计，否则容易被宰；三轮车和二轮摩的，建议不要乘坐，危险并且很容易被"宰"；住在小酒店，建议不要让服务员帮你叫车。

4. 购。定点购物防忽悠，买特产要擦亮眼睛。购物是游客出门旅行消费中不可或缺的一环；尤其中国游客习惯于在旅游过程中购买当地特产送给亲朋好友。但不少购物陷阱也害苦了许多游客，骗人者的伎俩多半是以次充好，以假冒真，以低价吸引游客。

应对之策：不要被热情的言辞所蒙蔽，对于景区内及路边小店的土特产、纪念品，最好不买或少买，珍珠、水晶等要慎买。若决定购买，则应货比三家，讨价还价，才不至于吃亏。因为，景区内和路边小店出售的物品，价格一般比当地市镇商店的标价贵得多。假如你喜欢随大流，凑热闹，显阔气，出手大方，那就"宰"你一刀没商量。

（资料来源：新华网，2012 年 4 月 6 日）

本章要点

旅游交通部门工作心理分析、旅游营销部门工作心理分析、旅游购物部门的服务心理分析、旅游景区工作部门的服务心理分析。

第一节　旅游交通部门的工作心理

旅游业是一个综合性服务产业，旅游目的地除了需要拥有丰富的旅游资源和独特的旅游景区和景点之外，还必须建立完善的旅游接待体系。旅游交通、饭店、旅行社与旅游景区（点）并称为旅游接待业的四大支柱产业。在行、住、食、游、购、娱旅游活动六大要素中，交通先行，属于先决要素，对其他旅游活动能否顺利进行起着决定性作用。因此，旅游发展如果没有旅游交通体系这个旅游业发展的前提条件，没有通畅的外部交通体系，旅游目的地城市就无法把旅游者从客源城市引进来；没有四通八达的内部旅游交通体系，旅游目的城市的旅游景区和景点就不能串联成线，无法形成旅游线路，游客就无法在景区范围内方便地出入。可见，发展旅游业，必须首先以建立良好的旅游交通体系为基础，根据游客对交通的心理要求做好旅游交通的服务与管理。

一、旅游交通概述

旅游交通是指为旅游者实现旅游活动提供所需交通运输服务而产生的一系列社会经济活动与现象的总称。旅游交通业是由旅游公路、旅游航空、旅游铁路、旅游水运以及特种旅游运输方式共同构成的产业集合体，旅游交通使游客由客源地向目的地的空间转移成为可能。它介于公共交通运输业与旅游业之间，属于第三产业的范畴。依托运输设施为旅游者提供空间移位服务，并通过这种特殊的无形服务产品的生产、交换、消费创造经济产值，因而是一个新兴的交叉性、服务性经济产业。

一方面，它借助民用客机、旅客列车等公共交通设施，从事包括旅游者在内的所有旅客及其行李的公共运输活动。另一方面，它还利用旅游包机、旅游列车、游船等专用交通设施，在旅游客源地与目的地之间以及旅游目的地内各旅游活动场所之间，从事旅游者及其行李的专项运输活动。

1. 旅游交通的特点

（1）无形性

旅游交通运输业不同于生产有形产品的产业，它不产生有形产品，它是实现旅游者及其行李的空间位置转移。这种运输服务看不见，摸不着，无法试用，具有无形性特征。无形性增加了旅游交通经营管理的难度，诸如服务质量难以评定，服务产品难以促销，服务特色难以体现，服务纠纷难以解决等。这就要求旅游交通行业管理部门制订严格的行业服务标准和规范，要求企业根据行业标准和规范的要求进行各项运输活动，最终通过树立行业和企业形象，增强商业信誉，赢得旅游者的理性认同。

（2）不可贮存性

粮食和工业品都可以长期贮存，今天卖不出去可以留到明天再卖，其使用价值基本保持不变。旅游交通运输能力不能贮存，今天的舱位（座位下同）卖不出去，这些舱位今天的使用价值就浪费掉了，明天的舱位有明天的使用价值。运力的不可贮存性，要求企业制订科学周密的运营计划，建立高效的预订及销售网络，并进行及时合理的运营调度，不断提高客座利用率，才能避免运力浪费，实现良好的经济效益。

（3）季节性

旅游容易受节假日、季节和旅行日程安排等诸多因素的影响，因此，旅游者的旅游活动在时间上分布不均，这种现象被称为旅游活动的季节性。受旅游活动季节性的影响，旅游交通运输量也随季节和时间的推移而发生明显的、有规律的变化，具有较强的季节性。比如一年之中的寒暑假进入运输旺季，假期之后一般跌入运输淡季，其余为平季。季节性在运力安排方面给旅游交通企业带来巨大困难，按旺季配置运力会导致淡季运力的闲置浪费，造成经济损失；而按淡季配置运力则会带来旺季交通拥挤，影响社会效益，同时还会造成需求资源的浪费，丧失发展良机。克服季节性带来的不利影响，必须做到“运力适中、调控灵活、协作经营”，即按平季或各季平均客流量安排运力，通过浮动价格适时调节淡、旺季客流量，与景点、饭店、旅行社等相关企业共同开展常客优惠和淡季优惠等促销项目，维持基础客源，从而实现旺季不旺、淡季不淡、常年均衡的良性运输。

（4）区域性

旅游交通线路是根据旅游者的流向（流动方向）、流量（旅客数量）、流时（旅行时间）和流程（旅行距离）等因素，集中分布在旅游客源地与目的地之间，以及旅游目的地内各旅游集散、居留、餐饮、游览、购物、娱乐等场所之间，具有明显的区域性。旅游者首先从各旅游客源地集中流向旅游目的地的口岸城市和中心旅游城市，然后向其他热点旅游城市和旅游区分流，之后才向其他温、冷旅游城市和旅游区延伸。外部旅游交通，统称大交通，是指旅游客源地与目的地之间的交通，决定着旅游者可以进出旅游目的地的总量。内部旅游交通，统称小交通，决定着能否保持旅游交通热、温、冷线旅游客运量的相对均衡，保证旅游者在旅游目的地内正常流动和分流，对旅游业的发展具有重要的现实意义。只有将外部、内部交通有机结合，构成便利的旅游交通体系，才能克服区域性带来的热、温、冷线客运量分布不均的弊端，保证旅游者"进得来、散得开、出得去"，为旅游者提供满意的服务。

（5）服务与消费同时性

一般产业运行分为生产、流通和消费三个环节，在时间和空间上是相互分离的。而旅游交通产业只有服务和消费两个环节，而且这两个环节在时间和空间上相互统一，同时进行。旅游交通运输服务开始，旅游者的交通运输消费同时开始；运输服务结束，消费也随之结束。服务与消费的同步性决定了旅游交通运输服务不能进行事先检验，其结果必然是服务质量、意外事故、顾客满意度等难以预测和控制。旅游交通管理、技术和服务人员必须以高度的责任感和敬业精神，严格管理，规范操作，热情服务，才能提高服务质量，杜绝事故隐患，使旅客高兴而来，满意而去。

（6）游览性

旅游交通产业运行具有明显的游览性特征。第一，旅游交通客运一般只在旅游客源地与目的地之间进行直达运输，或在若干旅游目的地之间进行环状运输，使旅游者能够在最短的时间内到达旅游目的地，或在一次旅行过程中经过较多的旅游目的地，尽量避免走回头路，从而做到"旅速游慢"、"旅短游长"。第二，旅游交通线路，特别是公路和水运线路一般连接若干旅游景区（点），或经过风景、风情特色浓郁的地区，旅游车船多带有宽大的玻璃窗和可调节座椅，以便使旅游者在旅行过程中集中参加多项游览活动，领略沿途美景。第三，旅游交通工具富有特色，如具有传奇色彩的东方列车、具有民族特色的羊皮筏、具有地方风格的滑竿、具有现代特征的水翼船等。这些交通工具本身对旅游者有着极大的吸引力，能够满足旅游者求新、求奇、求特、求异的心理需要。

（7）舒适性

与普通公共交通相比，旅游交通更注重舒适性。旅游列车在车厢设施、服务项目和质量、乘客定员控制等方面，都优于一般旅客列车。旅游车船公司所使用的交通工具，也是以带空调、音响的豪华型车船为主。旅游者在预订航空交通工具时，也往往选择既舒适又安全的大中型喷气式客机。当今世界豪华旅游交通工具当首推巨型远洋游船，它们一般在 7 万吨级左右，拥有星级客房、风味餐厅、购物中心和各类娱乐、健身设施，被誉为"海上浮动胜地"。

（8）灵活性

普通旅客的出行一般是有往必返，其流量、流时、流向、流程比较均衡和固定，因此公共客运一般采用定期、定班、定线的固定作业方式。旅游者出行的季节性强且随意性大，其流量、流时、流向、流程极不稳定，分布极不均匀，因此旅游交通客运具有较强的灵活性和机动性。比如，定期民航班机不能随意变更航线和飞行时间，更不能随意取消和增减班次，而旅游包机则可自由选择航线和飞行时间，并可根据客源状况及时取消或增减包机飞行次数。旅游交通运输的灵活性为运输企业提供了多方位开拓市场的巨大空间，有助于提高客座使用率和减少经营风险。

2. 旅游交通方式的优缺点

(1)旅游公路交通方式

公路运输是最普及的旅游交通方式,世界上50%以上的国际旅游者、发达国家80%左右的国内旅游者乘坐汽车出游。它以汽车站为客运站场,以汽车为客运工具,以公路为客运线路,主要从事200千米以内的短距离旅游客运和专项探险旅游运输活动,如市内旅游客运、景点观光和汽车越野专项旅游等。其运输优势表现为灵活方便、便于游览和高效省时,其劣势是速度慢、运距短、舒适性较差、安全系数低等。

公路运输具有路网密度大、站点覆盖面广、客运班次频繁等特点,因此乘坐十分方便。团队或散客旅游者租车旅游,可以自行确定旅行时间和线路,随时停车游览、用餐和休息,非常灵活。旅游者驾私车出游,更是不受时间限制,并可根据需要任意增减游览景点,适时调整行程计划,因而更加灵活方便。

旅游公路运输速度较慢,行驶时可贴近或穿越城乡,还可直抵旅游景区(点)或活动场所,因此便于旅游者观赏沿途风貌,参与各种旅游活动。旅游汽车特别是越野汽车,动力强劲,减震性能优越,适于在各种路面行驶,成为探险旅游广泛采用的交通工具。旅游宿营车和流动旅馆汽车,集行、住、食、游等多功能为一体,成为专项旅游和家庭度假旅游的理想交通工具。

公路运输可实现"门到门"直达运输,有效节约了座位预订、行李托运、中转换乘等所需时间,在短距离运输中显示出便利省时的优越性。公路运输以单车为运营单位,调度灵活,可根据客源量的多少随时发车,从而使旅游者缩短了候车时间,相对增加了有效游览的时间。

旅游公路运输运行速度较慢,在高速公路速度限制在120千米/小时以内,在二级公路限制在80千米/小时以内,在城市街道限制在70千米/小时以内。受运速制约,其运输距离以不超过200千米为最佳。此外,受公路等级、交通管制、汽车性能以及驾驶人员素质等多种因素的影响,旅游公路运输的舒适性和安全性相对较差。

(2)旅游航空交通方式

航空运输是国际旅游者使用最频繁的交通方式之一,世界上约35%的国际旅游者乘飞机旅行。它以机场为客运站场,以飞机为客运工具,以航空线为客运线路,主要从事远距离旅游运输活动,如国内大城市间旅游包机和国际定期航班运输等。其运输优势表现为速度快、航程远和乘坐舒适,其劣势主要是价格高、灵活性差、游览功能弱。

航空运输是旅行速度最快的现代旅游交通方式。喷气式民用客机巡航速度一般为每小时900千米左右,比行驶在高速铁路上的列车快2～3倍,比行驶在高速公路上的汽车快8～10倍,比高速远洋游船快15～24倍。运输速度快有利于减少旅游者在途旅行时间和旅行的疲劳感,相应地增加实际游览时间,符合旅游者对"旅速游慢"客运方式的基本要求。

现代远程客机具有优越的续航性能,可持续飞行十余小时,逾万千米,成为连接世界各国的空中长廊。航空运输沿直线运行,少走或不走"弯路",相对缩短了始发地与目的地之间的旅行距离,航程远的优势也就越发突出,也正是这个优势使航空运输成为国际旅游最重要的交通方式。事实上,20世纪70年代以后出现的大规模国际旅游活动正是

远程喷气式飞机普及应用的结果。

现代旅游航空运输主流机型——喷气式客机，采用仿生学流线型外形设计，巡航高度在万米左右，因此摩擦阻力小，基本不受低空气流影响，飞行平稳，乘坐舒适。现代宽体客机，客舱宽敞，座位行间距离大，坐、卧、行皆便。此外，航空运输还以高科技硬件设施和高水准优质服务著称，有利于满足旅游者对高品位物质享受和精神享受的双重需求。

民用机场一般坐落在城市远郊，严重依赖机场班车或地铁等地面衔接交通工具，因此航空运输缺乏灵活性，而且在短距离运输方面难以发挥速度优势。航空运输基础设施建设和运营成本远远高于其他交通方式，因而平均运价最高。

(3)旅游铁路交通方式

铁路运输以火车站为客运站场，以旅客列车为客运工具，以铁路为客运线路，主要从事中距离旅游运输活动，如在旅游城市之间开行旅游列车和假日列车等。世界上约有6%的国际旅游者使用这种交通方式。其主要运输优势表现为安全正点、经济实惠和快速高效，其劣势主要是灵活性和舒适性较差。

现代铁路运输采用专用轨道，实行电子计算机调度、控制和监控，加之受气候因素影响较小，所以，不但不易发生交通事故，而且能够保证列车正点运行，便于旅游者安排行程。此外，电气化机车直接利用电能，基本上无空气污染，已成为世界各国重点发展的绿色环保型交通方式。

铁路旅客列车载客量大，单位运输成本低，因而客运价格适中。乘坐卧铺车厢的旅游者，在旅行过程中就宿车内，节约了昂贵的饭店住宿费用，显得十分实惠。旅客列车席位类别较多，从经济型硬座、硬卧，到舒适型软座、软卧，乃至豪华型软卧包厢，可满足各种消费层次旅游者的多样化需要，具有良好的性能价格比，更增强了经济实惠的优势。

随着既有铁路提速改造和高速铁路建设进程的加快，铁路运输速度和效率不断提高。在日本和欧洲，时速200～300千米的高速铁路已十分普及。高速铁路列车在600～800千米行程范围内，速度优势最大，堪与航空运输一争高低。目前尚处于研制和小规模试营运的磁悬浮列车，运行时速可达400千米以上，是高速铁路的一倍。列车速度的提高，大大增强了铁路的通过能力，使得多班次、高频率运输成为可能，因此旅游铁路运输还具有快速高效的优势。

铁路运输专业化程度高，运力安排、调度都需要高度集中的统一指挥，因此缺乏灵活性和机动性。旅游铁路运输沿专用轨道运行，平稳性优于公路、水路运输，但受轮轨间强大摩擦阻力的影响，噪声和震感明显，因此舒适性逊航空运输一筹。

(4)旅游水路交通方式

水路运输以港口为客运站场，以船舶为客运工具，以水上航道为客运线路，主要从事水上游览和中距离旅游运输活动，如远洋巡游和内河客运等，约承担世界上8%的国际旅游交通运输量。旅游水运交通方式包括功能和特点反差极大的两种基本类型，即水上客运和水上游览。前者以运送旅游者为主要功能，运输优势是价格低廉，劣势是速度慢、舒适性差；后者以观光、度假为主要功能，优势表现为豪华舒适、安逸浪漫，劣势主要是速度慢、价格昂贵。

以旅客运输为主要功能的近海、湖河水运方式，多利用天然水道，运输能力极强。据统计，长江相当于6条同样长度铁路的运输能力，航道建设投资少，客运量大，降低了水运方式的单位运输成本，一般约为铁路运输的1/8～1/4，因此运价低廉。

现代远洋游船和内河豪华游船在很大程度上已超越了水运传统意义上的单一客运功能，成为集行、食、住、购、娱等多功能为一体的豪华旅游项目。尤其是7万吨级左右的巨型远洋游船，在碧波荡漾的大海中亦能平稳行驶，为旅游者提供了迥异于陆地的浪漫与幽静环境，适于观光、度假和娱乐旅游。巨型远洋游船巨大的运载能力和硕大的船体，为配备完善而豪华的旅游设施提供了可能，这是其他交通方式不可比拟的。例如，美国荷美航运公司旗下的6艘豪华游船，载客量一般为1200人，平均每两位游客配备一名服务员，服务十分周到。船上有甲板观景台、夜总会、健身房、温泉浴室、游泳池、音乐酒吧间、赌场、图书馆、电脑工作间和免税商店等，设施极为奢华、齐备。游船旅游的豪华性与舒适性对旅游者具有极大的吸引力。

受摩擦、浪涛、涡流等水阻力的影响，水上运输是四大现代交通方式中速度最慢的一种，内河客船的速度一般为10节(20千米/小时)，内河游船一般为15节(28千米/小时)，沿海客船一般为20节(37千米/小时)，远洋游船一般为30节(56千米/小时)。同时，受风浪等外力影响，船舶常处于摇摆和沉浮运动状态，从而使其舒适性大大降低。另外，由于江、河、湖、海在地理上分布不均，并严重受制于冰冻、台风等恶劣气候条件，水路运输的灵活性和安全性不够理想。

(5)特种旅游交通方式

受旅行习俗、地理环境、科技发展水平等因素的影响，除常规现代交通方式以外，世界各地还存在着丰富多样的特种交通方式。特种旅游交通方式的客运站场、客运工具、客运线路多种多样，无统一固定模式，主要从事游览性运输活动。其主要运输优势表现为类型繁多、游览性强、文化含量高和价格较低(特种现代方式除外)，其劣势主要是灵活性差、客运功能弱(有些甚至不具备客运功能)、舒适性差(特种现代方式除外)。

特种旅游交通方式类型繁多，从其适应的地理条件上可分为平地、坡地、山地、沙漠、草原、雪地、水上、水下、空中等类型，如平地的黄包车、坡地的旱地雪橇、山地的滑竿、沙漠的骆驼、草原的勒勒车、雪地的雪橇、水上的羊皮筏、水下的观光潜艇、空中的热气球等；从历史沿革上可分为传统、现代、超现代等类型，如传统的独木舟、马车和溜索，现代的摩托艇、索道缆车和滑翔机，超现代的气垫船、磁悬浮列车和太空船等；从主要功能上可分为客运、观光、娱乐、健身、竞技等类型，如以客运为主的水翼船、以观光为主的索道、以娱乐为主的仿古游船、以健身为主的自行车、以竞技为主的皮划艇等。

特种旅游交通方式具有优越的游览性。首先，它们在运输形式上千奇百怪，在功能上千差万别，能够满足旅游者求新、求奇、求特、求异的多样化特殊游览目的。其次，它们一般具有极强的参与性，多数可由旅游者亲自驾驭并从中得到独特、刺激的体验经历。最后，它们的普及程度一般较低，有些只保留在偏远少数民族地区，有些只在实验基地进行小规模试运行，具有浓厚的民族、地方或科幻色彩，能够满足旅游者怀古和探知未来的特种需求。

多数特种方式存在于特定的社会文化环境之中，从而使旅游者得以体验这些方式所

代表的地方民俗文化。比如羊皮筏漂流可以使旅游者亲身体验中国西北部黄河中游回族传统的水上交通文化;溜索使人领略到西南山区少数民族的传统山地交通文化;乌篷船则令人感受到绍兴地方特色浓郁的水乡交通民俗。特种传统方式蕴涵着古朴原始的文化内涵,特种现代方式孕育着五彩缤纷的高科技未来,充分反映出人类交通运输科技文化的传承脉络。

特种传统旅游交通方式,如羊皮筏、雪橇和黄包车等,一般只需简易的运输工具、站场和线路,因而运营成本低,运价低廉。但是,特种现代旅游交通方式,如磁悬浮列车、游览索道、水翼船等,则需要高科技运输工具、专用站场和专用线路,因而运输成本较高,运价也相应较高。

运输站场、工具和线路的多样性,决定了特种交通方式的地域局限性和孤立性。它们彼此割裂,无法形成统一标准的网络体系,因而缺乏常规交通方式所拥有的高效客运功能和灵活性。特种交通方式,或是历史的遗存,或是未来的雏形,或是景区(点)的配套设施,因此其运速、运距十分有限。除磁悬浮列车、气垫船、水翼船等高科技运输方式外,特种旅游交通方式的舒适性一般较差。

二、旅游交通心理需求的分析

1. 游客对旅游交通的心理需求

(1)安全

马斯洛的需要层次论认为安全需要是人们生理需要得到满足后最基本的一种心理需要。安全需要是游客首位的、最关心的交通需要。而游客对旅游交通安全的需求,可以总结为两个方面:

①手续便利。安全与便利是分不开的,便利的手续在省心、省力、省时的同时也意味着游客的人身和财产安全更有保障。

②旅途平安。人对安全的需要是仅次于人的生理需要的。外出旅游是人生乐事,每个人都希望能平平安安、快快乐乐地度过这段有意义的生活,此时旅途平安对于旅游者来说尤为重要,而且是作为一种最为关注的首要需求。任何人都期望"一路平安",绝不希望发生交通事故。安全是旅游活动的前提,可以说,没有安全就没有旅游。旅游包括"旅"和"游",只有保证旅游者旅途中的"一路平安",不发生任何交通意外事故,才能使其充分享受旅游活动的乐趣。

(2)快捷

在旅游活动中,旅游者通常认为"旅"是到达旅游目的地的条件,"游"才是目的,旅游者对时间的知觉是旅途要快、游览要慢,即"旅宜速、游宜缓"。"旅宜速"是一般旅游者对旅游交通最普通、最常见的心理诉求。旅游者都希望以最快的速度到达目的地,能尽量缩短在交通工具上的时间以增加游览时间。

(3)准时

在旅游活动中,时间通常被分为旅途时间、游览时间、用餐时间和休息时间等。又因为旅游交通带有严密的连贯性,前一站的误点和滞留要影响下一站的活动,会因此而误了航班、车次、食宿及游览活动。对部分游客还可能诱发一些涉外事件,如有些入境旅游者不能按时出境返回本地被业主解雇等。所以,旅游者对旅游交通服务普遍具有"准时"的心理需求。希望交通工具准时启程、准时到达、准时返程。这种需求是人们计划旅游活动内容,保持正常的生活和工作节奏的基本需要。

(4)舒适

旅游是一种高层次、全方位的审美活动,旅游者在旅游活动中的消费属于享受性消费。舒适的交通服务可以缓解身心疲惫,改善游客情绪,提高游客兴致。它包括两个方面:

①乘坐舒适。这是对物质方面的要求。旅游交通服务设施的条件状况,直接影响着游客的心理感受。

②优质服务。这是精神方面的需求。游客希望在旅途中得到文明礼貌、热情周到、人性化的服务。在现代旅游活动中,人们已经逐渐放弃"吃苦饱眼福"的旅游观念,转向追求舒适和快乐的新旅游方式。这种舒适和快乐贯穿于旅游活动全过程,自然也包括对旅游交通舒适的需要。人们休闲外出旅游是为了放松自己而得到物质和精神的快乐享受,旅途"舒适方便"的交通服务,正是迎合了这种生理和心理需求。旅游交通服务不仅要为旅游者提供"行"的方便,而且也要为旅游者提供"行"的舒适和快乐。

2.旅游交通中的游客分类

(1)享受过程者

老年游客,由于上了年纪,身体机能下降,不宜参加活动幅度较大的旅游行程,加上他们时间充裕,阅历丰富,因此他们希望行程缓慢,将旅途本身和旅游目的地视为同样重要的旅游过程。所以,宽敞舒适的旅游专列、游船为首选。老年人旅游多为消除苦闷,打破寂寞,驱散烦恼;同时能开阔眼界,丰富知识,增强体质,陶冶情操。为使老人感受到生活的乐趣、生命的价值,在旅途中应配备医护人员,同时合理安排活动,既不让老人劳累,又能感受到生活的多姿多彩,生命的希望与活力。

(2)看重目的地者

如果游客是以度假为目的,那么他将希望尽快赶往旅游目的地,把更多的时间用于悠闲、安逸的度假。这类游客对旅途不感兴趣,会选择飞机、特快列车或直达车,尽可能缩短旅途,不让旅途多占用度假时间。

(3)走马观花者

中青年游客要应对激烈的生存竞争,要学习、要充电,闲暇的时间很少。他们出游大都选择节假日和与出差有关系的旅游线路。因为时间关系,他们大多属于走马观花者。为了能在有限的时间内尽量多走多看,他们往往会平分旅途和目的地时间。

(4)猎奇求异者

这类游客喜欢新鲜经历和新奇事物,喜欢不同寻常的经历。他们的旅游常常伴随着探险，因而旅途中，他们往往会摈弃四平八稳的交通工具，而选择骑马、骑骆驼，坐竹筏、驴车等。在体验新颖的交通方式中，获得全新的刺激和与众不同的感受。

三、旅游交通工作的服务策略

1. 确保旅游者安全需要

(1)交通工具在运行过程中受机械故障影响，有发生事故的可能性，因此，在旅行开始前，必须对交通工具进行认真检查。

(2)旅游交通部门应选择技术水平良好、经验丰富、责任心强的司乘人员，对司乘人员进行安全方面的教育，尽量避免技术事故的发生。

(3)旅游交通部门可以通过多渠道对旅游者加强交通安全的宣传和教育，丰富旅游者旅行安全常识及增强旅游者自身交通安全的保护意识，发现违规操作的情况，能够及时举报和制止，减少交通事故的发生率。

2. 加强交通服务设施的现代化

为了确保旅游者对速度和安全的满足，必须不断提高区际、区内的旅游交通硬件条件，完善道路、基础设施和交通工具。

(1)合理的交通设计

要让游客"进得去、散得开、出得来"，就要设计和规划安全、高效、便利和四通八达的铁路、航线、公路网。

(2)完备的基础设施

首先，要依据地理条件对其进行合理的规划和布局；其次，基础设施应具备安全性和适应性，要考虑到游客对安全、便利的需要。

(3)合适的交通工具

首先，要选择与旅途相适应的交通工具，以确保旅途的安全和便利；其次，安排多样的交通工具以满足游客多样性需求；再次，提供现代化的交通工具满足游客对舒适的心理需求。

3. 提供人性化的交通服务

(1)交通服务方式灵活化、人性化

人性化的服务是指充分为游客着想，以游客需求为中心，"以人为本"，从而满足游客在旅游过程中的心理需求。面对形形色色的游客和各种不同的心理需求，在交通服务方式上灵活、周到、人性化的做法往往会立竿见影，比如订票、退票方便，给游客自主选择权和充分的游览时间等，都是满足游客旅游心理需求的表现。

(2)人员服务职业化、高质化

首先，有过硬的知识、技能。为确保游客生命财产的安全，必须加强对服务人员的安全教育，强化安全意识，提高安全操作技能、服务技能，对交通工具、基础设施进行严格的维护与检查，加强安检。其次，有良好的情感品质。良好的情感品质是提供优质服务的前提，具备良好情感品质的服务人员，有顽强的毅力、有高度的责任心、有丰富的情感，能真心诚意地关怀游客，服务才会体现出浓浓的人情味。再次，有敏锐的观察力。思维敏

捷的服务人员能主动察觉游客的需要，并及时提供体贴入微的服务，正所谓“想游客之所想，急游客之所急”。能机敏、果断地判断、分析、处理各种事件，使服务更有针对性。

4. 建立“一条龙”服务体系

(1)“一条龙”服务体系是在旅客联合运输的基础上延伸和发展起来的。旅客联合运输，指组织运用两种以上的运输方式实现旅客从起运站(港)至目的地的一种联合运输形式。它具有统一购票、一票到底的特点，使旅游者在中转地能及时换乘，简化了手续。

(2)“一条龙”服务体系使单一化服务向多元化发展，有的旅客联合运输涉及运输部门、市内交通部门及其他旅游相关服务部门，内容包括沿途食宿、交通接送、景点游览、导游员服务等项目，不仅免除了旅游者的后顾之忧，同时也能获得相对优惠的价格。

(3)“一条龙”服务还具有全程联网的特点。由于“一条龙”服务体系涉及不同的接待服务部门和各种交通工具，其中任何一个环节出现问题，都会引起一系列的连锁反应，影响到旅游者的正常活动，所以“一条龙”服务要求接待服务和交通工具等方面在时间上要进行科学的安排、周密的计划，将食、住、行、游、购、娱各环节有机地衔接起来。在旅游者入境、游览直至出境的全过程中，在民航、铁路、车船队、饭店、景区景点等部门之间要做好大量的组织联络和协调工作，努力把突发性事件给旅游活动造成的影响减小到最低限度。

(4)“一条龙”服务体系要求旅行社、旅游交通部门、景区景点、餐饮、娱乐各部门相互配合、协调一致，强化质量意识和服务意识，在政府有关部门的监督指导下，加强日常的自检、互检、专控手段，优化整体素质、减少内耗、简化手续，使旅游者的旅途安全、舒适、准时、便捷。

第二节　旅游营销部门的工作心理

未来学家托夫勒认为，人们在生活富裕以后，将更加看重产品和服务的心理成分。他在《未来的震荡》一书中写道：“我们正在从一种‘饱肚子’经济向一种‘心理’经济过渡，因为需要满足的肚子只有那么多而已！今天在所有技术化的社会中，特别是在美国，生产上的一个怪现象就是在设计产品时，要愈来愈多地考虑给消费者一点‘额外的’心理满足。制造商在其产品中添加‘心理成分’，而消费者也乐意为这种无形的收益付款。”“然而上面提到的不过是经济心理化的第一个步骤。第二步便是扩大服务业中的心理成分。”由此我们不难看出，这是一个逐渐由理性消费步入感性消费的时代。市场的极大丰富，使消费者显得比任何时候都更加谨慎，其购买行为已不再仅仅取决于一般的生理需要，更取决于对某个企业或产品的综合印象和感受。即消费者对市场商品的取舍依据已不仅仅是质量、性能、价格等硬性标准，而是开始重视所购商品能否为他们带来美感、自豪感和新鲜感，喜欢不喜欢、满意不满意逐渐成为他们所关心的主要问题。如果说昔日商战是以推销观念为核心的兵战，今日则开始过渡到以市场营销观念为核心的心战；昔日商业注重以阵地战为主的硬营销，今日则转为注重攻心战为主的软营销。在此状况下，侧重于刺激消费者情感购买动机的商业文化，便以其无可替代的优势，显示出巨大的潜力。随着我国经济条件的好转，空闲时间的增多，越来越多的消费者加入购买旅游产品的行列；而这种对于旅游的投入，实际上是花钱买经历；舍得花钱买“无形”的经历，不仅是生活水平提高的表现，也是生活质量提升的标志。由此可见，旅游业面临着良好的发展态势。

一、旅游营销概述

旅游需求决定了旅游产品的生产和设计。对此，旅游经营者应有清醒的认识。旅游经营者要增强整体旅游产品竞争意识，充分认识旅游产品特点，并把握这些特点进行市场运作。在现代旅游市场上，已形成了供大于求的格局，旅游者“饥不择食”已成为历史，旅游企业不能只是出售所能提供的产品，首要的工作是通过了解旅游者需求、设计出符合其需要的旅游产品并向其出售，即出售游客所希望购买的产品。以一家酒店为例，不仅仅要有建筑物、床铺、餐厅、游泳池等，对旅客来说是他在旅游行程中离不开的休息、娱乐、有趣味、有新鲜感的场所。如果漠视游客需求，不能从他们的立场去审视企业的营销活动，旅游企业所提供的食、住、行、游、购、娱等产品则很难被市场所接纳。

由此可见，旅游产品供给的最终决定因素是旅游者的需求，因此，关注旅游者需求比关注旅游产品更有价值。一些旅游市场营销专家认为：明智的旅游企业应该爱游客而不是旅游产品，因为游客才是旅游企业的“最爱”和“真爱”。

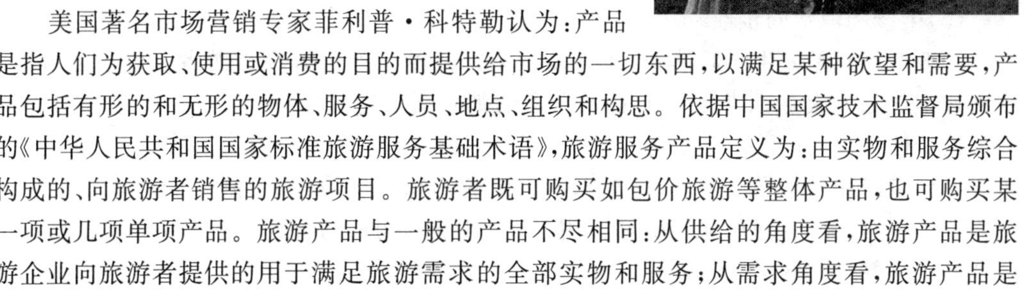

1. 旅游产品的概念

美国著名市场营销专家菲利普·科特勒认为：产品是指人们为获取、使用或消费的目的而提供给市场的一切东西，以满足某种欲望和需要，产品包括有形的和无形的物体、服务、人员、地点、组织和构思。依据中国国家技术监督局颁布的《中华人民共和国国家标准旅游服务基础术语》，旅游服务产品定义为：由实物和服务综合构成的、向旅游者销售的旅游项目。旅游者既可购买如包价旅游等整体产品，也可购买某一项或几项单项产品。旅游产品与一般的产品不尽相同：从供给的角度看，旅游产品是旅游企业向旅游者提供的用于满足旅游需求的全部实物和服务；从需求角度看，旅游产品是旅游者在实现旅游消费需要中所体验的食、住、行、游、购、娱的全部经历，包括三个层次：

第一个层次是旅游产品的核心层，是给旅游者带来的核心利益。旅游者购买某项产品，最主要目的不是得到产品本身，而是要得到某种核心利益。如一位饥肠辘辘、疲惫不堪的观光旅游者所追求的核心产品很可能是一杯饮料、一餐能很快解决饥饿的简便饭菜、一间可供其休息的客房。从核心产品看，不同旅游企业提供的不同产品核心往往有很大差别。旅行社提供的是“旅游经历”，旅游交通部门提供的是车船机舱座位，旅游饭店提供的是食品、饮料、客房床位等。当然仅仅考虑产品核心层是不够的，还要从其他角度来综合考虑旅游产品的设计。

第二个层次是形式层。包括旅游产品质量、风格、特点、式样、品牌，如果说核心层是旅游产品的最基本内部，那么形式层是核心产品的实现形式。

第三个层次是附加层。是指为旅游者提供附加利益和附加服务，如旅游消费信贷、优惠付款条件、旅游信息咨询、免费接送服务、购物折扣等。旅游企业可以利用这些附加利益和附加服务，来提高游客的满意度。

2. 旅游产品特点

旅游者进行旅游产品的购买，就必须了解旅游产品所具有的特性。因旅游产品不同于一般的商品，它有以下特性：

(1)无形性

虽然旅游产品的某些构成是以实物形态表现出来的有形产品，但旅游产品的主体则是以多种服务表现出来的无形产品。从旅游者角度看，在旅游活动中除消耗少量实物产品外，大部分消费是接待服务、导游服务、观光游览，由此构成一次完整的旅游经历。

(2)综合性

旅游产品的综合性是由旅游者需求的综合性所决定的，旅游需求从大类看有食、住、行、游、购、娱及相关配套服务，几乎涉及日常生活所有领域；从需求成分看既有物质需求，又有精神需求；旅游产品的生产经营涉及农业、工业、商业、建筑业、金融保险、交通运输、酒店、旅行社、饮食等多个行业及文化、教育、科技、公安、海关等部门，所跨的行业和部门之广是其他产品难以比拟的。旅游产品的综合性要求旅游企业要搞好与相关部门和行业的协调，在科学组合产品上下功夫。在旅游黄金周期间，一些旅游者抱怨住宿难、乘车难、游览地人满为患，有的游客甚至状告旅游企业，就是因为对旅游者需求的综合性考虑不周所致。

旅游产品的综合性也是旅游业脆弱性一面的具体反映，相关因素稍有波动，旅游产品的需求马上会发生逆转。如发生战争、突发事件等，会立即导致旅游产品需求萎缩。旅游企业应充分认识旅游产品的脆弱性特点，尽量减轻相关因素对旅游产品需求的负面影响。

(3)生产和消费同步性

一般产品总是先生产后消费，而许多旅游产品的生产只有在旅游者光临后才开始，生产过程伴随着旅游者消费进行，随旅游者的消费活动完成而终结。旅游产品生产与消费的同步性还说明旅游产品在游客消费之前一般还不是“成品”，旅游者在消费前一般也难以对旅游产品质量做出评价，这意味着旅游者的购买风险较高，同时也意味着旅游沟通与促销将对旅游者起更强的引导作用，恰如其分的沟通与促销，将有利于旅游者了解企业的产品并选择购买。

一些旅游企业在利用生产与消费同步性方面有很成功的运作。如餐饮在一些酒店已被“美食”和“现场美食制作展示”综合享受所取代，厨师从后台走到前台，把菜肴后台制作的部分过程放到前台制作，展示制作艺术，使客人既饱口福又饱眼福。

(4)不可转移性

一般产品会随着所有权的变动而移动，如消费者购买一件衬衫，付款后会带走它。而大多数旅游产品所有权不会转移，如观光产品、客房产品等，旅游者购买的是特定时间、特定地点的产品使用权，如特定班次的车船、航班的座位代表乘坐权、景点门票代表观赏权等。

大部分旅游产品具有不可转移性，但也有一部分旅游产品是可以移动的。一些旅游企业经营者善于利用空间策略创造市场，通过“移动”旅游产品使之走近旅游者而取得了成功，如酒店餐饮外卖、把宴席开到野外场所等。

(5)不可贮存性

一般实物产品暂时销售不出去可以贮存待售，但以非实物形式存在的旅游产品一般

不可贮存，只有旅游者前来消费，其价值和使用价值才能实现。一间客房、一个车船座位、一次游览，今天是今天的价值，明天是明天的价值，如果没有售出，今天的价值就会全部损失，而且永远都无法得到补偿。旅游产品有很强的季节性，旅游企业应十分关注旅游产品的不可贮存性，在淡季时努力争取客源，尽可能减少因销售不出去而导致旅游产品价值的损失。一些营销有方的旅游企业，创造了淡季不淡、旺季更旺的经营佳绩。

(6)替代性强

旅游产品是满足人们精神享受的非生活必需品。人们对精神产品的需要不仅可以通过消费旅游产品获得，也可通过教育、体育健身等方式获得。如果旅游产品不尽如人意或其他产品吸引力更强，那么一部分旅游产品被取代的可能性就越大。当然随着经济的发展，社会对旅游产品消费的增长速度会加快。

旅游产品的替代性强，还表现在它们之间存在相互替代的可能。如新酒店取代老酒店成为游客新宠；经营不善且脏、乱、差的旅游景点渐渐衰落而被新景点取代也不乏其例；旅游交通工具之间也有一定的替代性，一些传统的旅游交通工具如船舶等逐步被飞机、火车、汽车取代；还有一些旅游产品受季节变化影响被暂时替代，如冬季时，中国南方一些旅游地游客纷至沓来，北方大部分旅游地则进入淡季。

3. 旅游产品的购买过程

购买决策过程既有简单的决策过程又有复杂的决策过程。简单的决策过程有习惯型购买决策、冲动型购买决策等；复杂的决策过程包括五个阶段：认识需求、收集信息、评估判断、购买决定、购后评价阶段。

(1)认识需求

每个潜在的游客，他们都有着自己不同的旅游需求，他们主动或者被动地认识到自己的旅游需求，是购买决策的第一步。

(2)收集信息

旅游信息来源很多，其中较为典型的信息来源有四种，即个人来源、商业来源、公共来源和经验来源。

(3)评估判断

潜在购买者通过各种渠道得到旅游信息后，会对这些信息进行评估判断，在各种备选方案中进行比较，经综合评价后做出选择。

评估的模式有四种：理想产品评估模式、最低接受评估模式、重点评估模式、逐项评估模式。

旅游企业了解潜在旅游购买者评估模式，有利于把握目标旅游市场潜在旅游者所关注的重点，设计出符合产品评估标准的旅游产品，同时避免把市场所广泛关注的重大缺陷产品如安全性差、质次价高的旅游产品投放市场。

(4)购买决定

在经过评估判断后，潜在旅游购买者对于可供选择的若干品牌旅游产品按其符合自己心意的程度排出先后次序，通常会选择最符合心意的旅游产品优先购买。然而从购买意图的初步形成到实际购买，还会受到别人态度和意外情况这两个因素的影响。

(5)购后评价

潜在购买者实际购买后，并不意味着旅游企业营销工作的结束。

二、旅游营销的策略

1. 旅游者的购买行为

(1)旅游购买行为的概念

旅游购买行为是指旅游产品购买者在收集旅游产品有关信息的基础上,选择、购买、消费、评估旅游产品过程中的各种行为表现。旅游购买者是旅游企业的产品和旅游企业生存和发展的生命线。不同的旅游企业、不同的旅游产品,旅游购买者结构模式也有较大的差异。研究旅游购买者结构模式的目的在于通过不断改进营销组合,提高旅游购物服务水平。不同人士旅游购买动机有时基本相同,有时有很大差异。即便是同一个人旅游购买动机也会因时间、地点的不同而异。人们的旅游购买动机是复杂多变的,其中这些动机又包含身心健康动机、文化动机、社会动机、求名动机、经济动机等。但综合分析可以看到旅游购买动机具有模糊性、复杂性、变化性、内隐性、冲突性等特点。

(2)旅游购买行为的"黑箱"模式

对旅游购买行为要研究的核心问题是了解旅游购买者对各种营销刺激的反应,其中最具代表性的就是所谓的"黑箱"理论。之所以称为"黑箱"理论,是指人们的购买行为由一系列似乎看不见、摸不着的心理过程组成。

(3)旅游购买行为影响因素

旅游购买行为是社会因素、旅游者特点与环境因素共同作用的结果。旅游购买行为的刺激因素包括两类:一类是外界因素,如政治因素,包括政治制度、政局、国家关系、法律与法规;经济因素、文化因素、社会因素,包括社会阶层和相关群体,相关群体是指对一个人态度、意见和价值观起影响作用的群体;家庭是相关群体中最重要的方面,家庭成员的角色和地位对购买行为影响各不相同,每个家庭都有主要决策者;还有就是旅游企业的营销刺激,即旅游市场上各类旅游产品品牌、旅游产品的价格、营销渠道、沟通与促销等信息对旅游者的刺激。另一类是旅游者自身因素,包括个人特征和心理特征两种。其中个人特征又包括旅游者性别、年龄、职业、健康状况、经济状况、居住地、生活方式、家庭生命周期、自我观念和个性等因素,心理特征又包括动机、感觉、学习过程、信仰、信念与态度等因素。其中感觉是指依靠人们的五官所获得的视觉、听觉、嗅觉、触觉和味觉。感觉与知觉对旅游购买行为影响较大。研究表明许多人并不是依赖客观事实而是依据自己感知的"事实",也就是自己所认为的"事实"来购买旅游产品。

2. 促进旅游者购买行为的策略

(1)合理安排旅游时间

设计旅游产品组合,首先要考虑时间安排的合理性。如旅游公司的包价旅游,从一日游到多日旅游线路的设计,就是以时间为序组合旅游产品。切实可行、有张有弛、衔接紧密的时间安排,将有利于旅游产品质量的提高;而时间安排不当,导致误机、误车等事故往往会让旅游者十分反感。

(2)科学安排旅游行程

在旅游产品的空间设计方面,不能让旅游者在各景点之间疲于奔命,而要作出科学安排,景点选择要有特色、忌重复。

(3)有针对性的适应需求

不同的社会、职业、文化背景和风俗习惯的旅游者对旅游产品的需求往往有较大的差异,因此旅游企业在组合旅游产品时,要根据需求的差异性提供各种因需而异的旅游产品。如"妈祖文化"旅游线路对台、港、澳、新、马、泰客人有一定吸引力,英、美客人大都无多大兴趣;而对英、美游客来说,逛北京的胡同、参观居民四合院、游长城等会更感兴趣。

(4)选择便捷舒适的交通工具

选择适当的交通工具既可节省旅途时间和交通费用支出,又能带给旅游者安全、便捷和舒适。一些旅游公司在远程旅游线路设计时,在交通工具选择上既考虑远距离景点的飞机,又考虑中距离的火车,还安排了短距离的汽车,甚至有条件时还安排了近距离的轮船,使游客在交通工具的变化中体验不同的美感。选择交通工具时,应注意尽量不安排单日超过12小时以上的火车、汽车旅行,否则游客过于劳累,会影响旅游产品质量。

一些特殊旅游交通工具本身对游客就有很强的吸引力。如冬季在白雪皑皑的东北,坐雪橇或骑马游林海雪原的经历是美的享受;约旦的一家旅游公司推出乘"沙漠之舟——骆驼"进行短距离旅游就很有特色,旅游者在导游的引导下,白天骑在驼背上尽情领略沙漠风光,晚上有篝火晚会、有烧烤,夜宿帐篷,听《一千零一夜》故事,令旅游者十分陶醉。

(5)提高旅游项目的参与性

在旅游产品组合中,不仅要使旅游者游得尽兴,而且应尽可能让旅游者体验参与的乐趣。如一家旅游公司针对欧美旅行团推出了"农家乐"旅游产品组合,较强的参与性颇受外宾喜爱。

3. 采取适当的营销策略

(1)通过多种途径与方式,加大宣传力度

瑞典旅游业是仅次于本国林业的第二大产业,其振兴旅游业的首要秘诀就是"扩大对公众的宣传"。瑞典全国共有400多个旅游业信息中心,除提供各种有关旅游的咨询外,还办理旅馆预订、交通票据预订和外汇兑换业务,在宣传促销、方便游客、提高旅游目的地声誉等方面发挥着重要作用。理论和调查表明,消费者之所以对企业发出的有关商品信息遗忘,重要的一个原因是重复不够,即刺激—反应的过程不够。按心理学讲,重复,就是强化刺激。通过大量的宣传使消费者有更多的机会接受刺激,从而达到保持记忆的目的。国外曾有人对漂白剂和速冻仪器的广告重复对消费者的影响进行过调查,结果发现重复刊登广告可以使产品的扬名率持续上升。若连续刊登20周,产品扬名率可达75%,若只刊登4周,则扬名率几乎为零。因此,旅游企业应采用大众传播媒介、新闻发布会、各项节庆纪念活动、展览会、广告、企业刊物等形式,高频率、高密度地进行宣传,使要推出的旅游产品深入人心。

河南省具有悠久的文化历史,是中华民族文明的主要发祥地之一,在6000年华夏文明史中,河南留下了史诗般辉煌的历程,先后有20多个朝代迁都或建都于此,中国七大古都,河南省占三,即殷商古都安阳、九朝古都洛阳和七朝古都开封。还有全国三大石窟之一的龙门,中国最早的佛寺洛阳白马寺,中国活的历史博物馆中岳嵩山,世界建筑荟萃、风景宜人的信阳鸡公山,名震中外的少林寺,世界闻名的安阳殷墟,郑州商城遗址和南阳医圣祠等,旅游资源极为丰富,为旅游产品的营销奠定了良好基础。然而,若以此等

客上门，依然难有最佳的效益。电影《少林寺》在国内外放映后，少林功夫的神秘性、健体防身的实用性对西方人来说颇具吸引力，河南省旅游局及国旅郑州分社据此定出很有特色的武术功夫旅游路线，并派出促销小组到欧洲、美洲等地参展、促销，吸引了大量客源，可谓成功营销的范例。

（2）提高信息来源的可信度

如果传递的信息内容权威性高，其可信赖程度就强，旅游者就易信服；反之，信息内容缺乏权威性，其影响力就弱。如果旅游者对一些新景点的信息尚不了解或知之甚少，甚至持怀疑态度，作为旅游企业的经营者，就需利用名人效应或有关学术机构的鉴定来提高信息的可信度，一般来说，“宣传者威信的高低与其效果是成正比的”。也就是说，被宣传者的态度转变与宣传者的威信有直接关系。余秋雨的《文化苦旅》之所以引起众多学子的反响与共鸣，乃缘于他以文化人的视角探寻自然山水与人文景观，凭借山水风物以寻求文化灵魂和人生秘谛，探索中国文化的历史命运和中国文人的人格构成。他的旅游经历，不是赶的旅游潮，而是去那些别人少去或不去的地方，独自去静静追寻心底的“人文山水”。“黄河之旅——中华民族之魂”是国家旅游局向海外推出的 14 条专项旅游线路之一，是向海内外游客展示中国古代艺术、灿烂文化的一条最佳旅游线路，而黄河自西向东横贯河南省，依次连接着三门峡、洛阳、郑州、开封 4 座文化名城，游黄河不仅可看到两岸众多的名胜古迹，也能尽情领略黄河的诸多变化与胜景：三门峡的黄河变幻多姿，洛阳的黄河汹涌澎湃，郑州的黄河雄奇秀丽，开封的黄河壮阔惊险。可以说，黄河在河南省的特点最为突出，而这条黄金旅游线因是国家旅游局推出的，所以它代表着我国业界的最高评价，其权威性所产生的影响力对旅游者就颇具吸引力。

（3）正确运用片面说明与全面说明的方法

旅游者的态度对旅游产品的营销有很大关系。旅游者的态度具有两重性，即一方面是有利于其做出购买决策的积极态度，另一方面是阻碍其购买的消极态度。作为旅游产品的经营者，就要想办法鼓励和引导消费者的积极态度，减少和转化其消极态度，从而实现最佳的经济效益。片面说明是单提对自己有利的论点，以影响旅游者的态度；全面说明是将有利论点与不利论点同时提出，让公众从比较中得出自己的结论，表明自己的态度。一般地说，全面说明比片面说明效果好，但要以旅游者的文化素养为前提，对文化素养低的旅游者来说，片面说明的效果反而更好。心理学研究的新成果表明，从意见沟通关系的角度来看，说服是使人们态度转变的最直接因素。而说服是一种系统沟通，它首先要考虑的是被说服者原有的态度是什么，其次要考虑用什么样的信息来说服，最后要考虑被说服者接受这些信息时有什么动机。

从现代推销学理论讲，推销人员所面临的是一种双向沟通，一方面要尽量设法把双方的目的统一起来，减少矛盾与冲突；另一方面，更要善于以消费者的眼光看待问题的实质，把双方围绕交换行为而展开的努力统一起来，寻求合作，促成交换的实现，顺利完成推销任务。

(4)增新、改老、提高旅游产品形象

所谓增新,就是适应旅游发展需要,开发新的旅游资源,开辟新的旅游景点与线路。如近年来河南省新开发的官渡古战场、宋都御街、浮戏山、嵩县国家森林公园等人文景观与自然景观。姓氏寻根游线路就是顺应近年华人寻根热而开辟的,极大地扩大了我省的海外客源。因为河南省是中华姓氏的主要发祥地之一,有1500多个姓氏可以在此寻到它的根,在我国100个大姓中河南就占了83姓,所以姓氏寻根自然成为我省旅游业的一大优势。曾任河南省委书记的李长春曾在拍摄的《中国百家姓》中已经完成的《李氏春秋》一集作为礼物赠送给了新加坡内阁资政李光耀,李光耀非常高兴,对河南省产生了浓厚兴趣,当年便率领包括旅游商在内的庞大代表团访问河南省,表示首先从旅游业的合作开始,推动与河南省的全面交往。在其倡导下,后来不久郑州至新加坡的旅游包机就正式开通。姓氏寻根游线路的开辟,大大地扩大了河南省的海外客源。所谓改老,就是在原有旅游景观的基础上,增设一些新的旅游项目或设施,扩大和丰富旅游产品的内涵,这是转变人们对某一事物态度的最容易见效的方法。

(5)改进旅游产品推销和服务水平

旅游产品,主要是一种无形产品,不像有形产品那样可以从物理特性上加以改变,只有通过对旅游推销人员和服务人员进行专业训练,提高人际交往技巧,改进服务人员着装,培养良好的服务态度,调整服务价格,改进服务方式等方法,以影响旅游者态度的转变。

当然,促进旅游者购买行为的因素远不止这些,作为旅游企业的经营者,若能够准确把握市场动态,及时了解旅游者的心理需求,有针对性地开展灵活多样的促销活动,就一定能在当今的商战中取胜。如河南省国民经济和社会发展"九五"计划和2010年远景目标纲要中,已做出如下决定:建成郑州黄河大观、开封清明上河苑、洛阳河洛文化村等工程,形成中原黄河古文化旅游带;逐步开发小浪底水库旅游区、新郑黄帝故里旅游区、许昌三国文化旅游区等新的自然和人文景观;逐步实现旅游业由传统的观光型向度假相结合的综合型过渡。这些目标的实现,将会进一步带动河南省旅游业的发展。

第三节　旅游购物部门的工作心理

一、游客购物的心理分析

1. 求纪念心理

这种心理非常传统和典型。表现为游客对异地具有民族特色、地方特色、审美价值和纪念价值的旅游物品兴趣浓厚,并购买它们作为礼物带回家送给亲友或留作旅游纪念,以加深对旅游经历的感受。

2. 求新颖心理

伴随生活水平的提高,如今很多游客好奇心强,喜欢标新立异,追求自我价值,时尚、新颖独特的商品最能满足他们追新猎奇和追求个性的心理。这类游客不重视商品的实用性和价格高低,而是更多地关注商品的造型、色彩、式样、外观等。他们对广告宣传和社会潮流很敏感,容易因此受情绪的支配而购物。

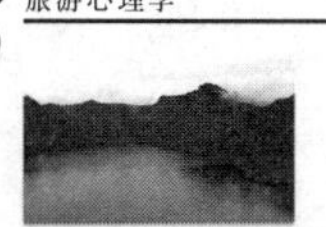

3. 求名牌心理

有这种心理的游客追求名牌商品和贵重物品，以显示自己的品位、地位、财富和身份。

4. 求实用心理

这种心理的特点是注重实用、实惠。具有这种心理的游客注重商品的使用价值和质量，价格上要经济实惠。他们在购物时仔细慎重、精打细算，不易受外形、包装、商标和广告宣传的影响。

以上这些常见的旅游购物心理往往是相互交织的，游客在购物中往往希望旅游物品能带给他们多方面的满足。

二、旅游物品的心理因素

商品除了具有其能满足人们某种特定需要的物质属性外，还具有便利性能、审美性能、情感功能和社会象征性等延伸属性，旅游物品也是一样。旅游者购买旅游物品会受到购物环境、旅游物品的延伸属性的影响。

1. 旅游物品的设计心理

(1)突出地方特色

虽然不同的旅游者对旅游物品的兴趣各有侧重，但绝大多数旅游者最感兴趣的仍是有特色的旅游纪念品。所谓特色旅游纪念品，就是产品能够真正代表和体现当地的文化特色，且新颖独特、不可替代。

(2)满足多层次消费需求

旅游市场面对的游客是多层次的，不同的收入层次、不同的社会阶层、不同的文化背景和消费习惯决定了不同的心理需求。因此旅游物品设计上应更加丰富、更加多样化，考虑不同消费群体的需要。

(3)包装宜美观、便于携带

首先，易识别，通过独特的商标、形状、色彩、材质、文字说明等，树立品牌，显示产品的用途、用法、产地、特性、储存方法等，便于游客在短时间内区别、选购。其次，保护商品，方便运输、储存、携带，包装设计应科学、合理、轻便、安全，与商品特性相适应，以保护商品品质完好、数量完整，方便游客携带、使用、长途运输和储存。再次，美化、宣传商品，设计促进销售的包装装潢，提高商品的外观档次。通过增强视觉效果，给游客以文化熏陶和美的享受，吸引游客的眼球，激发其购买的欲望。

2. 陈列心理

(1)适宜的陈列形式，提高旅客的能见度

陈列商品的货架，其高度应与游客的视角、视线和距离相适应。另外，橱窗、柜台、货架要清洁、干净、明亮，其中陈列的产品应保持丰富、整齐。商品陈列的数量也会影响游客的购物心理。

(2)合理的物品摆放，适应游客购物习惯

首先，为了让游客在短时间内采购到称心如意的商品，商品的陈列应充分考虑到游客的购买习惯。其次，商品的陈列应层次分明、合理搭配以促进销售。最后，要巧妙地运用光线和色彩来营造气氛。

(3)精心布置,刺激游客的随机购买心理

俗话说,“爱屋及乌”,当顾客被商品所营造的艺术气氛所打动,产生积极的联想,他的潜在需求也就被激发出来,对商品的购买欲望也就产生了。陈列艺术是营造艺术气氛的核心。在保持商品独立美感的前提下,通过艺术造型、巧妙布局,将待销售的商品布置在主题环境或背景中,达到整体美的艺术效果。生动的陈列可以唤醒消费者的知觉,做出积极的决策。

三、旅游物品销售心理

随着游客的增加、旅游购物热的持续升温,提高销售服务人员的服务水平成为打造优质购物环境的迫切需要。销售服务人员了解游客的心理需求,能够提供有针对性的服务,是促进销售的有效法宝。

1. 敏锐观察游客的心理活动

(1)认清游客的真实动机。来商店的游客,其购物目标各异。服务员可以通过观察、分析做出判断。

(2)等待时机。为了避免因为客人过多而顾此失彼,服务员要做到“接一问二联系三”,即在接待第一位客人时,便询问第二位客人“我能为您做些什么”,顺便向第三位客人点头示意或打招呼。尊重每一位客人,不要让客人受冷落,这是留住客人的有效方法。

(3)针对性服务。所谓针对性服务,就是根据游客个体心理与行为的差异提供相应的服务。

2. 运用艺术的柜台语言

(1)亲切。当服务员面带甜美的笑容,一句亲切的问候,便能缓解游客生理和心理的疲劳。

(2)得体。服务员要注意观察消费者的心理活动,说话针对消费者的情境才能得体,消费者才会乐于接受。在称呼顾客和介绍商品时,基本要求是简明、准确、规范。要注意保护游客的自尊心。

(3)生动。生动的语言可以让员工在最短的时间里实现与客户的沟通。这需要服务人员具备流畅的语言表达能力、语言的艺术性、语言的应变能力。

3. 展示熟练的操作技能

(1)介绍商品、诱导消费的技巧。介绍商品可以采用口头介绍结合实物展示的方法。游客通过视觉、触觉、听力、嗅觉、味觉的多感官接触,达到直观的、最佳的感受效果,使游客对商品产生信任,从而诱导游客消费。诱导消费的重点是如何进行诱导,销售人员在介绍商品时,不是强制游客接受,而是促成游客自发选择。

(2)商品包装技巧。员工给商品包装时要熟练、细致,根据商品的特性和游客的要求,将商品包装得美观、牢固。

4. 讲究诚信

很多游客异地购物时,会有层层顾虑:害怕被宰、被骗,托运、退换货物不方便等等。尤其是在贵重物品的选购过程中,游客会因为这些心理顾虑,而打消购买的念头。只有解决游客的后顾之忧,规范销售服务,游客才能放心购物。

第四节　旅游景区的工作心理

一、旅游景区居民的心理

1. 旅游景区的变迁

旅游业是社会公认的朝阳产业，发展前景广阔，但旅游业也是和自然环境、社会环境关联性强的产业，引起旅游景区自然与社会环境变迁是不可避免的。随着人类文明的不断进步，保护环境的可持续发展已经成为当今世界的主题，因此，在开发旅游业的同时必须加强旅游景区的自然和社会环境的保护。旅游景区主要包括自然生态类景区和文化遗产类景区。大部分自然生态类景区为风景优美、物种丰富、生态群落类型多样的地区。旅游业的开发，人为设施的建设、游客的往来，将造成自然环境的改变和污染，自然环境容量下降，特别是生物、小生境的改变将对生物的繁衍、遗传性状、生物与环境的相互作用关系产生影响，进而导致生物的环境适应能力变弱，最后带来物种的灭绝。如旅游活动中未经处理的污废水会造成旅游区水体的富营养化，溶解氧下降，水体变黑发臭，大肠杆菌、病原菌增加，水生动植物减少，水质的质量下降，水体的正常功能消失；旅游工程建设导致旅游景区局部植被破坏，土壤结构变化，弃土堆积，进而引起不同程度的水土流失，甚至引发滑坡、塌方、危岩崩落等地质性灾害；旅游开发活动和游憩活动导致植物覆盖度、相对高度、种类多样性、生长速度降低，动物的生活习性、种群结构改变，繁殖能力下降，数量减少。文化遗产类景区是人类历史活动的鲜活再现，是祖先留下的重要财富。外来文化的引入将对旅游目的地固有的生活方式和风俗习惯造成冲击，如何保持原有的文化风韵和底蕴是开发文化遗产类景区必须认真思考的问题。不可否认，旅游业的开发对当地的经济发展和社会进步产生了积极的影响，但也会诱发旅游景区人们传统道德观、价值观的改变，社会不良风气和习惯滋生等社会问题；同时，旅游景区居民也会因其收入水平、受教育程度、与旅游者的接触程度、与旅游影响区的距离远近以及对旅游业环境影响的知觉程度等个体差异对旅游景区的环境变迁做出积极或消极的心理响应。随着世界经济的不断发展，旅游需求将会持续增长，旅游开发建设活动和旅游者的游憩活动会更加频繁，旅游业环境影响的广度与深度将继续增强。

2. 旅游景区居民与市场经济

旅游景区居民在不同的旅游经济发展模式下会对旅游业的发展及其产生的经济、社会、文化、生态等影响产生不同的感知与态度，而旅游景区居民的这种感知与态度等心理反过来又会对目的地旅游经济的发展产生一定的影响。伴随着生产力的发展与社会的进步，我国的旅游经济逐渐出现由政府主导型向市场主导型、社区参与型发展，并不断衍生出政府主导型、市场主导型与社区参与型相互结合、渗透的公司＋农户、政府＋农户、政府＋公司＋农户等旅游经济发展模式。市场主导型旅游产业发展模式是旅游产业的发展主要依靠市场调节机制来推动的一种发展模式。该模式具有以下特点：

(1)旅游产业的发展主要依靠市场机制来实现旅游产业内部的自行调节和自行均衡；

(2)政府在旅游业发展中起间接作用,主要通过一定的市场参数来调节旅游业发展;

(3)国家产业政策对旅游业的影响主要侧重于市场需求。市场主导型旅游经济发展模式最突出的特征在于:更多地强调在政府有限服务下的微观市场主体的自由竞争。市场主导型的旅游经济发展模式在旅游开发以及旅游业的发展过程中,有其积极的一面:一般拥有大量的资金、有相对先进的管理模式和管理理念、能够积极有效的进行宣传等。但是也不可避免地存在缺陷,如过于关注短期效应与经济效益,在缺乏有效监管的情况下易走上畸形发展之路等。因而在具体实施的过程中应切实加强政府的引导与监管作用,推行"政府引导+市场主导"的旅游业发展之路。

毋庸置疑,任何旅游经济发展模式都有其自身的优点与缺陷,并且在目的地旅游业的发展过程中会出现各种的问题,如过于重视经济效益而忽略了社会文化等效益、过于注重短期效益而忽略了长期发展等。采用市场主导型旅游经济发展模式的旅游业,在其发展的过程中不可避免地出现了市场主导型旅游经济发展模式易产生的多种问题,且这些问题对旅游景区居民的感知和心理直接相关并亟待解决。

3. 旅游景区居民的感知

在旅游景区的开发期,当地居民因旅游业的发展获得了更多的收入。因此,欢迎旅游者的到来,对旅游者充满热情,心理体验是愉快的;旅游景区进入成长期后,旅游业进一步扩张,当地居民将旅游业视为获利的主要途径,旅游者对旅游景区的影响也日益增强,因此,当地居民的态度变得冷漠、缺乏感情;在旅游景区的成熟期,旅游者大量涌入,而旅游景区的基础设施并没有随着旅游业的发展而增加,旅游景区的环境恶化,当地居民原有生活方式被改变,因此,当地居民对旅游者和旅游业产生抵触甚至恼怒情绪;在旅游景区的衰退期,旅游景区环境的进一步恶化,旅游景区的吸引力降低,当地居民的增收机会减少,其态度由抵触、恼怒转变成对抗。大量的研究证明,居民在规划的初期是否参与其中,与其随后对旅游发展的满意程度有明显的关系。随着居民对当地决策控制力的减弱,居民对旅游的支持可能会减弱。这与现在被广泛提及的"社区参与"有许多共同之处。好的社区环境将有力地促进旅游业的稳定发展,并给政府、旅游开发商、旅游景区居民以及旅游者四方带来共赢,因而有必要也必须对这一问题引起足够的关注。

(1)在影响旅游景区居民对旅游发展各种影响总体感知的多个控制因素中,家庭收入的来源是显著影响因素,而其他因素都是非显著性影响因素。根据马斯洛的需要层次理论,家庭收入主要来源成为最重要的对居民感知产生显著影响的因素,是由旅游景区居民较低层次的需求驱动的;其次,与旅游景区的经济发展状况及其所处的旅游景区生命周期阶段有直接关系,当然不排除样本自身的缺陷。

(2)年龄也是诸因素中旅游居民对旅游发展积极影响的感知具有显著作用的因素,且21—50岁之间的居民对旅游业发展的正面影响持更加积极的认可态度。原因在于该人群一般是家庭中的经济支柱,因而对旅游业带来的正面影响更加敏感。

(3)家庭收入的主要来源是影响旅游景区居民对旅游发展消极影响感知的重要显著影响因素。这一现象完全符合社会交换理论。根据社会交换理论,对于家庭收入主要来自旅游业的居民而言,旅游业带来的收益大于其带来的成本。而对于其他居民,旅游业发展带来的收益小于其带来的成本或者并未给其带来任何收益,反而还要承担旅游发展

带来的各种成本,因而更能感知到旅游业发展带来的消极影响。

(4)旅游开发公司运作下的旅游业在发展的过程中不可避免地出现了诸多问题。如"一票制"加剧的供需矛盾、居民与旅游公司沟通缺乏导致其对当地旅游业发展的不确定性认同和矛盾性支持、相关政府对旅游发展的引导与监管不力等。加大政府的监管力度,积极有效的协调旅游开发公司与居民的利益关系是实现旅游业的良性发展的关键。

4. 旅游景区居民的心理调适

社会交换理论认为旅游景区发展旅游业的基本动机是为了满足当地居民在经济、社会及心理等方面的需要,而增进交往、陶冶情操、保护文物等都是次要的。交换双方都是为了满足个人需要,都想从交换中获得满意的收益;当双方都认为自己会有正向收益时,交换关系正式形成,交换过程开始;若一方预测到自己从交换中得到的收益为负时,他可能中途退出交换;交换过程完成后,双方都会对结果包括有形产出(从交换中得到的物质或象征性可见收益)和无形感受(心理感受)进行评价,如果觉得自己收益大于付出,那么就会努力保持交换行为;若认为自己在交换过程中受损,就会减少交换行为甚至退出交换。

旅游研究者认为,因旅游活动的发展给当地社会造成的负面效应达到当地居民无法接受程度的临界点,就会超出当地社会心理承载力。他们指出,为了减少旅游活动给当地造成的消极影响,政府应制定政策使各地旅游者人数都能达到最优化;旅游对社会文化和当地居民造成的心理影响,直接关系到目的地社会生活的正常运转和旅游事业健康持续的发展。研究还表明,旅游目的地经济文化发展程度、居民人口学特征及其与旅游业关系密切程度的差异、旅游者和当地居民之间社会文化差异都有可能影响旅游目的地居民对旅游行为的感知。

旅游业发展到今天,理论界和旅游业都在强调我国旅游目的地拥有友好的居民,但通常情况是只有极少数优秀的旅游目的地可以真正做到居民对旅游者的友好和对旅游业的关注。

旅游从业人员的职业态度是旅游业的一个重要部分,旅游目的地居民表现出来的态度,则是支持旅游业发展的一个更具有普遍意义的因素,它更多地受到社会文化价值的影响,而不是旅游业的影响。很多旅游目的地都加大力度宣传旅游业对本区域经济发展的重要性,使旅游目的地居民对旅游业的态度和对旅游者的态度是积极向上的、正面的,而这种态度会使旅游行为的价值大大提升,为保证旅游业的健康发展,有必要建立心理健康宣教干预服务网络,引导旅游景区居民拥有一个良好的心态。比如建立起以脆弱性分析理论为基础的心理健康服务体系的评估体系,对旅游景点居民心理健康服务的水平和效果进行有效合理评估,对区域承载体心理脆弱程度进行准确的综合评价,透过对脆弱性因素(包括自然、社会、经济等多种因素)的分析,对引起突发事件和防范力量进行深入分析和综合判断,为预警方案、处置对策、具体措施的提出提供建议,最终形成多种形式相结合的可测评、可考查、可操作和可示范性的心理健康宣教、干预服务网络系统范式。调查覆盖旅游景点的居民心理卫生健康状况,并对心理疾病患者进行专业干预和治疗,对旅游景点的居民进行大规模心理健康宣教,并对效果进行评估,最终建立起覆盖旅游景点的居民心理卫生服务网络及服务机构。

二、旅游景区卫生安全设施等形象的塑造心理分析

在旅游活动中，景区的公共设施卫生安全以及食品的安全问题，同样是游客高度重视并严重影响着旅游感知质量的。游客对景区的卫生与安全有哪些需求呢？我们一起来看看《景区卫生安全制度》便可略知一二。

为保持景区公共场所的干净、整洁，创造优美、舒适的人居环境，树立景区良好的形象，特制定本制度。

1. 景区公共场所卫生

(1)景区路面：干净卫生，无积水、纸屑及瓜果皮等杂物，道路通畅无阻。

(2)景区内，公共财物干净整齐，无异物、灰尘、蜘蛛网和虫类，桌椅摆放整齐。

(3)景区办公室：地面干净，无污渍，桌面整齐无异物、灰尘、蜘蛛网和虫类，桌椅摆放整齐。

(4)工作区：工作区内无积水、无油渍，清洁整齐，无异物，用具摆放整齐有序。

(5)园林：无枯朽树枝，无杂草。

(6)各景点垃圾箱干净、美观，无污迹，无异味。

2. 公共卫生间卫生

公共卫生间达到六无、六净、三好：

六无：(1)无痰涕、纸屑；(2)无堵塞；(3)无污垢；(4)无污泥、地面无积水；(5)无蛆蝇、臭味；(6)无积尘、蜘蛛网。

六净：(1)墙壁、门窗净；(2)间隔净、无损坏；(3)便槽净；(4)地面、立面净；(5)蹲位净；(6)公厕周围净。

三好：(1)公厕指示牌、男女标志牌完好；(2)公厕水电设备完好；(3)公厕挡板、挡墙完好。

3. 游览区卫生

(1)游客集中区域地面整洁，无瓜果皮、纸屑等杂物。

(2)景区内通道平整、干净、无异味。

4. 垃圾池卫生

(1)进场的垃圾要及时平整填埋，当天倾倒，当天推平。

(2)及时做好灭蝇、灭鼠工作。

(3)做好污水处理、排放工作。

(4)严禁在场内乱烧、乱堆废品垃圾。

(5)做好场内绿化工作。

(6)保持周边的道路清洁干净。

(7)及时清理路边沟渠的污泥、杂草、疏通渠道。

5. 公共卫生

(1)主管领导负责制，人人动手，共同监督管理。

(2)明确卫生责任区,实行门前工作场所包干制度。

(3)景区全体人员应加强环境卫生意识,以身作则,不乱丢垃圾、随地吐痰。

(4)景区全体人员如发现任何破坏景区环境卫生的行为,应大胆劝阻。

(5)景区卫生清洁人员应按要求每天进行打扫;客流量大时,应加强打扫力度,时刻保持地面干净、无积水。

(6)景区卫生清洁人员应注意保持公共设施清洁、整齐,无尘埃、蜘蛛网等。

(7)景区卫生清洁人员应确保人行步道无枯枝败叶、无杂草等障碍物,保持步道畅通无阻。

(8)景区卫生清洁人员应按要求每天清理景区公共场所垃圾箱,确保公共场所垃圾箱干净、美观,无污迹,无异味。

(9)景区卫生清洁人员打扫卫生后,认真填写《景区公共场所卫生打扫登记簿》,以备上级部门查阅考核。

公共配套设施是在公共场所服务于社会大众的设备或物件,它是风景区的重要组成部分,起着协调人与旅游环境关系的作用,是风景区形象以及管理质量、旅游质量的重要体现,是现代旅游业提高品质的重要标志之一。随着人们生活质量的提高,公共设施正朝着多元化的方向发展。如何才能创造出符合现代游客需求的公共设施,使之与景区协调发展,使游客的出行及旅游更加完善与便捷,是时代发展对我们提出的新要求和新的课题。

在各种公用配套设施中,尤其是公用卫生设施在风景名胜区和各旅游景点,它是每个景点所必不可少的配套服务设施,特别是在现代旅游服务业快速发展的形势下,各景点纷纷争创各级各类的特色景区,而包括公用卫生设施在内的各种旅游配套服务设施是旅游主管部门检查的重点之一,也是广大游客非常关心的基本服务配套设施。因此,本着“服务游客”和“以人为本”的设计理念,公用卫生设施的建设标准及水平日渐提高。风景区公共厕所的管理可以说是风景区中各类公共设施中最难处理的,公厕使用功能的特殊性又决定了它的重要性。

我们以庐山的公共卫生设施为例:随着 1996 年庐山“申遗”的成功和庐山风景区整个旅游区规划和建设发展的需要,陈旧的公共卫生设施已难以满足正常的使用要求,庐山地区决定更新公共卫生设施,争创国内优秀旅游风景区。在 2000 年前后,按照新的旅游风景区公共卫生设施设计规范的要求,又在白鹿洞书院兴建了新的公共厕所。可以说这个新的公共厕所吸收了老厕所建筑设计的优点和长处,更融合了很多时代的特色与设计元素,体现了发展和与时俱进的观点,更体现了庐山风景区特有的文脉。“就地取材”、“中西合璧”、“融合于环境”是庐山建筑的最大特点。新公共厕所的设计亦体现了这一风格特点。从功能上来说,与白鹿洞书院东边的老厕所各位于书院一角,都是人流交汇与转换的位置,丝毫不影响白鹿洞书院正常的观赏路线及周边建筑与环境。这一选址的处理手法在各旅游景区的公共设施设计中实为难得,亦有庐山建筑的“隐遁”之风。从平面布局上来看,新厕所亦为三开间,最外侧为入口及管理室,主入口进门后即为面盆及梳妆镜,此区域南、西各开一门通往男、女卫生间。整个设计男、女分区,洁、污分区,符合了游客和环境的需求。从厕所的室内设计上来看，庐山古旧别墅建筑外立面所特有的“雨淋板”更是被运用得淋漓尽致。从入口处进入厕所，功能完备，设施齐全的洗面盆、梳妆镜、烘干机、洗手液等一应俱全；墙面及地面的瓷砖铺设更是颇为讲究：从南、西两个立面的入口进去便是男、女卫生间。卫生间室内的最大特点就是沿袭了庐山别墅“雨淋板”立面式样的隔断作为小便漏斗及坐便器空间分割的挡板，与顶部立面窗户色调一致，是“中西合璧”的象征，随着我国旅游业的快速发展，对旅游风景区的公共卫生设施的设计提出了更高的要求。白鹿洞书院东西两侧的公共卫生设施设计对我们有着重要的借鉴作用。依山就势，在幽谷之侧，溪涧之畔，峭岩之旁，营造建筑。这些小巧的房子隐藏于绿树之中，没有与大自然喧宾夺主之嫌，保持自然原有的古朴的诗意。最大限度地尊重了自然环境，使得丰富的文化背景和美丽的自然环境得以并存。

旅游景区的食品卫生安全也是游客十分关心的问题。在旅游市场持续发展，供销两旺的新形势下，我国旅游景区餐饮业也存在存在着许多问题，例如有些饭店的基础设施非常差，管理也不规范，服务不到位，产品粗糙，环境卫生得不到保证，质量控制随意性强，从而使很多顾客望而却步。如何促进旅游景区餐饮企业在新形势下更加稳定、安全、有效地运行是旅游业要持续关注的问题。首先旅游餐饮产品要实现特色化。现代社会已经步入体验经济的初级阶段，从体验经济理论角度来看，旅游者的餐饮消费已经不再只是单纯满足他们生理需求的消费，而是整个旅游过程中一种具有个性化设计的、满足特殊心理需求的旅游体验环节。特色是旅游的灵魂，旅游者每到一地，都渴望品尝到那里别具一格的、具有浓郁乡情的美味佳肴，因此，景区餐饮应以自己鲜明的个性特色吸引旅游者。其次，引入体验经济概念，将旅游餐饮与旅游娱乐融为一体。从旅游文化的角度看，具有鲜明区域性、民族性和历史文化性的地方餐饮是一种独特的文化资源，能够吸引来自世界各地的人们产生旅游动机并进行旅游活动，有着广阔的旅游市场开发潜力。只有挖掘、利用和保护特色餐饮产品，树立旅游文化品牌，才能增加本地区旅游发展的生存空间和市场份额，才能够增强旅游吸引力，满足游客“求新、求异、求乐、求知”的心理需要，从而推动旅游发展。因此，饮食文化不仅能成为旅游产品的一个重要组成，而且其本身就是一类体验旅游产品。餐饮企业还可以开发一些具有地方特色且让旅游者参与制作的菜品，或者让旅游者参观菜品的制作过程。这样既可以使旅游者体验到旅游餐饮的乐趣，又能弘扬本地区的饮食。特别是对于散客和背包旅游者来说，这种形式更有助于他们增加在某一地的旅游时间，调动旅游者的积极性，提高餐饮企业的声誉，丰富旅游文化的内容。再次，加强从业人员培训，确保食品安全，不断提高服务质量。旅游景区大多处于偏远地带，餐饮从业人员大多为当地的农民，其文化水平和素质偏低，思想保守僵化，法律意识和卫生意识薄弱。目前，餐饮服务人员中存在着“四差”现象，即旅游知识差、菜点基础知识差、外语和普通话水平差、服务技能差。为改变这一不利发展的现状，景区餐饮必须加强从业人员培训，确保食品安全，不断提高服务质量。

所以旅游景区各餐饮企业要制定切实可行的措施，加强对专业技术人才的管理，要

建立一支思想好、业务精、技术硬的专业队伍。应健全完善激励机制，加大职业培训投入。鼓励技能人才通过各种途径提高技能，积极参加各类职业技能培训和技能竞赛活动，单位应给予一定的培训补贴或奖励。有条件的企业可以建立首席技师制度，并完善技能人才选拔机制，建立技能津贴制度。旅游景区的餐饮卫生关系到广大游客身心健康和生命安全。餐饮企业首先必须保障各种硬件设施安全、有序地运行，保证使顾客得到方便、舒适的用餐享受。餐厅的服务设施要从顾客的实际需要出发，小到菜单及店内宣传册的设计，大到装饰灯具、桌椅等都应该讲求多样化、个性化，以满足不同层次、不同需求的顾客。餐饮企业的服务人员应树立以人为本的服务理念。服务人员热诚服务、以情感客、使顾客充分享受到精神上的关怀和尊重，满足其受尊重的需要，更能增加客源。在食品加工方式上，则要注重工业化与手工操作相结合、中心厨房配送与分散的餐点加工相结合。食品包装尽量采用可循环使用材料包装和天然材料包装。这样既能减少对旅游区的环境污染，有效地节约资源，还能增加食品的香味和滋味，增加食品的地方特色。

实训与练习

1. 旅游交通业的运行有哪些特征？它们对旅游者有何影响？
2. 结合新出台的《旅游法》，如何进行旅游物品营销策划？
3. 策划一个“夕阳红之旅”方案。
4. 谈谈对你所熟悉的旅游地居民心理分析。
5. 案例分析：

168万元改善巴州景区卫生环境——三大旅游景区建星级厕所

本报讯“等到星级厕所建起来以后，将会提高我们景区的档次，加快阿洪口向4A级景区冲刺的步伐。”虽然建星级厕所自己要拿14.7万元，但是阿洪口景区经理潘新华仍然很高兴。

5月22日，记者从州旅游局获悉，今年巴州将在金沙滩、阿洪口、相思湖三个旅游景区建设三个星级厕所，共需投资168万元。其中，自治区补贴资金84万元，地方政府配套资金33.6万元，景区自筹资金50.4万元。为加快推进巴州旅游景区厕所工程建设工作进度，5月21日，州委常委艾尔肯·吐尔逊主持召开了巴州旅游景区厕所工程建设工作会议。他要求，各县必须高度重视旅游景区厕所工程建设工作，景区厕所的设计要坚持结合实际、着眼未来、适度超前的原则。此次旅游景区厕所工程只能新建，不能改建，要抓住机遇，因地制宜，严格按照自治区要求，高标准建设。艾尔肯·吐尔逊说，“在财力紧张的情况下，州级财政配套资金已落实，各县财政配套资金必须在5月底前，统一划拨到巴州旅游景区厕所工程建设专用账户，并于6月1日至8月20日前全面完成建设任务。”会后，巴州旅游局余新民局长分别与有建设任务的县旅游局局长签订了《旅游景区厕所工程建设与管理目标责任书》。

（资料来源：巴蜀日报，2008年5月26日第A02版）

结合自己的旅游经历谈谈你对旅游景区卫生的心理需求。

第

章

旅游投诉工作心理

典型案例　黄先生的投诉

2000年9月22日，黄先生一家四人与某旅行社签订了一份赴桂林五日旅游的国内旅游合同。根据合同约定，于9月30日下午乘火车赴桂林游览七星岩、漓江、冠岩等景点，每人旅游费用1150元，共计4600元。黄先生当日就交纳了此次旅游的全部费用。9月29日，黄先生早已做好旅游准备，却突然接到该旅行社业务经理的电话，通知其原定的桂林旅游团队，因无法落实桂林至武汉的返程火车票，而被迫取消。由于旅行社取消旅游活动距"十一"黄金周仅一天时间，而其他旅行社基本组团完毕，造成黄先生及家人的国庆旅游计划随之落空。黄先生以旅行社单方面终止旅游合同为由，要求旅行社退还全部旅游费用，赔偿其相关经济损失和精神补偿。由于旅行社仅承诺退还全部团款，并只赔偿150元，双方协商未果，黄先生遂向旅游质监所投诉。被投诉方旅行社的辩解是："十一"旅游旺季，桂林至武汉方向的火车票十分紧张，桂林地接旅行社于28日下午传真告知我社无法确认返程车票事宜，也对我社造成较大经济损失。游客旅游计划之所以无法实现，是由于铁路交通部门的客观原因造成的，并非旅行社的故意行为。况且我社也及时将信息告知对方，并作了详细解释。处理结果：被诉方旅行社因自身过错，造成旅游活动不能成行。根据《旅行社质量保证金赔偿试行标准》第四条："旅行社收取旅游者预付款后，因旅行社的原因不能成行，应提前3天（出境旅游应提前7天）通知旅游者，否则应承担违约责任，并赔偿旅游者已交预付款10%的违约金。"质监所裁定，被诉方旅行社退还投诉人全额旅游费用，并赔偿4600元的10%违约金460元。黄先生对此处理结果表示满意。

我国合同法规定，当事人一方因第三人的原因造成违约的，应当向对方承担违约责任。当事人一方和第三人之间的纠纷，依照法律规定或者按照约定解决。本案被诉方旅行社因其自身原因，操作不当，导致旅游协议被迫终止，违约事实成立。因此，应承担违约责任。2001年三月颁布的《湖北省国内旅游组团统一合同范本》就此作了更加明确的规定：因旅行社方面原因，致使旅游者的旅游活动不能成行而被取消的，旅行社应当立即通知旅游者，并按如下标准支付违约金：

1. 在旅游开始之日前第5日至第4日通知到的，支付全部旅游费用的10%；
2. 在旅游开始之日前第3日至第2日通知到的，支付全部旅游费用的15%；
3. 在旅游开始之日前第1日通知到的，支付全部旅游费用的20%；
4. 在旅游开始日通知到的，支付全部旅游费用的25%。

（资料来源：林莉．实用旅游心理学．合肥：安徽大学出版社，2009）

本章要点

旅游投诉心理分析、旅游投诉服务工作的策略。

第一节　旅游投诉心理

进入21世纪，旅游业进入了飞速发展的黄金时期，旅游业在当今社会已成为我国的支柱产业。旅游产品也越来越丰富，但是产品质量等问题却是层出不穷，引起旅游者的投诉，如导游诱骗游客购物；旅行社恶意拼团更改行程；中途宰客、丢客；服务质量差；安全得不到保障等种种原因导致我国旅游投诉事件屡屡发生。旅游工作者应从旅游投诉现状着手分析游客投诉的主要原因，及时处理好旅游投诉问题，提高旅游服务质量，减少旅游投诉事件的发生，让旅游者享受到一个愉快的旅程。

一、旅游投诉概述

1. 旅游投诉的概念

旅游投诉，是指旅游者、海外旅行商、国内旅游经营者为维护自身和他人的旅游合法权益，对损害其合法权益的旅游经营者和有关服务单位，以书面或口头形式向旅游行政管理部门提出诉讼，请求处理的行为。

2. 旅游投诉的现状

旅行社之间削价竞争，导致旅游合同无法兑现；旅行社之间“先接团、后付款”的不规范行为让游客成了“替罪羊”；旅行社以个人承包或接受挂靠的形式出租业务经营权，使得旅游者的权益无法得到保障；薪酬制度的不合理，导致导游变相成为“导购”，私拿回扣现象严重；导游人员服务技能低、服务质量差等。

3. 旅游投诉的原因

(1)旅游经营者和旅游工作者的主观原因

①部分旅游经营者存在不诚信经营，有擅自降低等级标准的行为。旅游经营者由于受行业特点的限制，创新经营难度较大，盲目追风、低价竞争、虚假宣传等现象较为严重，一些旅游经营者为获得利润，会采取降低旅游等级标准的做法，致使游客的权益受到损害。

②部分旅游经营者不遵守合同约定，擅自调整行程，减少景点。有的旅行社为了给自己调整行程找到借口，甚至在合同中约定，旅行社在不减少景点的情况下，可以调整行程，游客往往由于旅游行程的改变而产生不满。在旅行社对旅游者享受的服务标准不作任何口头或文字说明的情况下，旅游者至少能享受在本国所能享受的最起码的标准服务，否则即可投诉。旅行社的旅游说明材料必须对所提供的旅游服务作真实、清楚和全面的说明，其中包括对饭店评价的重要标准。如果所作说明与实际情况不符，也将导致旅游者的投诉行为。

③部分导游工作不规范、不细致，工作态度不恰当。部分导游没有告知游客准确的登机或乘车时间和地点，导致游客误机、误车；有的没有核对游客的姓名和身份证号码，导致游客不能登机；没有给游客及时叫早，导致游客被落在酒店；没有给游客作必要的安全提示，发生事情后又不在现场或不能及时采取有效措施，致使游客受伤；不尊重客人，

对客人厚此薄彼；语言和行为不文明、不礼貌；法制观念淡薄；工作不负责任，服务水平低；工作人员缺乏责任心、马虎了事。

(2)游客原因

首先，游客服务标准众口难调。在对旅游服务的要求上，一千个游客心中有一千种标准。面对来自世界各地的游客，由于受语言障碍、自然环境、突发事件、风俗习惯等客观条件的影响，服务很难尽善尽美。其次，游客个性差异。气质、性格、情绪不同的游客处理问题的方法有着明显的差异。一般说来，外向、情绪不好的游客容易投诉，内向、情绪好的客人通常抱怨几句就算了。所以我们不能武断地认为游客没有投诉便是没有问题。细心观察游客的言语、表情和动作，很快地弥补服务中的不足，才能让游客保持良好的心境。

(3)旅游产品中的客观原因

①旅游产品引起的投诉。对交通工具、饭店、餐饮及旅游日程、线路等的不满。包括车辆晚点、车辆未年检被有关部门扣押、车辆出现故障和飞机、轮船晚点、误班等，造成整个团队滞留或引发机场、码头、司机、导游、游客多者之间的交叉争执。

②旅游服务引起的投诉。导游服务质量差，如语言不检点，态度粗暴，对特殊游客过分亲近，服务项目、信息不明确，不遵守时间，不经游客同意擅自改变或减少旅游活动项目，经常变更活动日程。有的景区安全措施采取不到位、客流缺乏控制和引导，特别在旅游旺季，一些景区会出现饱和的现象，而景区缺乏必要的引导和劝诫，有些景区本身就存在安全隐患和高风险旅游项目，而导致游客受伤等。

③ 旅途中外在因素引起的投诉。战争、天灾、罢工等事件突然爆发；交通事故、火灾等偶发事件影响旅游活动；游客发生伤害、生病、被盗事故。

二、游客投诉心理分析

投诉是游客对景区信赖的象征，良药苦口利于病，每一个不满意的游客至少要告诉15个人。将游客投诉视为建立忠诚的契机，出现大问题但没有提出抱怨的游客，有再来惠顾意愿的占9%；提出抱怨，不管结果如何，愿意再度惠顾的占19%；提出抱怨并获得圆满解决，有再度惠顾意愿的占54%；提出抱怨并迅速获得圆满解决的顾客，愿意再度惠顾的占82%。

1. 求尊重心理

受尊重是人们最普遍，最基本的心理需求之一，人人都想得到他人的尊重。相互尊重，是处理人际关系的重要原则之一。旅游者作为被服务者和消费者，到异地参加旅游活动，有权利获得价值相符的服务。在整个旅游活动中，游客求尊重的心理一直贯穿始终，投诉更是其获得尊重的重要途径。如果旅游从业人员在食、住、行、游、购、娱等方面的服务没有做到位，使旅游者花了钱没有享受到相应的服务，没有达到预想中的目的，会使旅游者产生挫折感，会使他们感到没有得到应有的尊重，觉得自己的权利受到了侵害，心灵受到了创伤。为求得心理上的平衡，他们会通过投诉寻求权利保护。

2. 求发泄心理

宣泄是指一个人遇到某种挫折时，把由此而引起的悲伤、懊恼、愤怒和不满等情感痛痛快快地“发泄”出来的心理调节方法。把情绪发泄出来后，就可以比较理智地对待遇到的挫折，而不至于耿耿于怀，从而达到一种平和感。游客在旅途中遇到不称心的事情后，会产生挫折感，继而会产生抵触、焦虑、愤怒的情绪。此时，让旅游投诉者“宣泄”自己的感情。让游客“出了气再说”或者“出了气再走”就成为旅游投诉者寻求心理平衡的途径。投诉便是一种最有效的发泄方式，通过口头或书面形式，将自己的烦恼、愤怒表达出来，挫折感会减少，心境才能平静、轻松。所以，对待旅游投诉者，要耐心、仔细、专注、认真地倾听他们的“宣泄”，鼓励他们把事情的原委说出来，不要打断投诉者的诉说，更不能让投诉者感到他们的投诉无足轻重，在旅游者感到委屈、沮丧和失望时，要及时给予安慰和同情。

3. 求补偿心理

求补偿是指想在旅游中获得日常生活中所缺少的新鲜感、亲切感和自豪感。游客在遭受了物质或精神损失后，当然希望能够得到一定的补偿，以弥补自己的损失。例如，游客对饭菜质量不满意，希望更换或打折；对于旅行社擅自改变路线、削减项目或降低服务标准，游客希望退还部分费用；被服务员弄脏的衣物希望能免费干洗；遇到交通意外，希望得到赔偿；买到假冒伪劣商品，希望退货；被虚假广告欺骗，希望补偿损失，等等。

4. 求保护心理

游客敢于投诉，是自我法律保护意识的觉醒。通过合法的途径投诉，既是为自己，也是为所有的消费者寻求利益保护。通过投诉，使相关部门重视游客的反映并不断改进，服务质量才能不断提高，游客才能在今后的旅游中得到更优质的服务。

通过以上对游客投诉心理的分析，就“游客想在旅游中得到什么”的问题作了一个“一般性的回答”。说它是“一般性的回答”有两层意思：其一，一般说来，只要是游客，就会有这些心理，这是游客的共性；其二，游客心理只说了游客的“共性”，并没有说出游客的“个性”。因此，旅游工作者还需要具体地去了解每一位游客需要什么样的补偿、需要什么样的释放和什么样的平衡。

三、旅游投诉服务工作的双重性

旅游服务的双重性是指旅游工作者一方面要为客人提供优质的功能服务，另一方面还要为客人提供优质的心理服务。一方面，事情是否顺利办成，问题是否顺利解决，这些是属于“功能方面”的感受；另一方面，人与人走到一起，相互之间产生了好感还是产生了反感，双方的交往是愉快的、值得回忆的美好的经历，还是不愉快的、不堪回首的难过的经历，这些却是属于“心理方面”的感受。人际交往既有“功能方面”感受，也有“心理方面”感受。人们之所以要与他人交往，即使为了功能上的满足，也是为了获得心理上的满足。所谓获得功能上的满足，一般是指把事情办成功，或者是使问题得到解决；而获得心理上的满足，虽然有时只是为了避免孤寂，但更多的是指得到他人对自己的关心、理解和尊重。

从心理学角度，可以把服务看作是一种特殊的人际交往。服务发生于人与人之间的交往之中，是通过人际交往来实现的。既然人际交往有其“功能方面”和“心理方面”的双重性，那么，作为特殊的人际交往的服务也必然具有其“功能方面”和“心理方面”的双重性。

1. 旅游服务的功能服务

旅游服务的功能服务是指帮助游客解决食、宿、行、游、购、娱等方面的实际问题，使客人感受到安全、方便和舒适的服务。服务与一般的人际交往有所不同，交往双方所扮演的社会角色不同，一方是提供服务者，而另一方是接受服务者。

2. 旅游服务的心理服务

对心理服务的较为全面的解释是：让游客获得心理上的满足——让他们在旅游中获得轻松愉快的经历，特别是要让他们经历轻松愉快的人际交往，在人际交往中增加游客的亲切感和自豪感。要实现优质服务，就要在为游客解决种种实际问题的同时，还能让其得到心理上的满足；而且即使不能完全按照游客的要求解决他们的实际问题，也要在客我交往中让游客得到心理上的满足。

功能服务的质量往往要受到旅游企业种种物质条件的制约，同时也取决于服务人员所具备的知识技能；而心理服务的质量主要取决于服务人员是否有爱心和满腔热忱，是否善解人意并具有一定的表现力。

四、旅游投诉服务的要诀

为客人提供心理服务有两条要诀：一是让游客觉得服务人员和蔼可亲，使游客获得更多的亲切感；二是让客人对其本身更加满意，使游客获得更多的自豪感。让游客觉得服务人员和蔼可亲，具体表现为：

1. 谦恭的态度

要让游客觉得服务人员和蔼可亲，服务人员必须首先做到对游客态度谦恭。谦恭是一种良好的行为方式，游客的感受非常灵敏，应避免言行上产生任何不必要的冒犯。总之，要意识到能够使游客感觉服务人员和蔼可亲，这才符合谦恭的行为方式。

2. 讲究措辞

说话是塑造良好的客我关系中极其重要的组成部分，服务人员可以通过训练改进说话的方式、速度、语调及词句的选择，使游客觉得服务人员和蔼可亲。一般情况下，用肯定的语气说话比用否定的语气说话会使人感到柔和一些。当服务人员要对游客提出某种要求时，最好用肯定的说法，比如可以说“请您如何如何”，而不要用否定的说法，比如别说“请不要如何如何”。当服务人员不能马上满足游客的要求时，最好是向游客说明你可能为他做什么，而不是仅仅说你现在不能为他做什么。当服务人员不能接受游客的某个意见或建议时，最好是先复述游客陈述的内容，这样可以表明服务人员耐心倾听并且明白了游客的想法，表示出对游客尊重的态度，然后再表明自己的想法：“我认为这样也许更合适。”决不要轻易地否定游客的意见或建议。在拒绝游客的某些要求时，也可以先复述游客的要求，然后再表明自己愿意为游客效劳，并说明由于什么原因不能完全遵从游客的要求，最后提出自己的建议，取得游客的谅解。

3. 善于运用“无声语言”

服务人员在客我交往中不仅要善于运用“有声语言”，而且要善于运用“无声语言”即体态语言，做到“有声语言”与“无声语言”并用，两种语言互相补充，配合得当。眼神、表情、体态、姿势等无声语言的表现，可以通过平时的努力和训练来提高。姿势是指身体呈现的样子，动作是身体的活动。游客往往也从服务人员的姿势和动作上判断他们是否友善、是否可信、是否细心、是否灵活。一个人的行为方式对其心理有很大的暗示作用，信心也可以从站姿、坐姿、走姿中体现出来，行动有信心，就能够树立信心；动作无精打采，心理就容易消沉；行为友善，态度就会友善，也容易与游客形成友善的关系；站得直而稳时，大脑反映就会更快。所以，旅游服务人员平时应注意纠正那些使自己和游客感到不舒服的姿势。

4. 敏锐的洞察力

要使游客觉得你和蔼可亲，服务人员必须善于洞察游客的情绪变化，及时做出恰当的反应。服务人员可以通过训练来提高自己从游客的面部表情来洞察其内心感情的能力。

做游客的一面“好镜子”具体表现为：

(1)人际交往中，人们相互之间起着“镜子”的作用

人的自我评价与他人对其的评价是紧密相关的，如果一个人经常从他人那里获得肯定性的评价，他就会感到自豪；相反，如果经常从他人那里获得否定性的评价，他就会感到自卑。总之，人们都重视自己在他人心目中的形象，而且是从他人对自己如何反映来判断自我形象的，也就是说，人们总是把他人当作自己的一面镜子来看待。所以，我们说在人际交往中，人们相互之间都起着“镜子”的作用。

(2)“扬客人之长”和“隐客人之短”

所谓长处和短处，即包括相貌和衣着方面的，言谈话语和行为举止方面的，知识经验和身份地位方面的等等。扬客人之长包括赞扬游客的长处和提供一个机会让游客表现他的长处。但要注意决不能为了扬某些人之长而使其他的游客受到伤害。隐游客之短，一方面是服务人员决不能对游客的短处感兴趣，决不能嘲笑游客的短处，决不能在游客面前显示自己的“优越”；另一方面是服务人员应该在众人面前保护游客的“脸面”，在游客可能陷入窘境时，帮助游客“巧渡难关”。

一般来说，客我交往中最敏感的问题是与游客的自尊心有关的问题。因此，服务人员应该牢记：决不要触犯游客的自尊心。虚荣心是一种变态的自尊心，在“提供服务者”和“接受服务者”这种特定的角色关系中，作为服务人员，还是不要去触犯某些游客的虚荣心为好。增加自豪感是游客所得到的心理上的最大满足。因此，服务人员应该有这样一个信条：如果你能够让游客对其自身更加满意，他就一定会对你更加满意，

在工作中千万不要说：

①还要什么？

②这我可受不了。

③不行。
④不可能。
⑤绝对不行。
⑥那是您的事，不是我的事。
⑦人家可不是雇我来干这个的。
⑧我不知道。
⑨您以为我专干这事？
⑩您自己瞧着办吧。
在工作中最好说：
①我还能为您做点儿什么吗？
②这件事我管不了，请您最好……
③也许行，不过要等一下。
④这件事，我们以前还从来没有发生过。
⑤这件事，我们过去从来没做过，不过为什么不能试试呢？
⑥我们共同研究解决吧。
⑦这不属于我的职责范围，不过我可以为您代劳。
⑧我去问问。
⑨请稍等，我来帮您办。
⑩真不巧，不过要是您能稍等一下……

第二节　旅游投诉工作的策略

一、旅游工作者处理投诉的心理

1. 礼貌接待、耐心倾听

当接到游客投诉时要及时礼貌接待问候，可以为客人倒上茶，请他们坐下，以缓和气氛，使交谈变得轻松。游客投诉时，心中一定有怨愤，不发泄出来，情绪则无法平静。我们应当有礼貌地接待，耐心听他们把话说完，听取意见时，可以适当做些记录，便于以后核实，保持冷静，不要做辩解和反驳。尤其是在投诉者宣泄愤怒时，接待人员不适时的解释可能会被认为是在推脱或是狡辩，而招致更多的不满。引导游客往好处想，让游客把怨愤发泄出来。

2. 表示尊重、诚恳道歉

无论真相如何，发生投诉，就意味着服务还存在缺陷，并给游客带来了不便与烦恼，他们发牢骚、投诉，则说明其确实遇到了问题和麻烦，需要得到帮助，而他们的投诉将有助于我们改进工作。学会站在投诉者的立场考虑问题，以诚恳的态度向他们表示理解、尊重与歉意；注意聆听，注意平息客人的怒气，以旅游单位代表的身份欢迎并感谢他们提出批评和意见。有时，还可以请职位高的经理或主管来向客人道歉，以示重视。

3. 弄清真相、妥善处理

接到投诉后，要尽快核实情况，找出投诉的缘由和出错的环节，给客人一个答复，要让客人得到代偿性满足。

4. 吸取教训、完善服务

(1)服务人员必须认识到，没有一个游客愿意投诉，服务人员应该把游客的每次投诉看成是一次改善服务、留住游客的机会，必须尽一切努力，保证投诉的游客得到安抚，重新赢得游客对旅行社的信心。问题解决后，要再与游客联系，欢迎他再提宝贵意见。做好投诉处理记录和报告，向上级汇报整个过程。

(2)定期了解游客对投诉处理工作的反映，及时归纳经验、总结工作中的疏漏和不足，并整理成书面意见，报总经理或相关部门，以便引起重视，帮助经营单位不断改进服务工作，完善管理制度。学会从失败中吸取教训，才能不断成长。

二、旅游投诉的预防

无论遇到什么困难，都要尽最大努力去消除客人的不满意，并且变客人的不满意为满意，而不应该有“无能为力”的想法。心理学的研究认为：当一个人在因为自己的需要未能得到满足或者遇到不顺心的事情而产生挫折感时，可以采用替代、补偿、合理化、宣泄等方式进行心理调节。所以，为客人提供补救性服务可以以此为依据。

1. 要让客人得到代偿性满足

替代是指人们在不能以特定的对象或特定的方式来满足自己的欲望，表达自己的感情时，改用其他的对象或方式来使自己得到一种“替代”的满足，用来减轻乃至消除自身挫折感的心理调节方法。

补偿是指一个人在生活的某一方面的需要无法获得满足而产生挫折感时，到其他方面去寻求更多的满足，使自己得到补偿的心理调节方法。

(1)尽最大努力去满足游客的需要，在不能完全按照游客心愿去满足其要求时，要征求游客的同意，用其他方式去满足其需要。遇到需要过一段时间才能让游客得到满足的情况时，最好是马上给游客一点及时的替代满足。

(2)对那些觉得吃了亏的游客，应该设法让他们得到补偿。

(3)在功能服务有缺陷时，常常可以通过心理服务来使游客得到补偿。

2. 引导游客往好处想

当人们遇到自己不愿意接受而又不得不接受的事情时，用一种解释，使这种无法接受的事情“合理化”，为自己找到一个合理的借口进行辩解，以达到心理平衡。

(1)当游客遇到不顺心的事情时，要尽可能引导游客看到事情也有好的一面，最好是能够经过努力把坏事变为好事。

(2)当实在无法满足游客的要求时，要设法取得游客的谅解，让游客知道这确实是由于客观条件的限制，而不是服务人员不愿意为其效劳。

3. 让游客出了气再走

宣泄是指当一个人遇到某种挫折时，把悲伤、懊丧、愤怒、不满等感情痛痛快快地“发泄”出来的心理调节方法。能够把情绪发泄出来，就能比较理智地对待所遇到的挫折，以后也比较容易忘掉这个挫折，而不至于总是耿耿于怀。当游客由于服务的缺陷而感到不满意时，服务人员也应该让游客“宣泄”自己的感情，让他们“出了气再说”或者“出了气再走”。

三、旅游投诉工作的策略

1. 有效解决投诉问题的原则

(1)先处理情感，后处理事件；

(2)耐心地倾听顾客的抱怨，分析顾客抱怨的原因；

(3)想方设法地平息顾客的抱怨；

(4)要站在顾客的立场将心比心；

(5)迅速采取行动。

2. 处理顾客投诉的注意点

(1)接待人员要做好心理准备；

(2)承认顾客投诉的事实，认真听取意见；

(3)回复投诉语言要礼貌；

(4)保持冷静；

(5)表示同情和歉意；

(6)感谢顾客的批评指教；

(7)不转移目标；

(8)询问顾客对于投诉处理结果的意见。

3. 处理客户投诉的要点

(1)迅速处理是原则；

(2)以诚相待是根本；

(3)积极面对是前提；

(4)换位思考是关键。

4. 平息顾客的怒气的难点

(1)表示善意是战略；

(2)言行有理是重点；

(3)彬彬有礼是要求；

(4)优质服务有底线。

5. 旅游投诉处理流程

(1)公司应该授权给基层员工，有效缩短投诉处理流程；

(2)制订规范化的投诉处理标准，实现不同服务界面投诉处理结果的一致性；

(3)建立和完善投诉案例库，积累投诉处理经验，总结投诉处理最佳方法；

(4)建立一支专业化处理团队，以高素质的专业服务使投诉处理变得简单；

(5)研究和构建投诉预警机制，先于客户发现问题，实现投诉干预前置化。

6. 处理顾客投诉的程序

接待投诉顾客并记录时不可忽略以下要点：

(1)发生了什么事件；

(2)事件是何时发生的；

(3)投诉有关的旅游服务品是什么；

(4)当时的业务人员是谁；

(5)顾客真正不满的原因何在；

(6)顾客希望以何种方式解决；

(7)顾客是否通情达理；

(8)这位顾客是否是老主顾；

(9)判定投诉性质；

(10)调查原因，确定投诉处理责任；

(11)提出解决办法；

(12)责任处罚；

(13)提出改善对策并整理归类存档。

管理大师彼得·德鲁克告诫我们："衡量旅游是否兴旺发达，只要回头看看其身后的顾客队伍有多长就一清二楚了。"每一位旅游家就是为其身后源源不断的客户队伍在孜孜不倦地开拓市场。现实的情况是怎么样的呢？往往是结识了新朋友，忘记了老朋友；奖励了新客户，冷落了老客户；新客户在流入，老客户在流失。这就像一个"漏斗"，为了保持漏斗的一定盛水量(客户量)，要弥补不断流失的老客户就要不断地注入新客户。仅仅堵住"漏斗"是不够的，必须更换经营模式：由以产品为中心转向以客户为中心，由推销产品转向营销产品。

旅游是典型的服务行业，客户的满意和信任，是我们的出发点和归宿点。因此，客户投诉应视为旅游资产而不应视为旅游负债，高明的旅游家应把客户投诉作为旅游的重要资源来经营。旅游家如果认为客户不投诉是因为我们服务好那就大错特错了。因为大部分客户吃了亏也不会吭声，这就代表客户早就离你而去了。所以，在客户服务的理念方面，建议旅游业者不妨学习美国的一家汽车修理厂，他们有一条服务宗旨很有意思，叫作"先修理人，后修理车"。即当一个人的车坏了，他的心情会非常不好，所以我们应该先关注这个人的心情，然后再关注汽车的维修。可是这个简单的道理却常常被许多客服人员所忽略。

美国商人马歇尔·费尔德认为："那些购买我产品的人是我的支持者；那些夸奖我的人使我高兴；那些向我埋怨的人是我的老师，他们纠正我的错误，让我天天进步；只有那些一走了之的人是伤我最深的人，他们不愿给我一丝机会。"在 IBM 公司，40％的技术发明与创造，都是来自客户的意见和建议。从客户投诉中挖掘"商机"，寻找市场新的"买点"。变"废"为"宝"，从中挖掘出金子，对旅游家来说，客户投诉是一种不可多得的"资源"。处理旅游客户的投诉是一项相当复杂的系统工程，需要我们始终秉承"客户就是亲人"的理念，并贯彻旅游投诉处理五个点建议：耐心多一点、态度好一点、动作快一点、补偿多一点、层次高一点。

实训与练习

1. 简析在旅游投诉中游客的心理状况。

2. 你认为引起游客投诉的主要因素有哪些？结合新的《中华人民共和国旅游法》应该做到哪些预防措施？

3. 案例分析：

导游诱骗游客购物，贪婪多收儿童门票

去年暑假，黄女士在一家旅行社的极力推荐下，参加了北戴河一日游线路。到老龙头的时候，导游把他们带进了一家珠宝店，老板很热情，免费传授他们鉴赏珠宝的独家秘籍，无意间问起大家的家乡，巧得很，其祖籍居然是北京的，于是便与大家认亲，说老乡见老乡，两眼泪汪汪，珠宝打一折。旅游团中好几位游客就各买了上千元的珠宝，戴在身上觉得这一趟值了。结果一行人回到北京通过鉴定得知是假的。在动物园，导游给孩子收的是全票，可是动物园售票处的墙上写着：1.2 米以下免票，1.2～1.4 米半票，全票 60、半票 30。当时团里包括黄女士的小孩在内共 6 个 1.4 米以下的孩子。于是黄女生决定投诉该旅行社。

结合所学知识给予分析。

4. 案例分析：

行程安排不周，旅行社需承担违约责任

市民刘某一家三口于 2009 年 4 月 30 日报名参加了某旅行社组织的北京 4 日游，当天便付清了旅游费用，并签订了旅游合同。按照合同约定，应是第一天 18：30 准时出发。刘某等 3 人按时到达出发点，但该团直到 20：30 才出发。到达北京后，旅行社又没按合同约定，带刘某观看升国旗，赠天安门集体照，游清华北大外景、皇城根遗址公园；进入故宫后，导游也未提供讲解服务；因所租用车辆手续不全被扣押，致使比规定时间晚一天返程。于是刘某投诉了该家旅行社，经旅游监管大队调解，由旅行社一次性赔偿刘某 400 元违约金。

结合所学知识给予分析。

5. 案例分析：

求神问佛天价签，迷信鬼神不可取

夏女士参加过一次海南之旅，导游带他们到当地寺庙拜佛前，把当地寺庙吹得神乎其神，甚至吹嘘海南的神庙云集了四海名僧，可为游客求神问签、保佑平安，而且信佛要贵在诚心，不可问价、杀价。使他们当时心悦诚服，跃跃欲试。拜神后才如梦初醒，大呼上当，痛骂导游卑鄙无良。原来进入寺庙后，会有专人服侍每一位游客，带游客求见名僧，然后按名僧指点拜佛，并虔诚地为游客送上三支大香，而当夏女士拜完之后才知道每支大香要按 300 元交费，夏女士愕然忍痛交费后，又被带回见名僧，名僧说她与佛有缘，可托南海观音或仙佛回家保佑平安，而当她询问玉观音或仙佛何价时，更是大惊失色，最小的观音也得 1000 元以上。

结合所学知识给予分析。

第三篇

旅游工作者管理心理

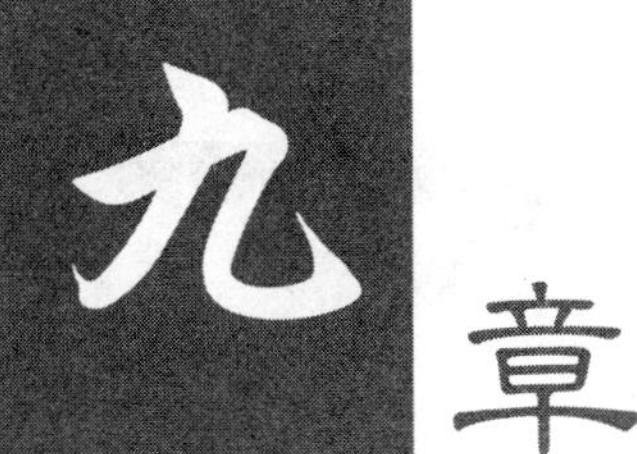

第九章 旅游企业员工管理心理

典型案例 比尔·拉福的职业生涯设计

拉福公司创始人比尔·拉福的成功经验是一个良好职业生涯设计及执行的范本。在中学毕业之际，他就立志经商，开创自己的企业。他的父亲是洛克菲勒集团的一名高级职员，在商界工作了许多年，对商海中的事务了如指掌，深谙其中奥秘。他发现比尔·拉福具有商业天赋，机敏果断，敢于创新，但却未经历过磨难，没有经验，在这种情况下经商肯定会经受挫折。于是，拉福父子进行了一次长谈，共同制订了职业生涯发展计划。

比尔·拉福上大学并没有选择与商业有关的贸易专业，而是选择了工科中最基础、最普通的专业——机械制造专业。他的父亲认为，要想做一个好的商人，单纯的商业管理知识是绝对不够的，必须具备一定的专业知识。而在大型商业贸易中，工业商品占多数，如果不了解产品的性能、生产制造情况，将很难保证或者控制生产及销售过程。与此同时，工科学习不仅能够培养知识技能，还能帮助建立一套严谨求实的思维方式，训练推理分析能力以及脚踏实地的工作态度，这些素质都是一个成功商人所应该具备的条件。比尔·拉福就这样在麻省理工学院度过了四年。在这四年中，他没有拘泥于本专业学习，而是广泛接触了化工、建筑、电子等方面的基本知识，这些知识在他后来的商业活动中都发挥了不可忽略的作用。

大学毕业后，比尔·拉福又考入芝加哥大学，开始攻读经济学的硕士学位。因为他深知现代商业无论在程序、规则、内容等方面都相当复杂，都有一套规律与特征。这需要专门的了解，而不能等到涉足商界再谈。如果不了解经济规律，不学习经济学的常识，就无法进行商业活动，更无从谈商业盈利。在这三年中，他系统地学习了经济学的基本知识，搞清了影响商业活动的众多因素，并学习了相关的法律知识、管理知识和财务知识。就这样，他在知识上完全具备了经商的素质。

拿到硕士学位后，比尔·拉福以为自己可以在商界大展身手了。出乎意料的是，他的父亲让他到政府部门工作。对此，他父亲的解释是经商最重要的是与人交往的能力。在政府部门工作，一方面可以锻炼这方面的能力，另一方面，还可以拓宽交往范围，为以后的商业运作打下基础。于是，带着这个任务，比尔·拉福在政府做了五年的公务员。在这五年中，他仔细观察，细心揣摩，终于成长为一名老成、世故、不动声色的人。在环境的影响和自我锻炼下，比尔·拉福树立起强烈的自我保护意识，成为城府很深的人。他在后来的商业生涯中，从未上当受骗，应当归功于这段时间的锻炼。与此同时，他还有目的地结识各界人士，建立起广阔的人际关系网络。这个网络后来为他提供了丰富的信息及大量的便利条件，成就了他的事业。

结束了五年的政府工作后，比尔·拉福又在父亲的引荐下到通用公司工作。在通用公司，他的目的就熟悉商务活动，学习如何进行业务来往。两年后，他认为自己已经掌握了经商的技巧及所有环节，于是，立刻从通用辞职，正式实施自己多年前的计划。由于具备了充分的商业头脑、人际关系、生产经验，因此拉福公司飞速发展。在成立的 20 年后，也就是当拉福还是壮年时，公司的资产已由最初的 20 万美金发展到 2 亿美金，成为经济史上的传奇。

当比尔·拉福成为世界传奇时，他对采访他的记者说，他之所以有今天，应该感谢他的父亲为他制订了一个完美的职业生涯发展计划，这个方案最终使他功成名就。

通过比尔·拉福的发展史可以看出，他的生涯发展目标明确，脉络清晰，步骤合理，充分考虑了个人兴趣及能力，确定了目标的可行性，并着重突出了职业技能的培养。在这个计划的指挥下，通过自身的不懈努力，一步步前进，终于变理想为现实。

（资料来源：全国高中高专校长联席会. 职场必修. 北京：高等教育出版社，2008）

本章要点

职业生涯设计与管理的分析、职业压力与管理的分析、职业倦怠与管理的分析、心理测量与咨询的概述。

第一节　职业生涯设计与管理

一、职业生涯概述

1. 职业生涯的含义

职业生涯是指一个人一生中的职业经历，包含所有与工作相联系的行为与活动。在一个人终生连续性的职业经历，特别是职业、职位的变迁及工作理想的实现过程中，要受到能力、兴趣、价值观以及社会环境等因素变化的影响。职业生涯是一个动态的过程，它并不包含在职业上成功与否，每个工作着的人都有自己的职业生涯。

2. 职业生涯的阶段

一个人的职业生涯是一个漫长的过程。也许一个人一生只从事一种职业，或是从事多种职业，但每个人都希望找到一个适合自己的职业。职业生涯可以划分五个阶段。

(1)职业成长阶段(出生～14 岁)

此阶段个人通过对家庭成员、朋友、老师的认同以及相互之间的作用，逐渐建立关于自我的概念，形成了对自己兴趣和能力的基本看法。到该阶段结束时，进入青春期就开始形成职业倾向和职业愿景。

(2)职业探索阶段(15～24 岁)

此阶段个人将认真地探索各种可能的职业选择。他们将对职业的比较和个人兴趣、能力匹配起来，职业理想选择范围逐渐缩小，职业兴趣也趋于稳定。到该阶段结束时，比较恰当的职业就已经被选定，已经做好开始工作的准备。人们在该阶段需要完成的最重要的任务就是对自己的能力和天资形成一种现实性的评价，并尽可能地了解各种职业信息。

(3)职业适应阶段(25～44 岁)

这是大多数人职业生涯中的核心部分。人们通常希望在这一阶段的早期能够找到合适的职业,并随之全力以赴地投入到有助于自己在此职业中取得永久发展的各项活动中。职业稳定后,进入发展期。然而,大多数情况下,在这一阶段人们仍然在不断地尝试与自己最初的职业选择所不同的各种能力和理想。这一阶段,学会适应和融入一个组织是十分重要的。

(4)职业稳定阶段(45～60 岁)

在这一阶段,因为有发展基础,人们一般都已经在自己的工作领域中为自己创立了一席之地,他们的大部分精力主要就放在稳固自己在组织中的地位上。

(5)职业衰退阶段(60 岁以后)

随着年龄原因和生理条件的变化,人的职业能力发生了缓慢地不可逆转地减退,心理上趋向于求稳妥,对成就和发展的期望减弱。人们所面临的问题就是如何去打发原来用在工作上的时间。

二、职业生涯设计

职业生涯设计指人们根据社会经济发展的需要,有目的地对自己的知识、技能、兴趣、性格、价值观等进行测定、分析和总结,在此基础上确定自己一生的奋斗目标,并采取必要的行动,实现职业目标的过程。科学的职业生涯设计能为人生成功提供指导和方法,最大限度地帮助个人实现自我价值,因而职业生涯设计具有重要的意义和作用。

对员工来说,职业生涯设计不仅可以帮助个人确定职业发展目标,促进、鞭策员工努力学习和工作,充分发挥自己的才能,而且还有助于对员工进行目标引导,激发个人潜能;对组织来说,一个人事业成就的大小关乎企业目标的成败。员工将自身发展与组织发展相结合,能使组织的人力资源得到有效开发,满足组织未来发展对人才的需要。

职业生涯设计的主体不是某个组织,而是组织中的员工个体。但个体职业生涯的实现有赖于组织对员工的引导、鼓励和帮助。职业生涯设计包括个体有意识地确立目标并追求目标实现的过程。具体地说,个体职业生涯设计的内容主要有个人因素分析、环境因素分析、职业和路径选择、职业生涯目标和职业阶段性目标计划与措施等。

(1)个人因素分析

全面、深入、客观地分析和了解自己,让个体对自己的职业发展方向的有利因素和条件进行合理定位。即要弄清我想干什么、我能干什么、我应该干什么、在众多的职业面前我会选择什么等问题。

(2)环境因素分析

分析环境条件的特点、环境的发展变化情况、自己在环境中的地位、环境对自己提出的要求及环境对自己有利与不利的条件,为职业发展搜寻职业发展机遇信息,了解本专业、本行业的地位、形势以及发展趋势,调整自己适应组织和社会环境的需要。

(3)职业和路径选择

在个人因素和环境因素分析的基础上,根据自身条件选择某一职业以及向该职业领域发展所采取的路线。职业和路径选择科学合理,可以避免盲目性,促成职业目标达成。

(4)职业生涯目标

职业生涯目标是指个人在选定的职业领域内未来时点上所要达到的具体目标,包括短期目标、中期目标和长期目标。多层次性、分阶段性目标的制订更有针对性、现实性和可行性。

(5)职业阶段性目标计划与措施

个体职业生涯发展计划的执行系统和操作系统。一般要根据自己的具体情况,针对不同职业、岗位提出针对性强的具体要求。

三、职业生涯管理

职业生涯管理是指组织和员工个人共同对员工职业生涯进行规划、执行、评估、反馈和修正的一个动态性过程。职业生涯管理的主体包括组织和员工个人两个方面,即由组织主动实施的组织职业生涯管理和个人主动进行的自我职业生涯管理。由组织实施的职业生涯管理要充分尊重个人的职业生涯管理,个人的职业发展需求也必须与组织目标相一致。如果个人目标离开了组织目标,个人的职业生涯发展就难以获得成功。双方只有加强沟通与合作,将二者的需要、目标、利益相结合,达到动态均衡和协调,才能保证职业生涯管理的有效性,从而实现共赢。

职业生涯的自我管理是实现职业生涯发展与成功的关键。在组织环境中,员工根据个体特征和需要,主动采取一系列方法和措施,不断调适自己的职业生涯发展目标,使之与组织目标相一致,寻求职业上的自我发展与完善,通过提升个人竞争力以实现个人成就最大化。自我职业生涯管理重点内容主要有:了解组织发展信息、参与发展和训练方案、增强适应能力、确认职业生涯路径选择、激发自身潜能、执行职业生涯发展计划等。

自我职业生涯管理可分早期、中期、晚期三个阶段,每个阶段都应采取相应的自我管理策略。

1. 早期阶段管理

对于刚进入组织一段时间的员工,可能会由于陌生的环境和人际关系,而导致职业上的困惑与失落感。要有效消除如组织期望与个人表现间的差距、同事间的隔阂、个人的努力得不到认可等问题,就必须加速个人的“组织化”,主动采取具体对策:①多了解工作环境,早进入角色,努力树立良好的职业角色形象;②加强自身学习,强化工作能力,积累工作实绩;③做好人际沟通,适应组织环境;④正确面对困难,积极应对,学会在克服困难中前进。

2. 中期阶段管理

职业生涯中期,会面临较多问题,这些问题处理得恰当与否,关系到职业生涯发展愿望的实现。搞好这一阶段的管理,必须要做到:①保持乐观上进的心态,理性应对可能遇到的各种困惑和危机;②对自己的职业生涯设计进行检查和评估,客观地对待个人职业表现和业绩,审视职业目标实现的可能性,适时调整和维持事业、家庭和自我发展三者间

的关系均衡；③加强时间管理，调适工作压力，运用自我激励、自我放松、加强身体锻炼等方式调节身心；④不断更新知识、接受新信息，提高自身业务能力，满足现实岗位和未来工作的需要。

3. 晚期阶段管理

在职业生涯晚期，老年员工要积极调整心态，接受事实，主动适应客观环境的变化，在职业发展中转变方向，把思想中心从工作转移到家庭生活和个人活动中，扩展活动范围与乐趣，着手为自己的退休做准备。

第二节 职业压力与管理

一、职业压力概述

1. 职业压力的含义

心理学上，压力是指个体对各种社会刺激的反应，包括生理、心理、行为三个方面。由于职业活动而导致的压力称为职业压力，也叫工作压力或工作应激，是指在工作环境中，个体对来自工作方面的刺激引起个体感受到威胁时，一种持续性的负性体验和生理心理反应。职业压力是个人在应付那些自己认为无法应付的工作环境要求时，所产生的生理、心理和行为反应。

职业压力包括三个方面内容：①是一种外在的来自工作方面的刺激，即那些使人感到紧张、对心理构成威胁，而个体必须改变或应对的事件或环境。如工作任务过重、人际沟通困难等是造职业压力的原因或事件。②是一种对刺激的反应或状态，是个人在面对重要的要求或机会时表现出不确定结果时心理上感受到威胁的一种紧张状态。如个体在工作环境中遇到工作要求高，适应困难、精疲力竭、力不从心或其他不愉快的情绪体验。③是一个动态过程，这个过程包括引起压力的刺激、压力状态以及情境，随时间和面临的任务产生变化。面对同样的工作任务和性质，不同个体的反应模式是相同的，但表现出的职业压力状态程度却可以是不同的。因为每个人对事件的解释不同，应对方式也不同。

职业压力对个体的影响是双面性的。一方面，适度的职业压力有利于个体调动内在资源来应对问题，达到本身与职业的适应，同时提高自身的成就感和工作效率；另一方面，过度的职业压力长期作用于个体，并得不到缓解，会造成个体职业适应困难，导致个体生理、心理和行为上的不适应，严重影响身心健康并造成诸多方面的问题。旅游企业从业人员保持适度、合理的压力有利于自身工作的开展，同时对企业的发展也是有益的、必要的。

2. 职业压力源

在现代生活中，职业压力带来的问题越来越受到人们的关注。如何释放和缓解组织内员工的职业压力，保持员工良好的自我感觉和稳定的情绪，提高工作效率，首先必须要了解压力产生的根源，即职业压力源。产生职业压力的原因是多种多样的，有来自工作本身的刺激，如工作任务过难、工作负荷过重等；有来自于个体本身的特征，如个体的压力认知、家庭生活危机事件等；也有来自组织，如人际关系紧张、工作职责不明晰等，以及社会上其他的环境因素。不同的压力源给个体带来的压力感也有差异。据张进辅调查显示，职业压力产生的 6 个主要来源依次是工作内在特征、个人/发展因素、组织气氛、家庭/社会因素、角色问题及人际关系。工作内在特征、个人/发展因素、组织气氛对个体造成的压力感最大，其发生的平均频率也相对比较高。库伯认为工作压力的产生是工作条件、角色、人际关系、职业发展、组织系统以及家庭压力与工作压力相互作用的结果。

概括地说，职业压力源大体来自以下三个方面：

(1)环境方面因素

环境的变化和不确定性是引起职业压力的重要因素。导致压力产生的环境因素主要是指政治、经济、自然形势的不确定和危机。市场化进程的深入，社会竞争的加剧，人们对自身工作稳定性和安全感更感到担忧。知识的快速更新，技术的日新月异，员工常常对自己的工作胜任力感到担心，迫使员工不断地持续学习，不学习就要落伍，这些都无疑给员工带来了职业压力。

(2)组织因素

影响压力产生的组织因素是指存在于组织内部可能引起员工压力感的因素，如工作任务大、工作要求高、工作责任过重、人事竞争的压力、人际关系紧张、领导对自己的不理解和不信任等。组织因素归纳起来可分为以下几类：工作任务要求、角色要求、人际关系、组织结构、组织变革、组织领导等。

(3)个体因素

压力是人与环境相互作用的结果。个体的差异性尤其是认知的差异会导致压力的感知差异。针对同样的压力源，作用于不同的个体其感知和体验不同，应对方式也不同。也就是说，职业压力的产生也受到个体内在因素的影响，因人、因事而异。究其原因主要是由于个体个性特征、职业期望值、能力、经历所造成的。

此外，控制感也是影响人们对压力感知，导致职业压力产生的一个重要因素。在实际工作中指能自主地安排自己工作，决定怎样完成自己的工作的自由度。

3. 职业压力的后果

人们在工作中，时刻会面临来自不同方面、不同程度的压力。但职业压力对工作和生活带来的影响并不都是负面和消极的。适度的职业压力对工作本身或工作成就来说是具有一定积极作用的。我们常说的“有压力，就有动力”，实际上就是指适度的压力促使个人努力的动力，激发员工的创造力，有利于工作效率的提高。只有当职业压力过高或过低时，才会给个体身心带来不良的后果，挫伤人的积极性，从而影响工作绩效，阻碍组织目标的顺利实现。可见，职业压力是一把“双刃剑”，具有积极和消极两方面的作用。

(1)职业压力对身体健康的影响

人的压力反应原本是应付来自外界的紧急状况,更好地保护自己。但如果人们长期处在压力状态下,则会对身体健康产生不利影响,造成人体健康器官系统的各种损害。研究表明,职业压力能使个体新陈代谢紊乱、心率与呼吸率增加。许多疾病,如头痛、高血压、心脏病、消化系统疾病以及各种恶性肿瘤疾病都与压力水平高度相关。在现代生活中,因过度压力引起的身体疾病甚至死亡的现象是非常普遍的。日本一位研究者曾调查了654名门诊患者,其中竟有42.8%属于“紧张状态病”。而在20世纪30年代,英国一位医学家在非洲肯尼亚的一个部落中发现的情况是,在他看过病的1800多名患者中,竟然没有一人患高血压。其原因是这个部落基本处于原始社会的生活状态,人与人之间的关系比较简单,没有接触到西方社会生活中的各种刺激。由此可见,压力的确会大大提高个体患病的概率,对人的身体健康产生严重的不良影响。

(2)职业压力对心理健康的影响

过高的职业压力不仅影响个体的身体健康,而且影响人们的心理健康。国内外有关职业压力的研究表明,多数人在面对压力时会出现身心紧张的反应。职业压力的心理症状表现有:紧张、焦虑、抑郁、记忆力减退和心理衰竭等。张进辅的研究表明,职业压力会导致个体产生不良心理。

①消极心理。一个人在工作中尽管很努力,但如果经常遭受挫折或因出错受到批评,那么他可能不再努力,甚至表现出对工作漠不关心。长期处于这种消极的状态,会容易患上班恐惧症。

②敌视心理。当个体长期处于压力之中,并体验到恼怒、嫉妒、失望等不良情绪时,容易产生敌视心理,对周围的人可能产生攻击行为。如果个体对管理者或同事持敌视态度,则会经常在工作中给他人出难题,遇到一些小事就吹毛求疵,甚至大发雷霆。

③悲观心理。人们在工作中时常遭受挫折,会感到伤心、失落,逐渐变得悲观、失望,丧失自信心,出现孤僻行为。当面对自认为无法承受的巨大压力时,甚至会采取自杀等极端办法逃避压力。

(3)职业压力对工作绩效的影响

在组织情境中,过高的职业压力会带来许多不良的行为后果,比如攻击、缺勤、工作倦怠、离职等消极行为。如果压力过低,则会使个体懒散,警觉性和敏感性降低,注意力无法集中,个体处于一种松散的状态。因此,职业压力过高或过低都会大大降低工作绩效,影响组织目标的实现。只有当职业压力处于适度的水平时,个体才能提高注意力,增强忍受力,激活活力和积极性,更好地完成工作,从而使工作绩效达到最高水平。事实上,职业压力与工作绩效之间呈倒“U”形关系,如图9-2所示。因此,企业可通过为员工设计有挑战性的目标,激发员工的成就动机,给下属一定程度的心理压力,让员工把“压力”变“动力”,激励员工努力工作,提高绩效水平。

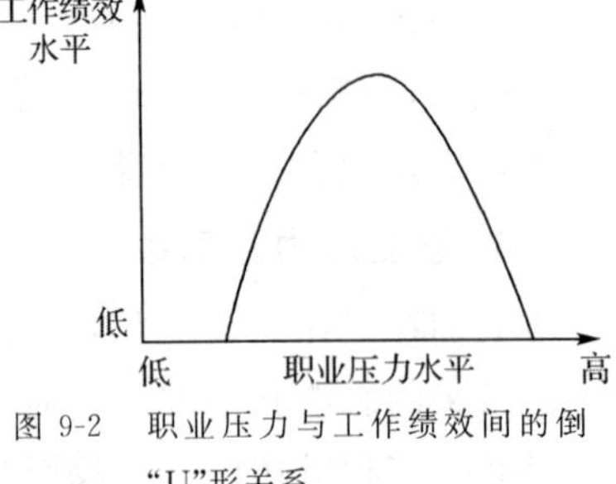

图9-2 职业压力与工作绩效间的倒“U”形关系

二、职业压力管理

职业压力不仅关系到员工的身心健康，而且对个人和组织的工作绩效也会产生很大影响。因此在组织环境中，需要从个体和组织两个层面采取必要的策略和方法来应对和处理工作中的压力问题，进行压力调适和管理。

1. 调整认知方式

从前面的论述可以看出，职业压力的来源多种多样。但是，职业压力源仅是形成职业压力的客观条件。而不同的个体对压力的感知及挫折情境认识是不同的。一个人的心态和思维方式在很大程度上决定了其对周围事物的态度和看法。自信、积极、乐观的人面对挑战会适当地调整自己的行为，缓解压力，知难而上；而自卑、消极悲观的人遇到困难则会优柔寡断、焦躁不安。可见，个体的心态直接影响到其对压力的反应。另外，个体要克服过分追求完美的心理，建立正确的价值观和人生目标。事实上，个体工作的结果总是要受到主客观因素的制约。这就要求个体在工作中积极面对客观现实，恰当地调整自己的工作期望值，改变自己的思维方式，转变角度思考问题，修正、转变过分追求完美的人格完美主义观，学会选择和放弃，从容面对困难和挫折。在组织情境中，个体应客观地对自己进行评价，在尊重事实的基础上，评估自己的能力，进行合理的成功预期。在看重结果的同时，更要注重过程，尽最大努力，做好自己就是成功。

2. 有效管理时间

高情境压力通常具有工作负荷过重，时间紧迫的特点。员工面对无法同时做好数件重要而又有难度的工作时，会产生胜任能力缺乏感和无助感。有效的时间管理，可以帮助个体梳理事务，按照工作的重要程度和紧急程度进行排序，将复杂的任务分解，最有效果和高效率地利用工作时间，保证那些最重要的任务能得到优先处理和完成。个体要在多项任务之间合理分配时间，就必须学会有效时间管理的知识和技能。有效管理时间的原则有：①列出每天要完成的事；②根据重要程度和紧急程度，分清工作任务的主次顺序；③了解自己的生物钟，在自己最清醒和效率最高的时间段里，完成最主要的事；④把需要用的材料和东西放好，避免在寻找东西时浪费时间；⑤把一个大项目分成若干小项目，分别确定时间，按部就班地完成；⑥规定每项任务完成的时间；⑦每天留出固定的时间集中处理琐碎事情。实践证明，时间管理能使一个人将超负荷的工作压力最小化，从而有效地缓解员工面临的各种职业压力。

3. 寻求社会支持

社会支持系统包括家人、朋友、同事和一些专业机构。个体可以充分利用自己拥有的一定数量和质量的社会支持网络，在需要时争取他人的支持和帮助。社会支持具体表现为情感支持，如利用亲密关系、信任、友谊等进行倾诉，寻求专业心理咨询师进行心理疏导和治疗；也可表现为评价支持，如反馈、证实等；还可以表现为信息支持，如提供建议、劝告和指导等。有研究显示，社会支持能够有效缓解个体面临的职业压力，可至少在下述三个方面降低个体对压力的感受：①社会支持可以让员工觉得他们是有价值的，能提高其自尊，增强其处理职业压力源的信心；②可以提供信息帮助员工解释、理解甚至消除压力源；③来自他人情感支持可以直接缓解员工的压力体验。

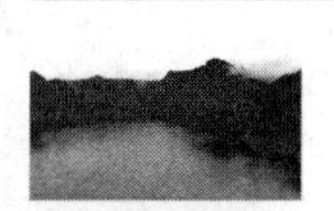

4. 控制压力后果

控制压力产生的后果是压力自我管理的一种常见策略。具体方法有：①坚持体育锻炼。体育锻炼是专家经常推荐的一种应对压力的重要措施。大量研究表明，体育锻炼可以减轻压力的生理后果，帮助员工降低呼吸频率、肌肉紧张、心率及胃酸的水平。②进行放松训练。如做深呼吸、肌肉放松游戏、听音乐、看笑话书等。个体通过放松活动，可以充分化解脑力和体力的紧张，让人变得平和，从而更能适应压力和处理压力。③做冥想练习。放松静坐，轻闭双眼，注意呼吸，但不要用力，把注意力集中在鼻孔上，注视呼吸的气流进出。这种把注意力从职业压力中转移开来的方法，能达到应对压力的目的。④注意健康饮食。健康平衡的饮食习惯也使人们不易受到忧郁的困扰。

第三节　职业倦怠与管理

一、职业倦怠概述

1. 职业倦怠的含义

职业倦怠也叫“职业枯竭”，是指个体从事某一职业在长期压力体验下而产生的身心疲劳与耗竭的状态，是个体不能顺利应对职业压力时的一种极端反应。当人对所从事的工作没有兴趣或缺乏动机，却又不得不为之时，就会产生厌倦情绪，身心陷入疲惫状态。职业倦怠是由情感衰竭、去人格化、低个人成就感三个维度构成的一种生理、心理的综合性症状。

(1)情感衰竭是指个体感到自己所有的情绪资源都已耗尽，对工作丧失热情，没有活力，甚至出现害怕工作的情况。它是职业倦怠的核心维度，是职业倦怠最明显的症状。

(2)去人格化是指个体刻意在自身和工作对象间保持距离，以一种负性、冷漠或是极端逃避的态度去面对服务对象或工作，表现出易怒、消极、缺乏情感投入等现象。

(3)低个人成就感是指个体倾向于消极地评价自己，并伴有工作能力体验和成就体验的下降，认为工作不但不能发挥自身才能，而且是枯燥无味的烦琐事务，表现出士气低下，缺乏成就感等现象。

职业倦怠因工作而起，又反作用于工作，导致工作状态恶化，使职业倦怠进一步加深。职业倦怠的发生是一个渐进的过程。一个人长期从事某种职业，日复一日机械化地做着重复的工作，渐渐就会产生一种疲惫、困乏、厌倦的心理。

职业倦怠心理不同程度地存在于每一个职业人身上，对个人和组织都是一种能量的消耗。据调查，现代人产生职业倦怠的时间越来越短，有的人甚至工作半年就开始对工作厌倦。

2. 职业倦怠的消极作用

(1)不利于个体的身心健康

职业倦怠由情感衰竭、去人格化、低个人成就感三个维度构成，而这三个维度与许多生理和心理上的疾病有关。其中，情感衰竭是最显著的身心健康的预测指标。有研究表

明，职业倦怠在生理上影响的明显体现在心率、呼吸和排汗的增加，容易引起个体的疲劳过度、失眠、头痛、食欲下降、肠胃功能紊乱和冠心病等。职业倦怠在心理健康方面的影响则比较复杂。职业倦怠可能会导致个体心理失调，造成心理上的表现主要有对工作不满意，自尊水平下降，出现焦虑、抑郁、易怒和无助感。个体心理上的病症，如情绪上的低落也会引起个体机体免疫功能降低，加重生理上的不良反应。

(2)不利于组织的发展

现代组织特别重视人力资源战略，强调人才的有效开发和利用。对于任何一个组织来说，要想在瞬息万变的环境中长期生存和发展，离不开，而且必须关注员工的工作绩效。因为员工努力高效地工作是实现组织目标的前提。一个组织，只有员工热情高涨、精力旺盛、人职匹配，创造性地开展工作，才能拥有生机和活力，在市场竞争中保持强大的竞争优势。而大量研究表明，职业倦怠会导致员工消极怠工，工作效率低下，个人能力下降，甚至出现逃避工作、离职的现象，影响到组织计划落实和任务的完成，加大组织的运行成本。同时，职业倦怠还导致组织内成员的人际关系紧张和工作士气低下，破坏团体工作氛围，降低团体凝聚力，使整体工作质量下降，导致纠纷甚至事故的发生，严重危害组织的形象和效益，给组织带来巨大的损失。有资料表明，在美国，企业员工因工作倦怠每年让企业损失3050亿美元，超过世界500强公司税后利润的5倍，而且每年还呈上升趋势。职业倦怠给组织带来的负面影响是深远的。

(3)不利于家庭和社会的和谐稳定

有报告表明，世界范围内普遍存在的职业倦怠现象正在袭扰着包括中国在内的每一个职业人，工作倦怠已成为社会“流行病”。在短期内，职业倦怠直接影响到个人的身心健康和组织的有效运转。但从长期看，随着个体职业倦怠程度的加剧或范围的扩大，还可能引发一系列家庭和社会问题。如造成道德水平下降，家庭关系恶化，发生工作外冲突等一些不良行为，严重者甚至会危害生命，使家庭和社会付出沉重的代价。

二、职业倦怠的预防和干预

职业倦怠不仅影响员工的身心健康，而且直接影响到员工工作的准备状态，对工作具有极强的破坏力。因此，有效地预防和消除职业倦怠，对于维护员工健康、稳定员工队伍、提高工作绩效有着重要的意义。预防和消除职业倦怠只有采取个人干预和组织干预相结合，才能收到较好的效果。

1. 加强自我认知，积极调整心态

职业倦怠作为一种客观存在的社会现象，已在不同程度上“侵蚀”着每一个人。要想摆脱职业倦怠的困扰，个体必须进行积极的自我认知，了解自身的生理和心理特点，对自己做出正确、全面的认识和评价。既要肯定自身的优点和长处，也要承认自己的不足之处。在工作压力情境中，不要一味地抱怨他人或事物，不要过多地计较个人得失。要学会自我心理调节，转换角度多元思考，合理地调整目标与期望值，进行积极的自我暗示和

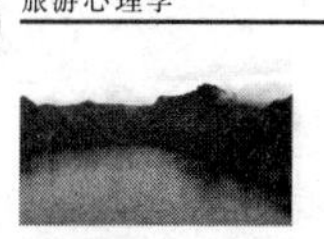

鼓励，帮助自己树立自信心，保持乐观的心态和进取精神。事实证明，良好的心态有利于稳定情绪，缓解焦虑，集聚自身潜在的能量，提高个体的主观能动性。同时，也有利于个体在面对应激状态时敢于正视现实，克服职业心理偏见，适时地进行自我调整，主动适应环境，从而有效预防和减少职业倦怠的产生。

2. 强化自身学习，提高应对能力

职业倦怠在很多情况下是由于个体某种能力的不足或欠缺，不能很好地应对工作情景而产生的。加强自身学习也能有效地预防和消除职业倦怠。个体应根据自己的职业特点、工作性质，有选择性地进行“加油”充电，学习新知识、新技能，丰富自己的知识面和知识层次，增强自身能力以适应社会环境的压力。如学习掌握压力管理、时间管理等方面的方法技巧，合理分解任务和目标，学习、训练化解人际交往冲突的技术手段，建立有意义的人际关系等。另外，个体只有坚持学习，才能在工作中学会创新。通过创新让自己摆脱枯燥与无聊，挖掘到“成长”的可能性，体验成就感，不断给自己新的动力和源泉，重燃工作激情，从而提升内心力量，缓解心理疲乏。

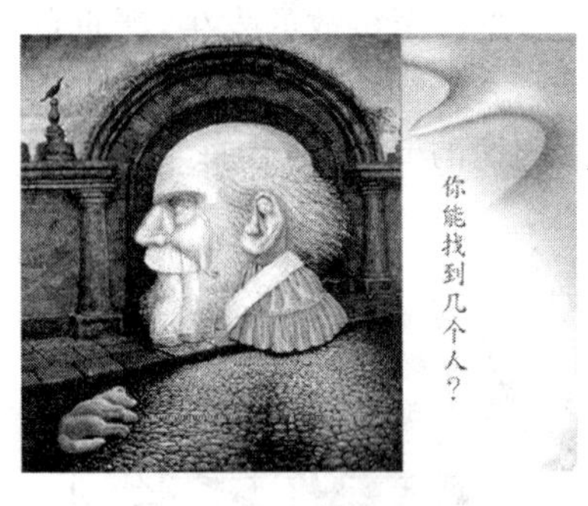

3. 调整生活方式，维护身心健康

重复的、枯燥的、单调的工作和生活，会使个体工作热情不断下降，导致厌倦情绪产生。要改变这种现象，必须坚持科学、健康的生活方式，丰富自己的业余生活，积极参加有意义的文娱活动，暂时抛开郁闷繁杂的工作，投入到自己喜爱的运动中去寻找快乐，使疲惫的身心得到缓解和放松。实践已经证明，人的生活方式对心理健康具有重要的影响。对于个体而言，科学、健康的生活方式，主要有合理的作息、平衡膳食、积极参加体育锻炼和休闲活动等。

4. 进行合理宣泄，改善不良情绪

工作压力过大，过分压抑自己的情绪反应，不仅会使个体加重不良情绪的困扰，而且会导致某些心身疾病的产生。必要时，可以采取适当的途径和方式进行情绪宣泄。如向领导、同事以及亲朋好友倾诉；开诚布公地同他人交换意见、消除误会；走到空旷无人的地方大吼或大哭一场；进行重体力劳动，让自己累得筋疲力尽来释放积聚的能量等。合理的宣泄与排遣，可有效改善情绪，调整好心情。

第四节　心理测量与咨询

一、心理测量概述

1. 心理测量的含义与特征

心理测量指依据一定的心理学依据，使用一定的操作程序，给人的能力、人格及心理健康等心理特性和行为确定出一种数量化的价值。广义的测量，不仅包括以心理测验为工具的测量，也包括用观察法、访谈法、问卷法、实验法、心理物理法等为工具的测量。本书仅讨论以测验作为工具的心理测量。

当然，由于心理现象本身的复杂性和特殊性，导致人们对心理的测量还达不到物理测量的精确度，对某些心理特性的认识可能还有偏差，因而对心理测量的使用须相当谨慎。但心理测量在社会生活、工作和理论研究中具有重要作用。如诊断、预测、评价、选拔、咨询等。

2. 心理测量的工具——心理测验

心理测量是一个过程。实施心理测量的步骤有：①明确心理测量的目的。不同的目的一般要用不同的测量方法或测量工具；②全面收集与个体有关的资料、信息；③综合分析资料、信息。综合分析没有固定的模式，但要遵循整体性和具体化原则；④诊断与评估。在资料分析的基础上作出判断和解释，并针对性地提出解决问题的方法和建议。心理测验是心理测量的主要技术和工具，也是了解个体心理特征，获取可靠资料的方法之一。

心理测验是由心理学家依据标准化程序编制的，用来测量个体的某种行为，对个体心理特点做出推论和数量化分析的一种科学手段。

二、心理测验的应用

测试一： 下面共有60道题，请根据自己的实际行为表现如实做出回答，从而确定你属哪种气质类型。在测试时注意做到：

(1)回答时不要去推敲答案的正确与否，题目答案本身没有正确与错误之分。

(2)每一问题都要回答，不能留有空题。

(3)回答时要迅速，不要相互交流，尽量在10分钟以内完成。

(4)计分采取数字等级制，即非常符合+2，比较符合计+1，介于符合与不符合之间计0，比较不符合计-1，完全不符合计-2。

1. 做事力求稳妥，不做无把握的事。
2. 遇到可气的事就怒不可遏，想把心里的话全都说出来才痛快。
3. 宁可一个人做事，不愿很多人在一起。
4. 到一个新环境很快就能适应。
5. 厌恶那些强烈的刺激，如尖叫、噪音、危险镜头等。
6. 和人争吵时，总是先发制人，喜欢挑衅他人。
7. 喜欢安静的环境。
8. 善于与人交往。
9. 羡慕那种喜欢克制自己感情的人。
10. 生活有规律，很少违反作息规律。
11. 在多数情况下情绪是乐观的。
12. 遇到陌生人觉得很拘束。
13. 遇到令人气愤的事，能很好地自我克制。
14. 做事总是有旺盛的精力。
15. 遇到问题总是举棋不定、优柔寡断。

16. 在人群中从不觉得过分拘束。
17. 情绪高昂时，觉得干什么都有趣；情绪低落时，又觉得什么都没有意思。
18. 当注意力集中于某一事物时，其他的事很难使我分心。
19. 理解问题总比别人快。
20. 碰到危险情境，常有一种极度恐惧感。
21. 对学习、工作怀有很高的热情。
22. 能够长时间做枯燥、单调的工作。
23. 感兴趣的事情，干起来劲头十足，否则就不想干。
24. 一点小事就能引起情绪波动。
25. 讨厌做那些需要耐心、细致的工作。
26. 与人交往不卑不亢。
27. 喜欢参加热闹的活动。
28. 爱看感情细腻、描写人物内心活动的文艺作品。
29. 工作学习时间长了，常感到厌倦。
30. 不喜欢长时间讨论一个问题，愿意实际动手操作。
31. 宁愿侃侃而谈，不愿窃窃私语。
32. 他人总是说自己闷闷不乐。
33. 理解问题常比其他人慢。
34. 厌倦时只要短暂休息就能精神抖擞，重新投入工作。
35. 心里有话不愿说出来。
36. 认准一个目标就希望尽快实现，不达目的誓不罢休。
37. 学习、工作同样一段时间后，常比别人更疲倦。
38. 做事有些莽撞，常常不考虑后果。
39. 老师或他人讲授新知识、新技术时，总希望讲得慢一些，多重复几遍。
40. 能够很快地忘记那些不愉快的事情。
41. 做作业或完成一件工作总比别人花的时间多。
42. 喜欢运动量大的体育活动，或者参加各种文艺活动。
43. 不能很快地把注意力从一件事转移到另一件事上。
44. 接受一个任务后，就希望把它迅速解决。
45. 认为墨守成规比冒风险强些。
46. 能够同时注意几件事物。
47. 自己烦闷的时候，别人很难使我高兴起来。
48. 爱看跌宕起伏、激动人心的小说。
49. 对工作抱以认真严谨、始终一贯的态度。
50. 和周围人的关系总是相处得不好。
51. 喜欢复习学过的知识，重复做熟练的工作。
52. 希望做变化大、花样多的工作。
53. 小时候会背的诗歌，比别人记得清楚。

54. 别人说我“出语伤人”，可我并不觉得这样。
55. 在体育活动中，常因反应慢而落后。
56. 反应敏捷，头脑机智。
57. 喜欢有条理而不甚麻烦的工作。
58. 兴奋的事情常使我失眠。
59. 老师讲的新概念，常常听不懂，但是弄懂了以后很难忘记。
60. 假如工作枯燥无味，马上就会情绪低落。

评分与解释：

表 9-1

气质类型	题号	合计
胆汁质(A)	2,6,9,14,17,21,27,31,36,38,42,48,50,54,58	
多血质(B)	4,8,11,16,19,23,25,29,34,40,44,46,52,56,60	
黏液质(C)	1,7,10,13,18,22,26,30,33,39,43,45,49,55,57	
抑郁质(D)	3,5,12,15,20,24,28,32,35,37,41,47,51,53,59	

如果某种气质的得分超出 20 分，且明显高出其他三种（均高出 4 分以上），则可定为该种气质类型；

如果某种气质的得分在 10～20 分之间，并高出其他三种，则为一般该种气质类型；

如果两种气质的得分接近（差异低于 3 分）而又明显高于其他两种（高出 4 分以上），则可定为是两种气质的混合型；

如果三种气质均高于第四种气质的得分且相接近，则为是三种气质的混合型；

如果四种气质的得分都不高且相近（差异低于 3 分），则为四种气质的混合型。

测试二： 工作压力诊断性量表共有 30 道题。如果以下题目所描述的状况从来不是你的工作压力来源，请写 1；很少是你的工作压力来源，请写 2；偶尔是你的工作压力来源，请写 3；有时是你的工作压力来源，请写 4；经常是你的工作压力来源，请写 5；通常是你的工作压力来源，请写 6；总是你的工作压力来源，请写 7。来测测你的职业压力：

1. 我的工作任务和工作目标不明确。
2. 我的工作任务或目标有时显得没有多大意义。
3. 我的工作任务繁重，有时不得不在晚上或周末加班。
4. 上级对我的工作质量提出了过高的要求。
5. 我缺乏合适的晋升机会。
6. 我对其他的员工发展负有责任。

7. 我不清楚该向谁汇报工作，也不清楚谁该向我汇报工作。
8. 我被夹在上司和下属之间左右为难。
9. 我常因为一些无关紧要的会议影响工作。
10. 给我分派的任务太复杂太难了。
11. 我在本组织里得到提升的可能性很小。
12. 我有很大的责任给下级提供指导和帮助。
13. 我缺乏行使职责的权威。
14. 组织中的正式指令系统不够完善，比较混乱。
15. 我同时负责许多工作任务和项目，几乎管不过来。
16. 我的工作任务复杂程度好像越来越高了。
17. 我的事业目标很难在组织中实现。
18. 我的行动或决定会影响到其他人的安全和工作。
19. 我不太清楚组织对我的期望。
20. 我在工作中所做的事情会被某个人认可，而其他的人并不认可。
21. 我的工作任务十分繁重，时间紧迫。
22. 组织对我的期望超过我的能力与技能范围。
23. 在工作中我学不到新的知识和技能。
24. 我在组织中的责任更多的是与人有关而非与事有关。
25. 我不太了解我的工作与组织目标之间的关系。
26. 我从两个或多个人那里接到相互冲突的工作要求。
27. 我感到我的休息时间很少。
28. 我缺乏足够的培训和经验去更好地完成我的工作。
29. 我感到我的事业处于停顿状态。
30. 我对他人的未来(职业生涯)发展负有责任。

说明：工作压力诊断量表(Stress Diagnostic Survey)是由六个子量表构成，分别对应角色模糊、角色冲突、数量上的工作负荷、质量上的工作负荷、职业生涯发展和对他人的责任六个维度，对工作压力进行测量。量表中的每个项目都与某一特定的工作压力源相联系。1～6 项分别对应角色模糊、角色冲突、数量上的工作负荷、质量上的工作负荷、职业生涯发展和对他人的责任，之后的项目也按这一顺序循环。每个子量表相加的总得分，可以为判断工作压力的高低提供信息。一般而言，如果某一子量表总分低于 10 分，则表示压力水平较低；总分介于 10～24 分，表示为中等水平的工作压力；而总分大于 25 分，则表示具有较高的工作压力水平。

测试三： 以下内容反映的是你在工作中的感受，请根据自己的真实体验，对每题选择一个最符合你体验程度的答案(A～E 依次表示从不、偶尔、经常、频繁、每天)。答案无对错之分。开始进行职业倦怠测验：

1. 我的工作让我感到情绪枯竭。　　A　B　C　D　E
2. 工作一整天，我感到筋疲力尽。　　A　B　C　D　E

3. 每天早晨起床想到又要面对一天的工作，就觉得无精打采。　A　B　C　D　E
4. 整日的工作真的使我精神紧绷、心力交瘁。　A　B　C　D　E
5 *. 我能有效地解决工作中的问题。　A　B　C　D　E
6. 我觉得自己过度工作，快被工作给压得喘不过气来了。　A　B　C　D　E
7 *. 我可以感受到自己正朝单位目标作有效地贡献。　A　B　C　D　E
8. 自从接下目前的职务以来，我对工作的兴趣逐渐降低。　A　B　C　D　E
9. 我只要做我的工作不被打扰就好。　A　B　C　D　E
10 *. 我觉得目前的职务，让我有很大的发挥空间。　A　B　C　D　E
11 *. 当我完成某项工作时，我会因此雀跃不已。　A　B　C　D　E
12 *. 我已经完成目前工作中许多值得去做的事。　A　B　C　D　E
13. 我只想做我原来的工作，对于其他人或工作完全不感兴趣。　A　B　C　D　E
14. 我怀疑我的工作是否对他人有帮助。　A　B　C　D　E
15. 我质疑我所做工作是否有意义。　A　B　C　D　E
16 *. 在我的工作上，我自信能有效地将事情做好。　A　B　C　D　E
17 *. 在工作中，我感到自己充满活力。　A　B　C　D　E
18 *. 在工作中我觉得自己精力旺盛。　A　B　C　D　E
19 *. 我对工作充满了热情。　A　B　C　D　E
20 *. 工作激发了我的灵感。　A　B　C　D　E
21 *. 早晨一起床，我就想去工作。　A　B　C　D　E
22 *. 当工作紧张的时候，我会感到快乐。　A　B　C　D　E
23 *. 我为自己所从事的工作感到自豪。　A　B　C　D　E
24 *. 我沉浸于自己的工作当中。　A　B　C　D　E
25 *. 我在工作时会达到忘我的境界。　A　B　C　D　E

评分与解释：

A、B、C、D、E 分别表示 1、2、3、4、5 分。凡标记有“ * ”的项目，得分为 6－N，N 是你选项的分值。例如第 5 题，你选择 B，得 2 分，由于第 5 题标记有“ * ”，此题得分为：6－2＝4 分。

表 9-2

题号	1	2	3	4	5 *	6	7 *	8	9	10 *	11 *	12 *	13
选项													
评分													
题号	14	15	16 *	17 *	18 *	19 *	20 *	21 *	22 *	23 *	24 *	25 *	
选项													
评分													

得分在50分以下，工作状态良好；得分在50～75分，存在一定程度的职业倦怠，需进行自我心理调节；得分在75～100分，建议休假，离开工作岗位一段时间进行调整；得分在100分以上，建议咨询心理医生或辞职，或换个工作也许对人生更积极。

三、心理咨询

1. 心理咨询的含义与实质

心理咨询就是来访者就心理、精神方面存在的问题，找咨询人员进行诉说、商讨和询问，以求问题解决的过程。其实质是在咨询人员的启发帮助下，在良好的人际氛围中使来询者的潜能得到发挥，从而找到产生心理问题的原因，辨明心理问题的性质，寻求摆脱心理困扰的条件与对策，达到恢复心理平衡、提高适应能力、增进身心健康的目的。

心理咨询与心理治疗有联系也有区别。从联系来看：①二者所遵循的理论、原则与方法是一致的；②二者都强调在良好人际关系氛围中，运用心理学方法解决心理与精神方面的问题；③二者进行的工作对象有相似性，有心理问题的正常人与心理障碍者很难一下子被区分；④二者都强调求助者的心理改变与成长发展的目的。从区别来看：①工作对象有别：前者是正常人在社会生活中的心理问题，后者是有心理疾病的人；②遵循模式有别：前者是发展与教育模式，后者是医疗、治疗模式；③工作任务侧重有别：前者贴近生活，在意识领域，侧重预防心理疾病发生，后者贴近疾病，在无意识领域，进行治疗补救；④从业人员有别：前者多为心理工作者和社会工作者，后者多为医务人员；⑤时间、次数有别：前者时间短，咨询一次至几次，后者时间长，次数多，需经较多次数方可见效。

2. 心理咨询的原则、步骤与形式

(1)心理咨询的基本原则

心理咨询的基本原则主要有：①热情诚恳与理解支持原则；②严守职业道德与保密性原则；③耐心倾听和细致咨询原则；④疏导抚慰与启发教育原则；⑤促进成长发展的非指导性原则；⑥咨询、治疗和预防相结合及预防为主的原则。

(2)心理咨询的基本形式

心理咨询的基本形式有：①直接与间接咨询；②个别与团体咨询；③门诊与现场咨询；④面谈、信函与电话咨询等。

(3)心理咨询的基本步骤

心理咨询的基本步骤如下：①热情接待建立初步信任的关系；②了解情况、问题及愿望意图；③采用会谈、测验、个案分析诊断检查明确咨询目标；④选定解决问题的方案，帮助指导；⑤结束咨询及追踪反馈、巩固发展咨询成效。

3. 心理咨询的作用

身心健康是人类生存的基本需要之一。作为旅游行业的员工，只有保持良好的身心状态，才能更好地为客人提供优质服务。然而，在复杂的社会生活和工作中，员工难免会发生一些心理失调，严重时还会产生心理障碍。因此，要解决这些心理问题，则必须开展和加强员工的心理保健工作。心理咨询就是做好心理保健工作最有效的方法之一。

(1)心理咨询是消除紧张压力应激的有效手段

在心理咨询过程中,通过安慰、劝解、开导和启发,能够提高来询者的认知水平,妥善解决好其自身的内部矛盾和冲突,帮助其稳定情绪、缓冲过激的情感,以平常心对待周围的事物,改善各种不协调的关系,培养个体适应环境的能力,从而减轻和解除其内心的烦恼和心理压力,保持心境平和。

(2)心理咨询可防治心身疾病,促进个体全面健康

心身疾病是当今影响人类健康的主要疾病之一,其重要病因在于心理社会因素。心理咨询就是帮助人们解决各种心理问题,改善心身疾病中的各种社会心理因素,以预防躯体疾病的发生,或促使个体躯体疾病有较好的治疗效果,促进人们心身健康。

(3)心理咨询是传播心理卫生知识的有效途径

心理咨询不仅可以解决人们已经出现的各种心理问题,而且通过心理咨询,有针对性地对各种人群宣传心理卫生知识,促进人格的健康发展,有效预防各种心理疾病的发生。

实训与练习

1. 谈谈你的职业生涯设计与规划。
2. 谈谈你目前的压力及如何进行有效的压力管理?
3. 谈谈职业倦怠产生的原因?职业倦怠如何预防和干预?
4. 你是哪种气质类型?更能接受什么样的管理?
5. 深入旅游业职场,对员工的职业倦怠情况进行调查,并提出相应的干预对策。

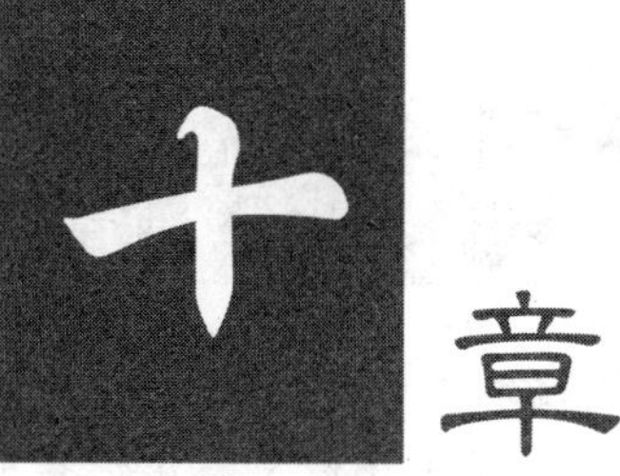

第十章

旅游企业管理心理

典型案例 两位老总、两种做法

A酒店拥有400多名员工，王经理办事果断，敢罚敢管。他刚刚接管这家酒店时，员工劳动纪律涣散、经营秩序混乱，连年亏损。他上任伊始狠抓劳动纪律，重奖重罚，初见成效。上半年超额35%完成经营任务，下半年他胆子更大了，进一步使用奖惩权：对工作满意的员工当场开奖，有时奖金高达1500元；员工稍有失误即被扣除当月奖金，有时还扣工资。结果对他不满的人越来越多。为了发泄不满情绪，有的员工上班磨洋工，有个别员工还偷拿酒店物品出去卖。王总十分恼火，一次处分了31名员工，但处分布告一夜之间被撕光。员工说："处罚员工的布告贴得比法院门前处理犯人的布告还多！"结果100多名员工和管理人员向上级主管部门递交了联名请愿书，要求罢免王总。酒店年终亏损额由上一年的250万元增加到420万元。在员工的施压下，上级主管部门免去了王总的职务，新调了一名李总经理接替他。

李总经理进酒店后首先到各部门视察工作，征求各部门员工和管理人员的意见。员工说："谁不希望把A酒店搞好啊，但老总要信任我们，不要把我们当犯人一样对待！这样狠罚员工比资本家还资本家！"部分基层管理人员说："员工收入低，困难很多，管理者应关心他们的疾苦，把严格管理与情感激励相结合。"李总召开酒店总经理办公室会议，随后又召开职工代表大会，宣布自己的施政方针"严格管理加微笑管理。在A酒店让酒店员工坐前排，让A酒店充满爱。"他说到做到，在严格执行规章制度的同时，每天早晨上班时他和其他副总在店门口迎接全体员工，下班后进行家访，了解各层员工的困难和要求。酒店规定：坐上下班接送车的管理人员自带板凳，把座位让给普通员工；分房子一线员工加两分；分煤气罐的标准，工人3年工龄，干部4年工龄；中秋节时组织单身员工举办赏月晚会；每个单身宿舍都装上了吊扇；春节时又召开退休员工座谈会。与此同时，在全酒店开展了"爱党、爱国、爱人民、爱劳动、爱公物"的五爱竞赛，党员带头，群策群力，不仅大大提高了服务质量和经营业绩，而且私拿公物的现象大为减少。年终时不仅还清了欠款，而且盈利680万元，员工收入大幅度提高，劳动积极性更加高涨，干群之间、员工之间形成了和谐、融洽、宽厚、团结的气氛。有一次，酒店组织部分员工旅游，突然接到大批订餐，服务人手十分紧张，让人事部没有料到的是休假的员工主动回来加班，保证了此次接待任务的顺利完成。

结果，A酒店第二年利税突破千万元大关，达到历史最高水平。李总经理把这种工作方法概括为"以爱为核心的第一要素工作法"。

（资料来源：花菊香. 旅游心理学. 北京：冶金工业出版社，2008）

本章要点

旅游企业管理心理概述、旅游企业管理者素质。

第一节　旅游企业管理心理概述

一、管理的含义及特点

关于管理的含义，不同的学者从不同的角度或侧面进行了不同的表达和解释。如：①管理是一个过程，是对组织内群体或个人实施影响的活动过程；②管理是一种行为，是影响人们为实现团体目标而自觉努力的一种行为；③管理是一门艺术，是促使其部属充满信心、满怀热情来完成他们所承担任务的艺术；④管理是一种能力，是说服他人热心追求一定目标的能力；等等。

总结有关学者对管理的阐述，我们可以将管理的含义概括为：管理是一种行为和影响力，是指引和影响组织内成员在一定条件下实现组织目标的行为过程。

管理作为动态的过程，具有以下基本特点。

1. 管理在本质上体现了人与人之间的关系，即管理者与被管理者之间的关系

管理者的一切行为都是在不断地协调管理与被管理、控制与被控制的各种关系。不同的管理行为，会给人带来不同的心理影响，造成不同的人际关系。管理就是要通过这种人与人之间关系的互动，激发每一名员工的积极性和创造性，以实现组织目标的过程。

2. 管理是管理者、被管理者及环境三者之间的函数

任何一个组织都处在特定的环境之中，而环境常常对人们的行为产生很大的影响。管理行为不仅要改变环境，同时还要适应环境的要求。对于被管理者而言，管理行为则是环境因素的重要组成部分。因此，管理这个动态的过程，实质上是关于管理者、被管理者及环境三者之间的复合函数。其中，管理者居三要素中的核心地位。这个函数关系可用公式来表达：

管理＝F(管理者，被管理者，环境)

3. 管理行为存在“互惠效应”

管理行为本身是一种“投入”，而它的“产出”表现为他人的行为和结果。管理效率的高低和管理工作的成功与否，并不反映管理行为本身，而主要通过被管理者的工作效率来评判。影响被管理者工作效率的因素有很多，如工作动机、工作能力、工作条件、人际关系和福利待遇等，这些因素都与管理者的行为有关，诸如管理风格、管理艺术等。作为一个管理者，不管他自己是否意识得到，实际上他们的行为时时刻刻都在影响着被管理者的行为。而且这种影响是相互的，管理者在影响下属的同时，下属的某些方面也在影响着管理者。当然，管理者对其下属的影响远远大于其下属对管理者的影响，正因为如此，管理行为才得以实现。

二、管理的功能

管理的功能即管理者在管理活动中所产生的作用。管理的功能主要包括组织功能

和激励功能。组织功能属一般管理的研究范围，具体内容包括科学决策、确立组织目标、建立有效的管理系统、组织人力和物力、指导下属工作活动等。激励功能是管理心理学研究的核心问题之一，是管理的基本功能，也是实现管理组织功能必须具备的条件。一个管理者只有很好地发挥其激励功能，才能充分调动全体职工的聪明才智和工作热情，以实现组织目标。

在旅游企业中，由于工作具有较强的独立性和自主性，管理的激励功能显得尤为重要。要使旅游企业工作人员保持积极的工作热情和较高的自主性、创造性，出色地完成工作任务，管理者需要更多地使用激励功能。管理的激励功能主要表现在以下三个方面：

1. 提高企业员工接受目标和执行目标的自觉性和积极性

个体行为是由需要和动机决定的。员工如果仅把满足个人的需要作为目标，认为组织目标与己无关，就不会有好的工作表现。管理者应该把实现组织目标与满足个人需要有机地统一起来，创造和维护一个良好的组织环境氛围，增强员工对组织目标的感受度，提高他们接受和执行目标的自觉程度和主观能动性。

2. 激发企业员工实现组织目标的热情

员工工作效率的提高来源于为实现组织目标而努力工作的热情。要使员工持续不断地发挥工作的主动性，就必须融洽企业内部的人际关系，最大限度地满足员工的合理需要，营造积极向上、健康发展的组织文化，增强员工的士气和组织归属感，提高凝集力，让全体员工为实现组织目标共同努力，通过发挥整体优势最终达成组织目标。管理者在管理过程中，要不断有计划地宣传组织目标，及时有效地传达有关信息，鼓励和帮助员工树立完成目标的坚定信心。

3. 提高企业员工的行为效率

员工的行为效率是指为实现组织目标所做贡献大小或能力的发挥程度。员工自觉接受和执行目标以及保持实现组织目标的热情是有效行为的重要前提。影响员工行为效率还有许多其他因素，如规章制度、薪酬分配方案、管理方式以及员工的职业生涯规划等。因此，管理者要提高员工行为效率，必须善于利用激励理论、综合运用各种激励手段创造一种有利于提高员工行为效率的心理氛围和良好的组织环境，使员工的积极性、创造性达到最佳状态，以增强企业活力。管理者常用的激励方法有“员工参与”激励、感情激励、需要激励、目标激励、榜样激励和惩罚激励等等。激励是保证旅游企业生机和活力的源泉。旅游企业管理者必须充分认识激励的功能，在管理工作中要牢牢抓住这一重要环节。

三、管理的影响力

1. 管理影响力的构成

影响力是指一个人在与他人相互交往的过程中，能有效改变他人心理与行为的能力。影响力人人都有，但其强度和大小却并不相同，尤其是一般人与管理者的影响力在强度上有着本职的差别。对于一个组织的管理者来说，其管理行为的根本就在于对被管

理者施加影响。管理的影响力是一个管理者实现其有效管理的一个非常重要的因素。管理的影响力根据性质的不同,可分为权力性影响力和非权力性影响力(见表 10-1)。

表 10-1　　管理的影响力分类表

分类	因素	性质	心理影响
权力性（强制性）	传统因素	观念性	服从感
	职位因素	社会性	敬畏感
	资历因素	历史性	敬重感
非权力性（自然性）	品格因素	本质性	敬爱感
	能力因素	实践性	敬佩感
	知识因素	科学性	信赖感
	感情因素	精神性	亲切感

(1)权力性影响力

权力性影响力,也叫强制性影响力,是以合法权利为中心的,由地位、职位、权力等因素带来的影响力。其特点在于影响力具有强迫性、不可抗拒性,并以外部压力的形式起着作用。在权力性影响力的作用下,被影响者表现为被动、服从。这种影响力对人的心理和行为的激励作用是有限的。构成权力性影响力的主要因素有:传统因素、职位因素、资历因素。

(2)非权力性影响力

非权力性影响力,也叫自然性影响力,是由管理者自身的素质和行为来影响他人的,与管理者的权力没有必然的联系的影响力。下属对管理者的服从是非强制性的、自觉自愿的。权力性影响力强调命令与服从,非权力性影响力强调顺从与依赖。就两者的影响力相比较而言,非权力性影响力有更强、更持久的影响力量。构成非权力性影响力的要素有品格因素、能力因素、知识因素、感情因素四个方面。

2. 提高管理影响力的途径

管理活动是一项具有复杂性、综合性特点的社会实践活动。一个管理者要提升其管理能力,实施有效的管理,关键在于合理使用权力性影响力与非权力性影响力。从激励的作用来看,非权力影响力对人的心理和行为的影响是广泛的、深入的,且作用持久,而权力影响力则是表层的、暂时的。从工作动力和效率来看,有时权力性因素效果更为明显,有时非权力性因素占主导地位。管理者权力性因素作用大小,通常受到非权力性因素的影响,非权力性影响力制约着权力性影响力。因此,管理者只有善于将两种影响力综合运用才能取得最佳的管理效果。

(1)正确树立权力观念,谨慎使用权力性影响力

权力是管理者影响力的载体。管理者拥有不同的权力观,就会有不同的追求目标和用权方式。企业管理者只有依靠并且正确行使合法权利,才能在组织中发挥其应有的作用,建立真正意义上的"威信"。

①正确用权。首先,管理者应将权力使用的着力点放在组织的共同利益上,要有为员工服务的责任意识,为员工谋利益、办事情,而不以权谋私,不搞特权;其次要秉公办事,率先垂范。不专制独裁,不滥用职权,做到以身作则,严明公正,不徇私情,罚不避亲、

赏不避仇；第三要合理使用惩罚权。对不当行为，管理者要深入实际，着手调查研究，具体问题具体分析。处理时不要过多使用强制手段，要将惩罚与教育结合起来。

②善于授权。管理者掌握权力要适度，大权集中，小权分散，不搞专权独断。把主要精力用来处理工作中的重大问题，不要在不重要的事情上投入太多的精力，大胆地把任务交给下属去办，适时有效地指导下属执行命令，不当甩手掌柜。

③接受监督。在实际工作中，管理者要虚心听取意见，接受组织和员工的监督。只有自觉地接受来自外部的监督，才能做到权力使用的公正，使合法权利发挥最大效益。

(2)关键在于正确使用非权力性影响力

权力性影响力的强制作用在一定程度上能使人们遵守纪律，自觉地进行工作，但这种自觉性是受外界强制力驱使的，并非是发自内心自愿的，随时都有丧失的可能。而非权力性影响力则能从内心激发起人们的自觉意识、主动意识，这种自觉性、主动性是由管理者的自身特质和现实行为带来的，产生的影响能让人们心理和行为自然地保持一贯性，通常有较高的绩效。因此，管理者提高其影响力，关键在于努力提高其非权力影响力。

①塑造优良品格。品格是指一个人的道德、品行、人格和作风等，它与一个人的人生观、世界观、价值观以及荣辱观密切相关，表现在习惯化的行为方式上。管理者的品格是决定管理者自身价值高低的一个重要方面，是管理者魅力的重要源泉。高尚品格的管理者，吸引着他的下属或组织成员，使他们敬仰、拥护、热爱、自愿追随，具有巨大的号召力和凝聚力。

②改善知识结构。知识是才华和见识的基础。知识渊博的人视野开阔，能高瞻远瞩、把握趋向。在知识经济时代，知识在管理活动中的作用越来越重要。现代的管理者要有效地、成功地影响下属，更好地驾驭管理工作，就必须不断学习科学文化知识，注意知识更新和拓宽自身的知识面，完善政治理论、专业业务、市场经济与管理、教育学与心理学等知识结构，以丰富的内涵和知识素质，展现个人魅力，提升自己的感召力。

③修炼自身能力。管理者自身的能力是管理者履行职责的重要的主观条件，它决定着管理工作的成效，影响着部属的工作信心。因此，管理者要在实践中注意自身能力的锻炼和培养，使自己具备多谋善断的决策能力、知人善任的组织能力、开拓进取的创新能力以及良好的沟通、协调和激励能力等。只有这样，才能为下属所佩服和信赖，让下属自觉服从其管理。

④培养健康情感。情感是人际关系的调节器，情感的深度决定着与人交往的深度和亲密度。作为一个管理者，要想赢得下属的爱戴和拥护，就应当以理服人，以情感人。管理者健康的情感能感染下属，增强自身的亲和力和影响力。因此，管理者要培养积极、健康的情感，善于调控自己情绪，注重感情投入，主动与下属进行沟通，学会尊重、理解、关心和爱护下属，与下属建立真挚的情感联系，矫正高傲自负、以势压人、对人冷漠的心理与行为。

总之，管理者要提升影响力，就要注意内外兼修，内强素质，外塑形象，以身作则，严

于律己，恰当地运用权力因素与非权力因素，树立威信，使组织成员凝聚在自己周围，以带动、影响、促进组织成员改进工作，实施管理效能最大化。

第二节 旅游企业管理者素质

一、管理者素质及其特征

1. 管理者素质含义

管理者素质就是指其在先天的生理心理素质基础上，通过后天的学习和实践锻炼而形成的，在管理工作中经常起作用的那些基础条件与内在要素的总和。它是在从事管理活动时所必须具备的，体现在德、能、识、学、智、体等方面的内在基本条件，是在管理活动中经常发挥作用的本质要素。它是一个不断发展变化中的动态概念，是一种潜在的管理能力。

2. 管理者素质特征

管理者素质的特点是由管理者所担负的管理工作的性质、职能、所处的时代、层级地位、环境条件以及个人的先天因素等决定的。因为这些情况是千差万别的，所以管理者素质具有不同的特点，概括起来具有时代性、综合性、实践性、动态性和层次性等五个特征。

(1)时代性

不同社会、不同历史时期的管理者，在其成长发展的过程中，必然要受到所处时代的政治、经济、文化和科学技术发展状况的影响。因而，管理者的素质无不打上时代的烙印，具有鲜明的时代特征。管理者素质是在一定的环境条件下培养出来的，而不断发展变化的环境对管理者素质又提出了更新更高的要求。所以，客观环境决定了管理者素质，而管理者素质又必须适应客观环境。这是辩证唯物主义对待管理者素质和客观环境之间关系的基本态度。时代在前进，事业在发展，管理者素质也需要随着客观条件的变化而变化。管理者只有具备了符合时代特点的素质，才能实施有效管理。

(2)综合性

现代管理者的工作涉及多方面内容，如决策、沟通、激励、协调、控制等。其本身的工作性质决定了管理者的素质不是由单一要素构成的，而是由多种素质组合而成的素质系统。管理者的素质内容包括品德素质、知识素质、能力素质、身心素质等等，任何一方面的缺失都会对管理活动产生较大的影响，这就表明了管理者素质具有很强的综合性特点。美国的管理学家华伦·班尼斯曾经打过一个形象的比喻：管理者必须靠三条腿来支撑，一是坚定的雄心壮志；二是管理工作的才能；三是优秀的道德品质，这是管理者素质的最基本结构。

(3)实践性

管理者素质的提高，虽然与先天的生理禀赋有关，但先天的禀赋绝不是形成管理者素质的决定性因素。管理者的素质是通过后天的学习、锻炼、实践而形成和提高的。任何一位卓越的管理者的素质都不是天生的，而是在实践中经过锻炼而逐步成长起来的。社会实践可以使先天生理禀赋好的管理者，迅速地提高素质；也可以使先天生理禀赋差的管理者，通过自己的不断努力进取，逐步地提高素质。管理者也只有投身于现实的社会实践中不断地学习和锻炼，才能适应所在管理岗位的素质要求。

(4)动态性

辩证唯物主义告诉我们，世界上的一切事物都是处在不断发展变化之中的。管理者素质也不例外，它是一个开放性系统，同样也是一个不断发展着的动态概念，是在不断地与客观环境和条件的相互作用、互相影响下不断变化的。一个先天素质较好的管理者，如果自身不注意学习提高，不积极参加实践，不思进取，不严格要求自己，自我满足，故步自封，那么长久下去，也逐渐会使自己原有的良好素质退化，最终被事业淘汰。相反，如果管理者在某些方面素质可能差一点，但只要加强学习，注重自身提高，在实践中不断磨炼，也会使自己成为一个素质良好的管理者。因此，管理者素质具有动态变化的特征。

(5)层次性

随着人类社会的发展进步，人们的社会分工越来越分明，在不同工作领域、不同工作部门的管理者有其不同的管理职责。就同一个组织来说，不同层次的管理者其工作侧重点不同，对素质也就有不同层次的要求。如高层管理者要为组织的发展进行决策，制订策略规划，需要较高的政策理论知识水平、统领全局的胆识魄力和创新能力。中层管理者则需要运用各种管理方法和管理技术去进行组织、沟通和协调，要有观察力、思考力和判断力。基层管理者需要有扎实的专业技术能力和实干精神等。现代社会正处于深化改革，扩大开放，加快经济建设步伐的历史性变革时期，对不同层次的管理者素质提出了更高的要求。管理者的素质随着社会实践和管理活动的发展变化，不断提高，不断充实，不断完善，使之更适合不同层次管理工作性质的要求，更适合社会发展和人类进步的需要。

二、旅游企业管理者的素质

管理者在管理活动中处于十分重要的地位。管理者素质如何，直接关系到企业经营管理的成败。在我国旅游业蓬勃发展、环境复杂多变、竞争日趋激烈的今天，旅游企业管理者要实施有效管理，不仅要有政治、思想、知识、能力、身体等基本素质，还应在认知、意志、情感、气质、性格等方面具备积极的心理品质。

1. 基本素质

(1)思想政治素质

思想政治素质是一个人的思想素质和政治素质的总称，是指人们从事社会、政治活动所必须具备的基本条件和基本品质。其中，思想素质主要由思想认识、思想感情和思想方法等要素组成。政治素质主要由政治立场、政治观点和政治信念等要素构成。较高的思想政治素质是旅游企业管理者制订正确决策的前提和基础。一方面，旅游企业自身特点，要求旅游企业管理者具有较高的政治觉悟，严格按规章制度办事，自觉遵守法律法规、工作纪律、行为规范。另一方面，要熟悉国家及旅游行业相关政策，努力维护旅游行业的繁荣与稳定，保护旅游者和旅游从业人员的合法权益。

(2)文化知识素质

现代企业管理是一项复杂的系统工程,它要求管理者既谙熟管理的职能和原理,也要求掌握管理的方法与技术。旅游企业管理者具备必要的基础知识和相当的专业知识是做好管理工作的前提。就管理者而言,必须掌握的基础知识有:心理学、社会学、文化学、人际关系学、市场营销学等基础知识。专业知识是管理者知识结构的核心,也是区别于其他领域人才知识结构的主要标志,主要是指旅游业的理论知识、技能知识和旅游企业工作的基本原理和基本方法等。管理者的知识要适应新经济时代的要求,不断地进行知识更新,以适应社会的发展变化。是否具有扎实的知识基础,对现代管理者而言,具有十分重要的意义。

(3)能力素质

能力素质是指成功进行管理活动和完成管理工作所必需的能力基础,是管理者的知识和智慧在管理活动中的体现。由于旅游企业的经营管理是一种综合性很强的实践活动,对管理者的能力素质要求也非常高。在新旅游时期,管理者要适应和胜任高频率、快节奏、充满竞争、充满挑战的复杂管理工作,除具备智力因素上的观察能力、记忆能力、思维能力和操作能力外,还应有以下主要能力。

①决策能力。决策是实施管理的关键环节,决策直接关系到企业的命运和管理者的管理绩效。企业管理者的成功与否,在很大程度上取决于他对一些重大问题能否做出正确有效的决策。从某种意义上说,企业的管理过程就是不断决策的过程。一个优秀的管理者在企业发展方向和运行过程中能够高瞻远瞩,准确捕捉和提炼信息,科学预测,果断决策。决策能力是一种综合性能力,主要包括经营决策能力、管理决策能力、业务决策能力、人事决策能力、战略战术决策能力等。

②沟通能力。管理者在实际工作中,要协调各种关系,调动各方面的工作积极性,使组织成员的个人目标与组织目标达到和谐统一,就需要进行适时有效的沟通。这就要求管理者应具备科学的思维能力、良好的文字写作和语言表达能力,掌握一定的沟通技巧。沟通贯穿于管理的各种活动之中,是重要的能力素质之一。

③创新能力。创新能力是现代经济社会对管理者提出的基本要求,也是企业不断发展的需要。旅游企业管理者要善于捕捉新事物,发现新问题,提出新设想、新方案,创造性地开展工作,敏锐的洞察力、丰富的想象力以及思维的独立性、灵活性与求知欲是不可或缺的。

④组织能力。现代旅游企业的经营要依靠全体从业人员的集体协作,协调和控制好系统内的各个要素,使他们处于良好的配合状态是管理者的重要工作。一个企业内各种人力、物力、财力资源的充分利用,各方面经营活动的科学安排,都离不开管理者的有效组织。旅游企业管理者有较好的组织能力是企业有效运行、提高集体工作效率、促成组织各种目标实现的重要保证。管理者只有具备统筹兼顾,把握全局的能力,才能通过合力作用获得最佳整体效应。

(4)道德素质

道德素质是人们的道德认识和道德行为水平的综合反映,包含一个人的道德修养和道德情操,体现着一个人的道德水平和道德风貌。道德素质不仅对管理者的影响力和工作绩效产生直接影响,而且还关乎整个旅游行业的形象问题。管理者良好的道德素质是新时期旅游业发展的基本要求,也是对文明健康社会的人才的基本条件。具体地说,旅游业管理者应具备大公无私、忠于职守;严守纪律、顾全大局;心胸宽广、平等待人;诚实可信,勇于负责等道德素养。

(5)身体素质

现代旅游企业管理工作任务繁重、工作节奏快,管理者应该有健康的体魄和旺盛的精力。良好的身体素质是实施管理活动的前提和重要保证。现代旅游企业的管理者在工作之余要通过正确的方法和适当的锻炼,提高身体素质水平,以适应高强度的脑力劳动和体力劳动。

2. 心理品质

(1)开阔的视野

在当今世界,旅游业发展迅猛,竞争激烈。旅游企业要想生存和发展,一方面要修好内功,另一方面还必须在不断变化的环境中寻找自身的发展机遇。在企业中,管理者独特的地位和作用,决定了其必须具有开阔的视野。俗话说"看得远才能走得远"。管理者的视野短浅,不能深谋远虑,势必会影响企业未来的发展方向和成就。作为旅游企业的管理者,必须解放思想,不断加强学习,扩大视野,了解国内外旅游业的发展动向和趋势,科学地规划和设计企业的发展目标和发展愿景,激励和带动部属努力实现组织目标。管理者也只有放眼于世界,着眼于未来,立足于发展,才能从战略的高度把握旅游业的发展方向,积极转变经营理念和经营方式,把握先机,掌握主动权,开创工作的新局面。

(2)积极进取的精神

知识经济时代的企业管理者必须具有积极进取的精神,这不仅是时代的必然要求,同时也是管理者取得成功的重要条件。管理者作为企业的领路人和带头人,担负着企业发展的重任,必须保持积极进取、充满自信的精神状态。只有具备强烈的进取心和高度的责任感,管理者才能充满激情、兢兢业业地工作,才能在管理企业过程中发挥个人的主观能动作用,影响和激励其下属不断追求新的更高目标,带领企业不断向前发展。当然,一个成功的企业管理者在积极进取的同时,还必须保持求真务实的工作作风。

(3)乐观稳定的情绪

旅游企业在经营管理过程中难免会出现令人不愉快的事情,这就要求管理者必须善于控制和管理自己的情绪,保持自己乐观平和的心态,遇事冷静,处变不惊。如果管理者经常由于一些事情控制不住自己的情绪,这不仅会影响自己的工作效率,而且会给企业员工带来负面情绪,影响员工工作的积极性。因此,对于管理者来说,保持乐观稳定的情绪有益于增强企业的凝聚力和向心力,也是管理者心理成熟的重要表现。

(4)坚忍不拔的意志

旅游企业的发展不可能是一帆风顺的,在整个企业经营过程存在着各种各样的风险。管理者在面对各种风险、遭受各种挫折和打击时,必须要有坚忍不拔的意志,经得起各种风浪的考验。只有具备战胜挫折和失败的信念,百折不挠,做到困难面前不退缩,遇到挫折不气馁,始终保持旺盛的精力和昂扬的斗志,才能战胜各种困难,迎接各种挑战,

带领部属实现组织既定的目标。成功管理者的意志品质，主要表现为自觉性、坚毅性、果断性和自制性。

(5)竞争开放的性格

旅游企业中的管理者，作为协调和处理人与人之间关系以及人与环境之间关系的决策者，必须具备奋力争先，善于争先的品格。一个谨小慎微、循规蹈矩、缺乏竞争意识的管理者是很难把握机遇、赢得市场的。同时，管理者在企业经营过程中要与各种人进行交往，处理各种矛盾，这就要求管理者必须坦率随和，宽容大度，有一定的风度和良好的交际能力。因此，管理者在管理过程中应具备开放的心态、宽广的胸怀、公道正派的作风。

心理素质是指一个人的认知、情感、意志和个性品质，以及调节自己心理状况的能力。主要包括人的感知、想象、思维、情感、意志、态度、个性特征(兴趣、能力、气质、性格、习惯)等多方面内容。面对复杂多变、竞争激烈的旅游行业，作为旅游企业的管理者，应具有良好的认知品质、积极进取的精神、健康的情绪状态、强烈的竞争意识、较高水平的需求和动机、较强的心理承受力、优秀的意志品质、适当强度的自信心、高超的语言表达和人际交往能力。

旅游企业的管理者是关系企业兴衰的关键人物，管理者的素质水平又是决定他能否管理好企业，能否带领员工战胜困难、取得成绩的关键。管理者的素质水平不是与生俱来的，而是通过学习、培养和锻炼获得的。管理者也只有勤于学习，勇于实践，注重自我培养和修炼，才能提高自身的素质水平。

实训与练习

1. 管理者素质包含哪些方面?
2. 结合自身实际，谈谈如何才能成为一名有效的管理者。
3. 了解国际旅游知名企业管理理念，谈谈你的感想。
4. 结合当地实际情况谈谈我国旅游业管理的特点。

参考文献

[1] 刘住.旅游学学科体系框架与前沿领域.北京:中国旅游出版社,2008

[2] 刘德谦,高舜礼,宋瑞.2011年中国休闲发展报告.北京:社会科学文献出版社,2011

[3] [美]Dean MacCannell.旅游者休闲阶层新论.桂林:广西师范大学出版社,2008

[4] 刘兰明.职业基本素养教程.大连:大连理工大学出版社,2011

[5] [美]彼得·德鲁克.卓有成效的管理者.北京:机械工业出版社,2008

[6] 朱长丰.组织行为学.杭州:浙江大学出版社,2007

[8] 甘朝有.旅游心理学.天津:南开大学出版社,2001

[9] 阎刚.导游实操多维心理分析案例100.广州:广东人民出版社,

[10] 薛群慧.旅游心理学理论与案例.天津:南开大学出版社,2008

[11] 林莉.旅游心理学.合肥:中国科学技术大学出版社,2012

[12] 程正方.现代管理心理学.北京:北京师范大学出版社,2004

[13] 刘玉梅.管理心理学理论与实践.上海:复旦大学出版社,2009

[14] 张进辅.青年职业心理发展与测评.重庆:重庆大学出版社,2009

[15] 李祝舜.旅游者的挫折感和投诉心理研究.泉州:华侨大学出版社,2002

[16] 芦爱英.论旅游者的心理需求及服务策略.杭州:浙江师范大学出版社,2005

[17] 沈祖祥.旅游心理学.北京:高等教育出版社,2009

[18] 薛群慧.旅游心理学理论与案例.天津:南开大学出版社,2008

[19] 陈筱,袁俊.旅游心理学.武汉:华中师范大学出版社,2008

[20] 马耀峰,李天顺,刘新平.旅游者行为.北京:科学出版社,2008

[21] 刘德谦,唐兵,宋瑞.休闲绿皮书——2011年中国休闲发展报告.北京:社会科学文献出版社,2011

[22] 刘德谦,高舜礼,宋瑞.休闲绿皮书——2012年中国休闲发展报告.北京:社会科学文献出版社,2012

[23] 中国旅游研究院.2012年中国旅游经济运行分析与2013年发展预测.北京:中国旅游出版社,2012

[24] [美]Andrew J. Dubrin.职业心理学.北京:中国轻工出版社,2008

[25] [美]Nadene Peterson,Roberto Cortez Gonzalez.职业咨询心理学.北京:中国轻工业出版社,2007